Más de 555 millones podemos
leer este libro sin traducción

José María Merino y Álex Grijelmo, eds.

Más de 555 millones podemos leer este libro sin traducción

La fuerza del español y cómo defenderla

taurus

Papel certificado por el Forest Stewardship Council®

MIXTO
Papel procedente de
fuentes responsables
FSC
www.fsc.org
FSC® C117695

Primera edición: enero de 2019

© 2019, Álex Grijelmo y José María Merino, por la edición y coordinación de la obra
© 2019, los autores, por sus textos
© 2019, Penguin Random House Grupo Editorial, S. A. U.
Travessera de Gràcia, 47-49. 08021 Barcelona

Printed in Spain – Impreso en España

ISBN: 978-84-306-2009-8
Depósito legal: B-25.837-2018

Compuesto en MT Color & Diseño, S. L.
Impreso en Unigraf, Móstoles (Madrid)

TA 2 0 0 9 8

Penguin
Random House
Grupo Editorial

ÍNDICE

SOBRE LA EDICIÓN

La lengua española, como los mismos autores de esta obra defienden, es una y muchas al mismo tiempo; cobija a más de 555 millones de personas capaces de comunicarse entre ellas sin dificultades, pero sus numerosas variaciones la hacen local, rica y viva. Si bien hay una serie de criterios que unifican esta obra, algunos autores han preferido mantener sus preferencias en ciertas grafías o usos ortotipográficos. No lo tome el lector como un descuido, sino como un signo más de la diversad y la fuerza del español.

LA AVENTURA DEL ESPAÑOL

José María Merino

Cuando yo era mozalbete, me fascinaban las películas de Cantinflas hablando de aquel modo tan divertido: *ándele, ahoritita, nomás, quihúbole...* Dentro del indudable sentido cómico, había una peculiar cadencia que le daba a la misma lengua que yo hablaba una alegre y fascinante sonoridad... Poco tiempo después, y gracias al gusto familiar, descubriría los preciosos tangos que cantaba Carlos Gardel de modo inolvidable..., ¡lo hacía también en mi lengua aunque con curiosa dicción y misteriosas palabras! Y vendrían luego los boleros, los corridos —es sorprendente la presencia de lo hispanoamericano en la afición popular durante aquellos años oscuros del franquismo—, trayendo con su música real la otra música, la de la forma de decir.

En otra ocasión he contado cómo, años más tarde, ya trabajando en temas educativos, en un bohío de los canales del Tortuguero, en Costa Rica, una anciana me habló en un increíble español que parecía del Siglo de Oro, mientras entonaba su relato con otra música, que hacía resonar las erres de forma inimitable. Y con el tiempo, fui descubriendo también las melodías de la oralidad caribeña, peruana, uruguaya...

A lo largo de mi tiempo hay pocos países hispanoamericanos que no haya conocido, y el oír hablar español con tantos matices sonoros y tanta riqueza de vocabulario es uno de los regalos que me ha dado la vida, y lo digo así en homenaje expreso a Violeta Parra. Pues, además, me ha hecho descubrir que no hay ningún lugar en el que hoy se pueda decir que se habla "el mejor español", porque, con tantas melodías y modulaciones verbales distintas, yo he oído hablar un español magnífico en innumerables lugares del mundo…

Así, poco a poco, fui descubriendo las numerosas resonancias, los múltiples léxicos y otros aspectos de la lengua española, y haciéndome consciente de ello incluso a este lado del océano: empecé a comprender de otra manera las hablas andaluza o canaria, por ejemplo… Además, la multiplicidad de variedades léxicas americanas ofrecían palabras en principio ininteligibles, pero eso no era tampoco raro en España, donde en cada región hay vocablos al principio extraños para el forastero: en algunos sitios de Burgos se llama "golorito" al jilguero, y en Extremadura "añugarse" es atragantarse, como en León "forroñoso" es oxidado; en Aragón "chiparse" es mojarse cuando llueve; "zaraballo", trozo de pan en La Mancha, etcétera, etcétera. Como la inmensa mayoría de los vocablos es similar a la acostumbrada, a esas pequeñas excepciones uno se adapta con mucha rapidez y gustosa sorpresa.

Además, descubrí también que el español "de acá" está lleno de americanismos desde los tiempos de Colón —canoa, hamaca…—, pues las palabras nuevas, si cuajan en el lenguaje popular, acaban imponiéndose, como de sobra se sabe… Y ahora es normal tomarse un mojito o llamar guayabera a una prenda de vestir, por no hablar de cigarro, chocolate, petate, afanar, jícara, cancha, guita, carpa, barbacoa, macuto, enagua…

Sin embargo, me costó algo ser consciente de lo que significaba esa dispersión de mi lengua por tantos lugares. Me había educado en el contexto del aislacionismo franquista, y en su falta de perspectiva para descubrir el verdadero lugar del español, y a raíz de la Constitución de 1978, cuando se reconocieron las distintas lenguas nacionales, que representan un indudable y rico patrimonio cultural y sentimental, y algunos dialectos buscaron su reafirmación, nació la idea, vaga pero poderosa, de que el llamado en la Carta Magna "castellano" es una lengua más, sin considerar su indiscutible condición de koiné nacional y universal. Por eso a veces asistimos en España a enfrentamientos disparatados entre nuestras propias lenguas, y acaso aquí, precisamente, no hay una conciencia lúcida de la dimensión social y mundial del español.

Y aunque desde mis tiempos de jovencísimo lector yo había disfrutado de Rubén Darío, hasta descubrir a Vallejo y a Neruda, y más adelante, con sor Juana Inés de la Cruz, a Rulfo, a Carpentier, a Roa Bastos y a los escritores del *boom*, no había pensado que yo formaba parte de *el más grande país del mundo,* ese ámbito que calificó así Carlos Fuentes, denominándolo *el territorio de La Mancha.*

Nunca olvidaré la sorpresa con que asistí en Nueva York hace diez años, inesperadamente, al *Columbus Day,* una cabalgata que arrancaba con cuatro policías a caballo —dos hombres y dos mujeres— que llevaban la bandera de los Estados Unidos, la bandera de Nueva York, la bandera de México y la bandera de España, y a quienes seguía una comitiva interminable —varias horas duraba su transcurso— con modestas carrozas engalanadas y gente que vestía sus trajes nacionales, entre músicas y danzas, y que representaba a todos los colectivos hispanos de la ciudad. Miles de personas asistían al acto, y nunca en mi vida he visto ondear tantas banderas españolas... El asentamiento de esta lengua en la ciudad —ojo, no del espanglish— era ya indudable entonces.

Y es que, desde hace bastante tiempo, está clara la importancia de la lengua española, tanto por su creciente difusión en el mundo como por la general unificación de estructuras y reglas que mantiene, por la riqueza de su vocabulario y por sus prestigiosas referencias culturales.

Como el tema merece un análisis desde diversas perspectivas, en las que, con voluntad divulgativa, se consideren aspectos especialmente importantes del fenómeno —ese conjunto de elementos significativos cuya pujanza y extensión universales acaso no sean tan conocidas entre sus hablantes como sería lo lógico—, Álex Grijelmo y yo nos propusimos preparar un libro en el que especialistas relevantes en diferentes materias y con distintos orígenes —entre ellos, el propio Álex— aportasen consideraciones y estudios inéditos sobre distintos aspectos, tales como la inicial consolidación del español, la contradictoria normativa que lo fijó como lengua general en América, su dispersión y variedad, las previsiones de crecimiento, su valor económico, algunas de las instituciones que lo apoyan, su enseñanza, temas relacionados con el diccionario, la gramática y la ortografía, americanismos y regionalismos que ya son panhispánicos, la presencia de lo femenino, aspectos del lenguaje rural o del deporte, la irrupción muchas veces innecesaria de otras lenguas...

He titulado a este prologuillo *La aventura del español*, porque considero que la historia de esta lengua, a lo largo de tantos avatares y mudanzas en el tiempo y en el espacio, tiene mucho de notable aventura, ya desde sus lejanos orígenes latinos —el Imperio romano se expandió *para quedarse*, y dejó muestras físicas de su presencia en Hispania, en todo el Mediterráneo y en la Europa central e insular—, como el Imperio español, se expandió también *para quedarse*. Claro que hablamos de otros tiempos, pero del mismo modo que muchos pueblos heredamos el latín, muchos pueblos hemos heredado esto que llamamos el español.

A mi juicio, el libro presenta, a través de múltiples facetas y esa sabia intervención de numerosos especialistas en diferentes materias, un panorama de la lengua española interesante y sustancioso en muchos aspectos. Los temas y los puntos de vista son dispares, y aunque los participantes asumen la propiedad de la lengua sin disidencias, no dejan de manifestarse ciertas opiniones críticas desde algunas perspectivas. También esta obra tiene sustancia de aventura, y sus voces no son unánimes, como corresponde a las buenas novelas. En cualquier caso, esos aspectos demuestran que el libro se planteó con generosa amplitud de criterios y sin ánimo de orientar, y menos coartar, la libertad de expresión de cada articulista.

Mas, felizmente, su gran protagonista es esta lengua que nos permite decir, y entender, y contrastar, todo lo que pensamos... más de 555 millones de seres humanos.

OCHO SIGLOS DE HISTORIA

Inés Fernández-Ordóñez

Todos hemos oído hablar alguna vez del origen del idioma y, con cierta frecuencia, se discute en los periódicos sobre cuál es la cuna de nuestra lengua. La obsesión por esta cuestión es, hasta cierto punto, lógica. Es un deseo natural saber de dónde se viene, cuáles son nuestros antepasados. Sin embargo, las lenguas no son seres vivos y de ellas no pueden predicarse, salvo metafóricamente, los estados o periodos vitales, como el nacimiento, la niñez, la adolescencia, la juventud, la madurez o la muerte. Pese a ello, es muy común oír que el latín es una lengua muerta, que el español nació en San Millán de la Cogolla o que el castellano alcanzó su madurez en el periodo clásico. Veamos por qué.

El «nacimiento» de una lengua no es un proceso lingüístico, sino metalingüístico. En esencia, implica que los hablantes de una comunidad lingüística perciban que hablan algo distinto de lo que hablan sus vecinos o de lo que hablaban sus antepasados. La conciencia de una identidad lingüística diferencial es, pues, el primer paso para que «nazca» una lengua. De hecho, el latín nunca ha dejado de hablarse. Las lenguas romances son la continuación natural y espontánea del latín hablado, transmitido de forma ininterrumpida de padres a hijos. Sin embargo, aunque podría hipotéticamente haber sucedido, hoy no nos consideramos hablantes del latín, sino del español, el francés, el italiano o el rumano. La ruptura identitaria es la *conditio sine qua non*, la condición sin cuyo cumplimiento no se dan las circunstancias necesarias para que una variedad de una lengua pase a considerarse a sí misma lengua.

En el caso del español y las demás lenguas romances peninsulares esa condición no se cumple hasta principios del siglo XIII. Es verdad que antes de esa fecha, ya desde el siglo XI, hay testimonios aislados que revelan la existencia de una conciencia diferenciada entre la lengua escrita, en forma tradicionalmente latina, y la lengua hablada, carente de escritura hasta entonces. Esos atisbos de oralidad, y de conciencia asociada a ella, se manifiestan sobre todo cuando hay que transcribir topónimos, voces árabes o euskeras, esto es, aquellas palabras que no tenían una correspondencia fácil en la escritura latina. Por ello, su mención se ve precedida por fórmulas como *vulgo dicitur* o *vocatur*, «se dice vulgarmente, se llama», con las que se alude a una variedad distinta de la escrita. Hay también algunos documentos en que la falta de formación del amanuense en la grafía latina lo inclina a escribir, más o menos, como habla. Ejemplo muy temprano de este tipo de testimonios es la llamada *Nodizia de kesos* o *Lista de quesos* consumidos por los monjes del monasterio de Rozuela, en la provincia de León, en 976. Sin embargo, documentos como la *Nodizia* no dan fe de que el celoso despensero del monasterio fuera consciente de que lo que hablaba fuera una variedad autónoma de la lengua latina. Más bien todo lo contrario. Estos testimonios que reflejan algunos trazos de la oralidad no son diferentes de las licencias que nos tomamos hoy cuando en un contexto informal, como el de los mensajes de WhatsApp, escribimos, por ejemplo, «hasta aquí hemos llegao» o «agotaíta me tienes». No por ello pensamos que estemos escribiendo en una lengua diferente.

Dentro de este panorama en que no tenemos testimonio seguro de conciencia lingüística propia, destaca la enorme singularidad de las *Glosas emilianenes* y *silenses,* así llamadas en atención a los monasterios de los que proceden los códices que las conservan, San Millán de la Cogolla y Santo Domingo de Silos. En las *Glosas* sí hay indicios claros de conciencia lingüística diferenciada. Junto al texto latino se traducen, entre líneas o al margen, ciertas palabras al romance y al vasco. Esas anotaciones tratan, además, de desentrañar las complejidades de la sintaxis latina y proponen un orden de palabras muy parecido al románico. El glosador tenía que ser bilingüe y haber estado en contacto con cierta innovación cultural que estaba cundiendo más allá de los Pirineos, en concreto, en el mundo occitánico. La novedad a que me refiero penetró tempranamente en la península Ibérica por los dos territorios mejor conectados con el Languedoc, Navarra y Cataluña, ya a finales del siglo xi, fecha probable de las *Glosas* más antiguas. Es el invento de una nueva escritura para la lengua hablada.

Si bien tímidamente, desde entonces y a lo largo del siglo xii, tenemos pruebas de que en algunos territorios peninsulares se fue desarrollando la percepción de la modalidad hablada como una variedad diferente del latín. Y ese pensamiento, acompañado del contacto cultural con el modelo ultrapirenaico, condujo a un hecho revolucionario: emplear la grafía latina para transcribir la oralidad romance. El movimiento se detecta antes en el área pirenaica, pero ya desde principios del xiii se va extendiendo como una ola, de este a oeste y de norte a sur, por toda la Península. A partir de ese momento no hay vuelta atrás y la grafía románica no hará sino ganar terreno a lo largo de los siglos.

La transcripción escrita de lo que en la Edad Media se llamará «romance» es un hecho trascendental no siempre suficientemente valorado en la historia de nuestra lengua. Es la prueba definitiva de que lo hablado se percibe como una variedad independiente del latín. Pero no solo eso. Porque esa autonomía se edifica sobre el giro copernicano que supuso la aplicación, a la variedad propia, de la misma «tecnología» antes reservada a la lengua latina: la escritura. Toda una proclamación de intenciones sobre la condición que los hablantes aspiraban conferir a esa variedad. Esta solución de continuidad identitaria puede estimarse, por ello, el verdadero «nacimiento» del español y de las demás lenguas romances peninsulares.

LA ESCRITURA

No quiere ello decir que esas variedades no se hablaran antes. Sin duda, se venían utilizando siglos atrás. Sin embargo, su representación escrita arrastró esa existencia a un nivel de conciencia y aceptación entre los hablantes antes desconocido. Y así comenzó el proceso de su estandarización.

A menudo se identifica *lengua* con lo que los lingüistas llamamos *lengua estándar*. La mayor parte de las lenguas habladas en el mundo no son lenguas estandarizadas: solo una pequeña parte de ellas, entre las que se encuentran las europeas, lo son. Debemos preguntarnos entonces qué tienen esas lenguas que no tengan las demás.

Entre otros elementos, las lenguas estándar cuentan con escritura, sistemas gráficos que permiten representar con cierta fidelidad la oralidad. El desarrollo de una escritura más o menos fonológica es el punto de arranque ineludible de cualquier estandarización. Aquella oralidad que recibe refrendo escrito se nos presenta inmediatamente como preferible a la que no se escribe y se convierte, así, en la variedad con más posibilidades de evolucionar a una lengua estándar.

El mundo occidental, desde época romana, es un mundo graficéntrico. Todas las relaciones sociales y humanas necesitan corroboración escrita para «existir». ¿Ha nacido un niño si no tiene partida de nacimiento? ¿Ha fallecido una persona sin el certificado de defunción? ¿Podemos identificarnos recurriendo solo a nuestra palabra, sin mostrar el DNI? ¿Es posible comprar un piso con un simple apretón de manos? ¿Y qué sucede si afirmamos que poseemos unos estudios universitarios y no exhibimos el título que lo acredite? A efectos sociales nada existe si no está escrito. La lengua escrita desencadena consecuencias económicas y sociales de las que carece la lengua hablada. De ahí que aquella oralidad que se escribe se transforme inmediatamente en la más valorada, la que cuenta con mayor prestigio social dentro de la comunidad.

Porque cabe preguntarse: cuando comenzó la escritura románica, ¿se escribieron todas las variedades orales? La historia lingüística peninsular nos ofrece un buen caso de estudio. Cuando empieza a despuntar y a ganar espacio la grafía románica, entre 1200 y 1250, no todas las variedades accedieron por igual a ella. Para medir la diferencia es importante tener en cuenta qué se escribió y con qué regularidad, los contenidos y los ámbitos sociales de la escritura, y si estos perduraron con el paso del tiempo. Tres tipos de textos fueron los que primero manifestaron la escritura románica: la literatura, los documentos notariales y los textos legislativos, como los fueros. Pronto fueron seguidos por la historia, pero otros contenidos textuales, como la ciencia o la teología, permanecieron durante mucho más tiempo ajenos a la innovación. El motivo que subyace a la pronta adopción de la grafía románica en algunos tipos textuales y no en otros es la necesidad de su elicitación oral. Eran textos que estaban destinados, en origen, a ser pronunciados en voz alta para poder ser comprendidos. La lectura visual y silenciosa fue algo extraño hasta finales de la Edad Media.

El catalán, el castellano, el navarro, el aragonés y el gallego-portugués fueron las variedades románicas que contaron con un cultivo escrito más amplio en contenidos y en ámbito social. El asturleonés, en cambio, si bien da señales de seguir el mismo proceso en el siglo XIII, cuando se escribió en documentos privados y algunos fueros, pronto —ya en el siglo siguiente— se vio desviado de ese camino y pervivió sobre todo como variedad oral. Esta temprana interrupción de la cultura escrita en asturleonés, que dificultó la creación de una conciencia lingüística propia, tiene varias causas, pero la principal es política.

La filología española ha tendido a separar el castellano del asturleonés en atención a que, desde el siglo XI hasta 1230, hubo algunos periodos en que existieron dos reinos diferenciados, el de León y el de Castilla. Pero lo cierto es que la evolución lingüística de ese territorio en que se fraguaron los romances centrooccidentales no permite erigir fronteras lingüísticas motivadas por esos pasajeros avatares políticos, ni tampoco hay señales de que los hablantes que allí vivían diferenciaran entre sus variedades orales. Al proyectar la historia política sobre la lingüística, se falsearon en gran medida los hechos. Cuando hace acto de aparición la escritura, en cada lugar —Galicia, Asturias, León o Castilla— se aplica a lo allí hablado y así vemos emerger por escrito algunas variantes de pronunciación, morfología, sintaxis o léxico que entonces seguramente eran percibidas como las que hoy observamos entre Argentina y España, por ejemplo. Esta situación cambió a mediados del siglo XIII. Tras la unión definitiva de los dos reinos bajo un mismo cetro, en 1230, la rápida adopción en la corte regia de la variedad escrita que se identificó como *romance de Castilla* o *castellano* terminó por desplazar a otras formas alternativas de escribir y, en especial, a la que reflejaba la oralidad asturleonesa. No hay que ignorar que Galicia formaba parte del mismo reino pero mantuvo viva su *scripta* hasta el siglo XV. La lengua escrita en la corte del rey se difundió por todos sus dominios a través de los documentos cancillerescos y los textos legislativos y, gracias a esa extensión paulatina, se elevó a modelo lingüístico que se superpuso sobre la oralidad en todos los rincones del reino. La difusión de ese modelo tuvo pocas trabas, ya que no parece haber existido en esa época ni hasta mucho después una clara conciencia de las diferencias lingüísticas entre el romance hablado en el reino de León y en el de Castilla.

La larga y compleja creación de una lengua estándar supone siempre diferencias de poder entre los hablantes, entre aquellos que controlan la escritura y los valores que esta entraña, y los que no la controlan. La escritura no solo construye los cimientos sobre los que comienza a edificarse la estandarización. Es más: siemprc implica la postergación social de la oralidad, sacrificada ante el poderoso dios de la escritura.

¿QUÉ ERA LO LINGÜÍSTICAMENTE «CASTELLANO»?

Es difícil definir una lengua. Con frecuencia se habla del castellano como *lengua* y del leonés y aragonés como *dialectos «históricos»*, al tiempo que se proporciona un repertorio de rasgos lingüísticos que permitirían diferenciarlos. Esta perspectiva es algo engañosa, al proyectar hacia el pasado medieval el resultado sociolingüístico de una evolución bastante posterior, en virtud de la cual el castellano se transformó en una lengua estándar mientras que el asturleonés y el aragonés no llegaron a culminar procesos de estandarización y solo se conservaron como variedades orales de uso reducido. Sin embargo, en la Edad Media las lenguas romances peninsulares estaban en una posición mucho más igualitaria. Hasta finales del siglo xiv, ni la lengua románica del reino de Navarra ni las del reino de Aragón tenían mucho que envidiar al castellano en cuanto a su elaboración formal ni a su implantación sociolingüística: en ellas se manejaban los escritos de la corte regia, los documentos privados, las crónicas, las leyes, la literatura y muchos textos doctrinales. También, según veremos, hay testimonios claros de su identidad diferencial, revelada en la existencia de un nombre para la lengua.

A principios del siglo xv, la llegada de los Trastámara al trono aragonés frustró esta progresión. En 1409, en el llamado Compromiso de Caspe, la nobleza aragonesa y la burguesía catalana eligieron al hermano del rey de Castilla, Fernando de Antequera, como el futuro rey de Aragón, con el nombre de Fernando I. La presencia de una dinastía castellana en la corte regia de Aragón tuvo como consecuencia que se acelerara la adopción de soluciones castellanoleonesas en todo tipo de escritos y, viceversa, que en el reino de Castilla y León se difundieran de forma creciente los usos aragoneses. Fue entonces cuando los pronombres personales *nós* y *vós* pasaron a ser *nosotros* y *vosotros* siguiendo el modelo del catalán y el aragonés. Y al revés, el relativo *quien* se abrió camino en Aragón de acuerdo con el empleo del leonés y el castellano.

La convergencia fue facilitada no solo porque esa intensificación de los contactos acarreó la difusión de innovaciones lingüísticas, sino también porque, en realidad, los romances peninsulares eran, y son, muy similares entre sí. El contacto entre ellos y su mutua influencia había estado siempre ahí, como aspecto definitorio de su propia existencia y de la convivencia en el solar territorial ibérico desde siglos atrás.

Los lingüistas saben bien que las lenguas se componen de inventarios de sonidos (o *fonemas*), paradigmas morfológicos, estructuras sintácticas y léxico, pero no todo ello es compartido por los dialectos de una lengua. No todos los elementos son comunes ni tampoco las reglas para combinarlos. Pero en la Península, en la Edad Media, toda el área occidental y central se desenvolvía en dialectos que apenas se separaban por algunos elementos y pocas reglas. Pese a los límites políticos entre los reinos, desde el área gallega hasta la aragonesa oriental se sucedían variedades que evolucionaron, para muchos aspectos, de forma conjunta. Sucede así que algunos de los supuestos rasgos originales del castellano, como tener *ch* en palabras del estilo de *dicho* o *leche*, se daban también en toda el área central y oriental del reino de León. Y lo mismo cabe afirmar del reino de Navarra, que coincidía, por ejemplo, con el castellano en las formas del verbo *ser*, *es*, *era*, y carecía de los diptongos asturleoneses y aragoneses, *ye*, *yera*. Además de la coincidencia originaria o temprana, las variedades centrales tendieron a converger aún más entre sí por la nivelación lingüística desencadenada por el contacto entre pobladores de distintos orígenes dialectales en los lugares arrebatados a los musulmanes, en el centro y sur peninsular.

Por ello, la denominación que se generalizó para nuestra lengua desde el siglo XIII, cuando Alfonso X proclamó escribir en *lenguaje de Castilla* o *romance castellano*, no nos debe llevar a engaño. Desde un punto de vista político o geográfico, bien podemos llamar *castellano* a todas las variedades incluidas bajo esa jurisdicción. Desde el punto de vista lingüístico, ciertamente no lo eran en exclusiva, pues variedades muy similares a algunas de las utilizadas en Castilla ya se hablaban entonces en territorios jurisdiccionalmente leoneses, navarros o aragoneses. Incluso el castellano escrito en la corte de Alfonso X carece de uniformidad, con textos y documentos de carácter occidental y otros de sesgo oriental. *Castellano* es la lengua en que proclaman estar escritos tanto unos como otros, aunque en un análisis lingüístico en poco o casi nada se diferenciaban de algunas variedades del leonés, del navarro o del aragonés. Las fronteras políticas entre los reinos no coincidían con las isoglosas lingüísticas, así que es poco adecuado proyectarlas automática y anacrónicamente hacia el pasado para definir los límites de las lenguas en la Edad Media.

LA IDENTIDAD

¿Podemos existir sin ser conscientes de ello? La identidad, la conciencia de la propia existencia, es vital para las lenguas. Ya expliqué que es desde el siglo XIII cuando los textos se escriben en romance y aluden con cierta regularidad a él, normalmente para contrastarlo con el latín o el árabe. El nombre por el que se denomina la lengua oral es *romance*, sin más precisiones. ¿Cuándo entonces podemos documentar la conciencia de las diferencias ocultas en esa denominación genérica? Las lenguas peninsulares que más tempranamente se llaman a sí mismas recurriendo a un gentilicio son el castellano (gracias a Alfonso X, ya en 1250), el aragonés (*lengoage de Aragón*, hacia 1270) y el catalán (Jofre de Foixà, que escribe en Sicilia hacia 1290). El empleo de gentilicios por parte de sus hablantes se retrasa más en los casos del navarro (*in ydiomate Navarre terre*, 1350), el gallego (*lingoajen galego*, 1390-1420) o el portugués (*nossa linguajem portugués*, 1430-1455). Y hay que esperar hasta la Edad Moderna para encontrar conciencia de una identidad lingüística asturiana.

Esa tempranísima denominación del romance hablado en los territorios del rey castellanoleonés bajo la rúbrica de *lenguaje de Castilla*, *castellano* o *romance castellano* es muy llamativa por pionera en el contexto peninsular y explica, en cierta forma, que posteriormente muchas de las formas de hablar en esos dominios se acogieran bajo el paraguas de «ser» castellano. La conciencia de los hablantes y el análisis lingüístico no necesariamente coinciden.

Lengua castellana fue la denominación más habitual en la península Ibérica para nuestra lengua desde el siglo XIII hasta el XX, pero esa etiqueta no debe hacernos pensar que se trata de una variedad nacida en Castilla y desde Castilla difundida a León, Navarra o Aragón, sino más bien de una designación que originalmente englobaba variedades habladas tanto en Castilla como en otros territorios jurisdiccionalmente no castellanos. Tanto la una como los otros participaron en la gestación compleja del español.

Desde el siglo XVI en adelante una nueva denominación, *lengua española* o *español*, comenzó a competir con la tradicional de *lengua castellana*. La novedosa etiqueta se originó y cundió fuera de las fronteras de la península Ibérica, en boca de los europeos, para referirse a la lengua más extendida y hablada en el marco territorial peninsular ibérico o España, la heredera de la antigua Hispania romana. Y así, poco a poco, impulsada desde el exterior, la denominación *lengua española* concurrió con *lengua castellana* al sur de los Pirineos hasta que, en el siglo pasado, *castellano* y *español* se hicieron términos intercambiables en la lengua culta.

San Isidoro creía poder llegar a comprender el fondo de las cosas a través del origen de las palabras que las designaban, su etimología. Esa perspectiva medieval se aplicó al término *castellano* y condujo a algunos filólogos a extrapolar hacia el pasado el origen de nuestra lengua y a buscarlo en el primitivo condado de Castilla en el siglo x, mucho antes de que se escribiera el romance y de que tengamos testimonio alguno de conciencia lingüística diferencial. Y esa distorsión también se extendió hacia el futuro, al vincular estrechamente la historia de la lengua con la del reino de Castilla. Sin embargo, la historia lingüística no es una simple proyección de la historia política. Hoy sabemos que la etimología de un nombre no explica necesariamente su denotación, su significado.

LA ESTANDARIZACIÓN Y EL PODER

Es famosa la cita atribuida a Max Weinreich según la cual una lengua es un dialecto con ejército y armada: «A language is a dialect with an army and navy». Ello revela, como saben bien todos los lingüistas, que la diferencia entre lengua y dialecto no se encuentra en aspectos lingüísticos, sino que reside en factores extralingüísticos y, en esta cita, se indica que son aspectos relacionados claramente con el poder. De hecho, se alude a la potencia militar, a la imposición de la fuerza. Pero ¿en qué consiste el poder de algunas lenguas?

En el pensamiento común, no en el de los lingüistas, *lengua* se identifica con 'lengua escrita', 'lengua culta', 'lengua de la educación', 'lengua oficial', 'lengua intertraducible a otras lenguas', 'lengua comprendida en todas las áreas'...; y *dialecto*, con una variedad que no se escribe, oral y coloquial, cuyos hablantes no han tenido acceso a la educación, o que se adscribe a una zona geográfica restringida o a un grupo social determinado... Sin embargo, estos contrastes no son los que caracterizan a una lengua frente a un dialecto, sino los que definen una variedad estándar frente a una variedad no estándar. No podemos identificar *lengua* con lengua estándar. En realidad, la lengua estándar es una variedad artificial, un dialecto que resulta de una larga e intensa construcción cultural y que, en gran medida, es solo propia de las lenguas europeas y poco conocida en otros dominios lingüísticos. La lengua estándar no es la lengua materna de nadie, por lo que su adquisición y dominio necesita largos años de entrenamiento y aprendizaje.

Ya vimos que la escritura es determinante para que una variedad pueda llegar a la condición de lengua estándar. Pero no solo. Es necesario además que esa variedad haya experimentado un proceso de elaboración, social y metalingüística. La «elaboración» social supone que los hablantes son conscientes de la propia lengua, le otorgan una identidad y la asumen como variedad preferida en todo tipo de situaciones comunicativas y en cualquier categoría de producciones textuales. Este proceso también se denomina capacitación (o normalización). La «elaboración» metalingüística consiste en la discusión sobre el uso lingüístico estimado preferible o correcto y tiene como resultado la creación de tratados dedicados a la lengua, como ortografías, gramáticas o diccionarios. Esta actividad se conoce como codificación (o normativización).

La lengua estándar es, pues, una variedad escrita, capacitada y codificada como resultado de un largo proceso de intervención sobre el uso lingüístico, en el que se requiere la cooperación y aceptación de la comunidad y, sobre todo, de los grupos socialmente dominantes. Con el tiempo, el resultado es la institucionalización de la lengua codificada a través de la educación u otras vías, como puede ser la creación de entidades especializadas en la regulación de la codificación o, incluso, su elevación a lengua oficial.

Si las lenguas romances peninsulares llegaron en una situación de desigualdad a la Edad Moderna, ello fue porque los procesos de estandarización que se iniciaron en la Edad Media no avanzaron en la misma medida. Lo que cambió fue la relación de fuerzas entre la oralidad y la escritura, entre lo que se hablaba y lo que se escribía, debido ante todo a razones políticas. Hasta finales del siglo XIV, todas las variedades románicas peninsulares, salvo el asturleonés, adoptaron la escritura y, en diversos grados, fomentaron la elaboración culta de la lengua, su normalización. A partir del siglo XV, todas ellas fueron abandonando los pasos que conducían hacia su estandarización, mientras que el castellano progresó sin obstáculos hacia ella. Es la lengua estándar la que está vinculada al poder, a la armada y el ejército de Weinreich.

LA CAPACITACIÓN

El desalojo del asturleonés de la escritura que tuvo lugar ya desde el siglo XIV fue seguido por el desplazamiento progresivo del aragonés, el navarro, el gallego y el catalán entre los siglos XV y XVI. Las lenguas permanecieron de forma oral, pero la cantidad y la calidad de los textos que en ellas se escribieron fueron cada vez menores. A la par, crecieron los textos redactados en castellano en todos los territorios de la Península, incluido Portugal. De esta forma, se daba otro de los pasos habituales en los procesos de estandarización: la variedad seleccionada como base de la lengua estándar se promocionó como modelo lingüístico oral gracias a la extensión de lo escrito en ella. El castellano fue adoptado y difundido por ciertos grupos de hablantes de los reinos de Portugal, León, Navarra y Aragón, en detrimento de las lenguas allí habladas.

Las razones que se esconden detrás de este cambio fueron políticas. Los altos estamentos del reino adoptaron consciente y voluntariamente la lengua del rey, la corte y sus aledaños: el castellano. Este movimiento comienza en la época de los Reyes Católicos, incluso antes de la anexión de Navarra en 1516, y se intensifica a lo largo del siglo XVI, en tiempos de Carlos I y Felipe II. Algunos intelectuales, como el jurista aragonés Micer Gonzalo García de Santamaría, expresan sin tapujos los motivos que los conducen a emplear el castellano en lugar del aragonés: a la vista de que la corte regia reside en Castilla y de que el rey y sus cortesanos personifican el ideal del buen hablar, decide escribir en castellano, puesto que «la fabla comúnmente, más que otras cosas, sigue al imperio» (1491).

En las monarquías del Antiguo Régimen cunde la idea de que el rey y las personas que lo rodean —los cortesanos— encarnan la perfección humana, puesta de manifiesto en su mesurada combinación de dominio de las armas y las letras, de acción y reflexión, o en su forma de vestir o de hablar. La lengua de la corte deviene así en un modelo que imitar para todos aquellos que aspiren a formar parte de ella, la lengua que confiere prestigio a quienes la hablan o escriben. Estas ideas, que acompañan a la nueva monarquía de España o de las Españas, cuya corte siempre residió en Castilla, sea en Toledo, Valladolid o Madrid, propiciaron que la nobleza de los reinos de León, Navarra y Aragón fuera adoptando el castellano en su oralidad y como lengua preferente de los textos escritos. Si bien todavía en el siglo XVII cierta literatura religiosa y muchos documentos jurídicos se siguieron redactando en catalán, el español abarcó el rango más amplio de tipos textuales, desde diálogos, poesía, teatro, novela, hasta tratados de agricultura, medicina o religiosos, amén de ser la lengua administrativa del reino. Solo la universidad y las instituciones eclesiásticas mantuvieron el latín.

En el avance de la capacitación fue fundamental la actitud de los intelectuales, que a menudo hacen gala y estandarte del manejo de la lengua vulgar. Apenas hay texto de los siglos XVI y XVII que no traiga a colación el «problema de la lengua». El asunto es objeto de preocupación constante y en él pueden distinguirse tres facetas. De un lado, el derecho o incluso el deber de emplear la lengua vulgar en lugar del latín para tratar de cualquier materia, incluidas las más «graves». La idea venía respaldada por el carácter consustancial de la lengua materna a cada hombre, único animal dotado de la palabra, y por la defensa de la condición humana. A ello se añadían razones de carácter práctico: el anhelo de alcanzar a todo tipo de lectores, como, por ejemplo, las mujeres, con poco conocimiento del latín. De ahí la proliferación de tratados doctrinales que en su prólogo se vanagloriaban de escribir de agricultura, medicina o ingeniería por vez primera en lengua española.

De otro lado, subyace el deseo de dignificar la lengua materna, de elaborarla en su forma y contenido, de manera que en nada tuviera que envidiar la perfección expresiva y la fijeza perdurable que atribuían al latín. Este prurito late detrás del espectacular desarrollo literario que presenciaron los Siglos de Oro y se acompaña de cierto nacionalismo que quiere oponer los logros culturales de los españoles a los de otras naciones, sobre todo, de los italianos.

Por último, la necesidad de describir, estudiar y fijar la lengua. Esta última faceta es la que arrastró a la aparición de las primeras gramáticas y diccionarios, promovió la discusión sobre cuál debía ser la base dialectal de la lengua culta e hizo aflorar el problema de la lengua primitiva de Hispania.

La expresión más nítida del sentimiento perentorio de defensa de la lengua vulgar que aquejó a los escritores y pensadores de la Edad Moderna es la aparición de tratados completos solo dedicados a ensalzar la lengua materna, sus virtudes y bellezas, al tiempo que se preocupaban por su mejora y recalcaban la necesidad de su cultivo, de los que es una muestra el famoso *Diálogo de la lengua* de Juan de Valdés (1535). Sin el apoyo expreso y decidido de los intelectuales de la Edad de Oro, la lengua vulgar, y en concreto el castellano, no habría alcanzado la elaboración necesaria para poder elevarse a lengua de cultura. La falta de ese apoyo por parte de los círculos social y culturalmente influyentes fue decisiva para que decayese el cultivo escrito de las lenguas habladas en Galicia, Navarra o Aragón, igual que, siglos después, sería fundamental para su «resurgimiento» o «renacimiento».

LA CODIFICACIÓN

No existen lenguas estándar sin codificación. La primera vez que tenemos noticia de la aspiración a «fijar» la lengua figura en el *Arte de la lengua castellana* de Antonio de Nebrija (1492). La gramática de Nebrija es, por muchas razones, un hito de la historia de nuestro idioma. No hay que olvidar que fue la primera dedicada a una lengua vulgar en Europa y que representa el punto de arranque de la codificación explícita del español, un proceso que durará siglos y que puede estimarse, aún hoy, en permanente realización.

Durante la Edad Media la escritura en romance había realizado una codificación que podemos llamar *de facto* o «implícita». La adopción en los textos de unas formas lingüísticas y no de otras suponía la recomendación, por la vía de los hechos, de ciertas grafías, pronunciaciones, estructuras o palabras. No obstante, nunca detectamos una reflexión metalingüística sobre variantes con intención normativa, ni se crean los mecanismos para darla a conocer o se ponen los medios para generalizarla.

Quizá la única excepción es el prólogo que Alfonso X el Sabio antepuso al *Libro de las estrellas fixas que son en el ochavo cielo* (1276). Allí se dice que el rey ordenó la traducción del texto del árabe al castellano a Yehudá ben Mošé y a Guillén Arremón de Aspa en 1256, pero que después lo endereçó e lo mandó componer este rey sobredicho, e tolló las razones que entendió que eran sobejanas e dobladas e que non eran en castellano derecho, e puso las otras que entendió que cumplían, e quanto al lenguaje endereçolo él por sí.

Hoy sabemos que la expresión *castellano derecho* no alude a un criterio de corrección lingüística semejante al moderno en el que se desechan ciertas soluciones fonéticas o formas gramaticales a favor de otras, sino que se refiere esencialmente a la adecuación de los nombres conocidos de las constelaciones, en la tradición árabe y la latina, con las figuras que las estrellas construyen en el firmamento y con su representación iconográfica. En cada caso, la obra propone como nombre castellano el que juzga más descriptivo de cada una, optando a veces por la denominación latina, a veces por la de tradición árabe. La intervención lingüística del rey parece referirse a estos problemas de adaptación terminológica y al empeño de que no se incluyera la información que no venía al caso (las *razones sobejanas e dobladas*).

Con la salvedad del Rey Sabio, apenas puede aducirse en la Edad Media otro testimonio de reflexión metalingüística con propósito codificador hasta Nebrija. En las ideas y propósitos del lebrijano encontramos algunos planteamientos destinadas a tener largo éxito posterior, incluido nuestro tiempo. Por ejemplo, la idea de que la historia lingüística es simple proyección de la historia política. Nebrija establece un paralelismo entre el «nacimiento» de la lengua y su «niñez» con el surgimiento de cada reino o imperio, y sostiene que la «madurez» de la lengua llega cuando el reino alcanza su apogeo. Estas ideas, convenientemente reelaboradas, acabarían trasladadas a los historiadores de la lengua del siglo xx, aunque ya sabemos que, en realidad, no son ciertas. No hay «niñez» ni «madurez» de las lenguas. Si acaso, hay nacimiento de su identidad diferencial y desarrollo de su elaboración cultural y social: la estandarización. Como primer codificador, Nebrija confunde la lengua con la lengua estándar.

Otra idea presente en el lebrijano es la gramática o «arte» como un instrumento para garantizar la uniformidad e inmutabilidad lingüística, sueño vano del que participan todos los codificadores, sin darse cuenta de que la variación y el cambio son principios consustanciales al hecho lingüístico, igual que lo son las vocales, las consonantes, los nombres y los verbos. Nebrija defiende la codificación de la lengua como una vía de hacerla resistente al tiempo, siguiendo la pauta del latín, el griego y el hebreo. Desaparecidos los imperios políticos, la lengua de romanos, helenos y judíos había permanecido porque, en su opinión, se había fijado a través de artes o gramáticas. El imperio de los Reyes Católicos necesita, pues, del refrendo de la lengua para hacerse equiparable. El propósito de «reduzir en artificio este nuestro lenguaje castellano» es garantizar que no se distorsione la memoria política —controlar el futuro— y disponer de un instrumento de enseñanza de la lengua a otros pueblos.

Pese al carácter pionero y casi visionario de Nebrija, su obra no tuvo mucha repercusión posterior. Pero representó el pistoletazo de salida para la multiplicación de tratados metalingüísticos de la Edad Moderna, cuyos autores discuten sobre un sinfín de cuestiones: la dignidad de la lengua vulgar, su origen e historia, o la necesidad de regular su uso (para lo cual se contrastan diversas variedades dialectales, sociológicas y estilísticas). Entre innumerables ejemplos, encontramos propuestas concretas de codificación en el *Diálogo de la lengua* (1535) de Juan de Valdés, en la *Ortografía kastellana* (1624) y en la gramática o *Arte* (1627) de Gonzalo de Correas o en nuestro primer diccionario monolingüe, el *Tesoro de la lengua castellana o española* (1611) de Sebastián de Covarrubias. Estos autores describen la lengua contemporánea y tratan de «fijar» la ortografía, la gramática o el léxico de forma explícita.

Sin embargo, ninguna de estas codificaciones fructificó porque no contaron con la anuencia de los hablantes contemporáneos. El análisis metalingüístico de estos tratadistas quedó restringido a propuestas individuales y no coordinadas, con lo que no tuvo la capacidad de influir prescriptivamente en la creación de la lengua estándar. Los hablantes siguieron utilizando variadas ortografías en sus manuscritos e impresos, y no existía unidad de criterio en cuanto a las formas o variantes lingüísticas que debían ser aceptadas como «correctas».

LA REAL ACADEMIA ESPAÑOLA Y LA INSTITUCIONALIZACIÓN

Las ideas que insistían en la necesidad de «defender» e ilustrar la propia lengua estaban profundamente enraizadas en el pensamiento y la voluntad de multitud de hombres de letras españoles desde 1500, pero la fundación de la Real Academia Española en 1713 supuso una solución de continuidad en la forma de canalizarlas, difundirlas y ponerlas en práctica. El cambio cualitativo fundamental fue la aparición de una codificación explícita y reconocida por todos los hispanohablantes.

La Academia publicó, a lo largo del siglo XVIII, las tres obras que desde entonces, en sucesivas ediciones actualizadas o de nueva planta, han conformado el núcleo de su actividad: el *Diccionario*, conocido en su primera versión como *de autoridades* (1726-1739), la *Ortografía* (1741) y la *Gramática* (1771). A diferencia de lo que sucedía en los siglos previos, estos tratados de codificación fueron totalmente reconocidos y aceptados en la práctica por los hispanohablantes cultos contemporáneos. Prueba de la profunda estima y respeto que recibió el trabajo académico fue, por ejemplo, el abandono de la ortografía que venía empleándose desde el siglo XIII, que fue enteramente reemplazada por la propuesta por la Academia en el siglo XVIII y es, en esencia, la empleada todavía hoy. Esa valoración social no ha cambiado hasta el momento actual. Para cualquier hablante de español, el diccionario, la ortografía o la gramática de la Academia siguen siendo hoy la guía imprescindible para el uso lingüístico «correcto» o prestigioso.

El valor social otorgado a la actividad lingüística de la Academia quizás se deba a la protección que la monarquía otorgó inmediatamente a la institución, en 1714, con rentas que sostuvieron su actividad, pero tampoco puede desligarse del respaldo y la importancia que obtuvieron ciertas instituciones dentro del programa intelectual y político de los movimientos ilustrados del siglo XVIII y, sobre todo, de los nacionalistas del siglo XIX. Tanto unos como otros trabajaron al servicio de un concepto, la nación, que adquiere un nuevo significado en el tránsito del Antiguo Régimen a los nuevos estados de base constitucional, desarrollados al calor de la ideología liberal y de la economía capitalista. La creación de los modernos estados nacionales exigía una educación pública, en la que los alumnos aprendían una historia compartida protagonizada por el pueblo español, al igual que estudiaban los autores clásicos de la literatura española y aprendían a leer y escribir la lengua nacional. La labor de la Academia vino así a proporcionar los instrumentos lingüísticos necesarios para la educación pública en la lengua general de la nación española. No en vano la primera gramática fue declarada por Carlos III libro de texto oficial para la enseñanza del español en las escuelas en 1780 y ese mismo camino siguió la *Ortografía* académica desde 1844. Hoy en día no hay una norma jurídica que obligue a seguir las recomendaciones normativas de la Academia en los textos escritos o en los programas educativos, pero el prestigio adquirido por las obras de la corporación hace que continúen siendo de consulta obligada para todo aquel que aspire a dominar la lengua estándar.

Si la codificación, sintetizada en su lema «Limpia, fija y da esplendor», fue el aspecto más novedoso y conocido de la contribución de la Academia al proceso estandarizador en el siglo XVIII, no siempre se menciona que el criterio seguido en la selección de la variedad estándar fue más integrador que exclusivista. El primer *Diccionario (de autoridades)* proclamaba dar cabida a las voces regionales y de todos los registros sociales y ámbitos comunicativos, desde los tecnicismos a los términos coloquiales, con lo que, en gran medida, la lengua estándar se basó en la lengua de uso en la península Ibérica, tal como acredita la nómina amplísima de fuentes escritas utilizadas para documentar las voces. Esa voluntad descriptiva y abarcadora diferencia el primer *Diccionario* de la Academia de sus modelos, los diccionarios de la Accademia della Crusca florentina y el de la Académie française, que no admitían este tipo de palabras en su concepto de norma. Al dar cabida a voces de vocabularios específicos, la Academia tuvo también, desde el principio de su actividad, un papel decisivo en la capacitación terminológica del español.

En fin. En algunos países europeos la institucionalización de la lengua dio incluso un paso más: la regulación jurídica de los derechos y deberes lingüísticos de los ciudadanos, al proclamar una variedad como lengua oficial del país o de una región. En el caso del español ese puente se cruzó con la Constitución de la Segunda República Española (1931), cuando el castellano adquirió la condición de lengua oficial y, por tanto, entró a formar parte de los elementos definidores de la identidad nacional.

CODA

Es ahora cuando podemos retomar la pregunta inicial sobre el «origen» del idioma y tratar de responderla con precisión. La conciencia diferencial de la lengua de la que hoy nos consideramos continuadores y practicantes, el castellano, no puede remontarse con seguridad más allá de 1250. Desde entonces, el español ha transitado un larguísimo camino, tendido puentes y extendido sus fronteras. Y en ese recorrido ha adquirido la condición de lengua estándar plena, en paralelo a lo acaecido a otras lenguas europeas. Son apenas —nada más y nada menos— que unos ocho siglos de historia.

LA LENGUA POR DERECHO

Santiago Muñoz Machado

EVANGELIZAR ANTES QUE CASTELLANIZAR

Es frecuente que, cuando se plantea la cuestión de saber cómo y por qué se expandió el español en América, se recuerde un supuesto pronóstico de Antonio de Nebrija: «La lengua es compañera del Imperio». De lo que se sigue que, según las deducciones más fáciles, la conquista ultramarina española produjo, como uno de sus efectos naturales, la imposición a los vencidos de la lengua de los conquistadores. Se les enseñó castellano a la fuerza o ellos mismos se vieron compelidos a aprenderlo por su propia conveniencia o por la opresión resultante del cambio brusco de su cultura tradicional.

La verdad es que todo ocurrió de forma bastante más matizada en ese proceso. Lo que dijo Nebrija a la reina Isabel la Católica en el prólogo a su *Gramática sobre la lengua castellana* fue que

> después de que Vuestra Alteza metiese debaxo de su iugo muchos pueblos bárbaros y naciones de peregrinas lenguas, i con el vencimiento aquellos tenían necesidad de recebir las leies que el vencedor pone al vencido i con ellas nuestra lengua.

Parece claro que el lebrijano no creía que la implantación de la lengua del conquistador fuera una operación simple y automática, ni tampoco que se impusiera por la fuerza, sino que era la consecuencia para los vencidos de tener que comprender y acatar las leyes que dictara su nuevo soberano, que estarían redactadas en la lengua del Imperio. Así pues, las lenguas se expanden a través del derecho, según el ilustre gramático que tenía experiencia sobre este fenómeno en cuanto humanista familiarizado con la difusión del derecho romano en toda Europa y, con él, el latín como lengua franca.

Este proceso que va del hecho de la conquista a la promulgación de las leyes castellanas y el sucesivo aprendizaje de la lengua por los pueblos indios de América, se presentó con muchas complicaciones en la práctica de las relaciones entre los colonizadores españoles y los aborígenes americanos.

En los años inmediatamente posteriores al Descubrimiento, las lenguas nativas fueron un problema para los españoles por su enorme variedad y por la dificultad de entenderlas y de comunicarse. Colón lo cuenta expresivamente en su diario explicando que las manos y los gestos eran la lengua de los recién llegados. Con el tiempo, algunos indios aprendieron un español rudimentario y determinados españoles, alguna de las lenguas indias, y sirvieron de intérpretes.

Había entonces pocas leyes, porque la disciplina que se debía seguir en caso de descubrir tierras nuevas estaba contenida en las Capitulaciones y otros documentos de naturaleza contractual donde se consignaban los derechos y obligaciones del Almirante y los expedicionarios. Leyes de carácter general que afrontasen el problema de las relaciones de los españoles con los indios aparecieron propiamente con la promulgación de las Leyes de Burgos de 1512.

Hasta entonces, las relaciones con los indios, circunscritas a la zona caribeña, se habían limitado a su utilización como mano de obra. En un primer momento, a título de servidumbre o esclavitud. Colón había viajado en las flotas portuguesas por las costas africanas y conocía de sobra que a los pueblos conquistados, más aún en caso de resistencia, se los sometía a esclavitud. Mandó indios a España para que los Reyes Católicos decidieran si podían ser mercancías susceptibles de venta, pero los monarcas se lo pensaron poco y, tras algunos asesoramientos y titubeos, prohibieron absolutamente el sometimiento de los indios a esclavitud.

Juan II de Portugal conoció directamente por Colón la noticia del Descubrimiento. Una bula papal de 1455 (la *Romanus Pontifex)* había reconocido los derechos de Portugal sobre las tierras conquistadas a lo largo de la costa africana y en las incursiones hacia el interior del continente, marcando un paralelo (28°N) que delimitaría su dominio territorial. Según las explicaciones que recibió de Colón sobre la posición geográfica de las tierras descubiertas, Juan II se mostró convencido de que quedaban dentro de la zona de dominio portugués. Lo puso de manifiesto inmediatamente a los Reyes Católicos, pero éstos no aceptaron la reivindicación y Fernando maniobró con rapidez para conseguir una ratificación de su punto de vista por el papa Alejandro VI. El Pontífice emitió hasta cinco bulas que confirmaban las posiciones españolas y acordaban una división del mundo delimitada por un meridiano que servía para trazar el ámbito al que se extendería el dominio de portugueses y españoles (bula *Inter caetera* de 1493). Aquel deslinde fue rectificado después por el Tratado de Tordesillas de 1495, que pacificaría las relaciones entre las dos potencias marítimas. Se dividió el mundo en dos hemisferios separados por una línea meridiana, trazada de polo a polo, que pasaba a 370 leguas al oeste de las islas de Cabo Verde.

La bula *Inter caetera* concedía a los españoles las tierras descubiertas, pero cargaba sobre la monarquía el deber de evangelizar a sus habitantes. No estaba éste entre los objetivos iniciales de los expedicionarios y sus regios patronos, que más bien concibieron la misión como una operación estrictamente económica, consistente en abrir el tráfico comercial con las Indias por

una vía más directa y económica, además de explotar las rique-
zas de las tierras que se descubriesen.

La reina Isabel se aprestó a cumplir desde el primer momento la encomienda papal. Tanto en las instrucciones al Almirante de 29 de mayo de 1493 («… deseando que nuestra Santa Fe
Católica sea aumentada e acrescentada, mandan e encargan al
dicho Almirante, Visorrey, e Gobernador, que por todas las vías
e maneras que pudiere procure y trabaje a traer a los moradores
de dichas islas e tierra firme a que se conviertan a nuestra Santa Fe Católica…»), como en su propio testamento (recomienda,
a efectos de convertir a los indios «a nuestra Fe Católica», «en-
viar a las islas y tierra firme prelados y religiosos y clérigos y
otras personas doctas y temerosas de Dios para instruir a los
vecinos y moradores de ellas en la Fe Católica…»), insistió en el
buen trato que habría de darse a los indios, recordando que la
misión de los españoles era preferentemente llevar a los pobladores paganos de las tierras descubiertas a la profesión de la fe
católica, disponiendo para ello de los medios de enseñanza que
se consideraran más eficaces. Era la condición impuesta en la
bula de donación.

La realización de esos objetivos evangelizadores dependía en
gran medida de que hubiera religiosos desplazados a las Indias
con capacidad de acción suficiente. Los primeros expedicionarios
habían contado con algún sacerdote que los auxiliaba espiritual-
mente y también explicaba a los indios, en los primeros contactos, los principios esenciales de la religión católica y el valor de
la Biblia, pero su esfuerzo era más que insuficiente. En el segundo viaje, los reyes encomendaron a algunos religiosos —enca-
bezados por un hombre de confianza de Fernando, el padre
Boyle— cuidar de las cosas de la religión, creando una línea de
mando nueva, que no estaba consignada en las Capitulaciones
de Santa Fe, celebradas entre los reyes y Colón en 1492.

Para organizar esta cuestión de la evangelización de modo
definitivo y eficaz, el rey Fernando, muerta ya Isabel, solicitó del

general de los dominicos que enviaran efectivos a las Antillas. El primer contingente llegó a La Española en 1510, bajo las órdenes de fray Pedro de Córdoba. Serían los primeros en conocer la práctica de las relaciones establecidas entre los españoles y los indios, contra la que reaccionaron formulando una protesta enérgica fundada en dos motivos fundamentales: por un lado, los españoles habían sometido a los indios a una situación que prácticamente equivalía a la esclavitud —prohibida por los reyes—, disimulada en la fórmula jurídica de las encomiendas, que consistía en el reparto entre los colonizadores de un número de indios que trabajasen los campos o las minas o prestasen servicios personales a cambio, sobre todo, del compromiso, por parte de los encomenderos, de evangelizarlos. Los dominicos denunciaron las malas prácticas desarrolladas en las encomiendas, que incluían maltrato, penosidades y explotación inhumanas.

La puesta en escena de la queja de los dominicos fue espectacular: otro fraile cordobés de la expedición de fray Pedro, Antonio de Montesinos, pronunció un duro sermón en La Española, en la Navidad de 1511, ante una feligresía rebosante de encomenderos. La homilía añadió a la agria protesta la denuncia de que los encomenderos habían hecho total dejación de sus obligaciones de dedicar tiempo a la enseñanza de la religión a los indios.

Aquel discurso de 1511, las protestas que siguieron por parte de los ofendidos destinatarios de la diatriba y la ulterior firmeza de los frailes cuando se les pidieron explicaciones por sus superiores y por el propio rey Fernando terminaron provocando la promulgación de la primera legislación general sobre el tratamiento de los indios, que comprendía programas sobre su cristianización. Las Leyes de Burgos de 1512 contenían estos remedios.

Pero, al margen de la importancia de las concretas normas contenidas en las Leyes de Burgos, la protesta de 1511 y sus secuelas pusieron de manifiesto la importancia del poder religioso que había empezado a instalarse en las Indias. Si la misión principal de los españoles era, cumpliendo la obligación impuesta por el Papa, la evangelización, los protagonistas, los principales actores de esa acción, tendrían que ser los religiosos; sólo detrás de ellos podían seguir los soldados conquistando y ocupando tierras. Ésta fue una consigna por cuya realización efectiva pugnaron las órdenes religiosas más influyentes en América y sus más destacados miembros.

Pocos años después de las Leyes de Burgos, las reclamaciones llegaron al cardenal Cisneros, durante su breve regencia, que autorizó un experimento de gobierno en La Española con los jerónimos. Las protestas de los misioneros se reavivaron cuando Carlos I heredó la corona de Castilla en 1517. No tardó mucho el joven monarca en dictar unas instrucciones contra las malas prácticas ya indicadas, que dio en Granada el 27 de noviembre de 1526.

Cuando se establecieron los franciscanos en México (la primera expedición llegó a Nueva España en 1524 con los llamados «doce apóstoles»), la fuerza de los religiosos indianos se incrementó. Los años centrales del siglo XVI, pasado el primer tercio, fueron ricos en escritos, manifiestos, conciliábulos, visitas al monarca y al Papa y controversias, en las que participaron muchos religiosos ilustres. Bartolomé de las Casas asumió un gran protagonismo desde su incorporación a la Orden de los Predicadores, sucediendo en las protestas a los grandes dominicos de La Española y redoblando el atrevimiento en sus peticiones al rey.

Muy principal fue la actuación de fray Bernardino de Minaya, a raíz de una entrevista con Vasco de Quiroga y con el obispo Juan de Zumárraga, para tratar de nuevo sobre la humanidad de los indios y la defensa contra los abusos de los encomenderos. Julián Garcés, obispo dominico de Tlaxcala, preparó una elocuente carta latina que Minaya llevó al papa Pablo III, y terminó de convencerle para que promulgara la bula *Sublimis Deus* de 2 de junio de 1537, donde reconocía la capacidad intelectual de los indios para incorporarse al redil de la Iglesia y recibir la fe cristiana, y reprobaba la conducta de los colonizadores españoles. Mediante dos breves del mismo año, ordenaba al cardenal Tavera que excomulgara a todo aquel que esclavizara indios o los despojara de sus bienes.

Fueron fundamentales los escritos de Francisco de Vitoria, maestro esencial de la Escuela de Salamanca. Sus dos famosas relecciones «De indis», pronunciadas a finales de 1538 y en junio de 1539, fueron la base de una nueva concepción de los títulos de los españoles para la colonización de América y el derecho a evangelizar a los indios. Cuestionó que los títulos pudieran ser una donación papal, puesto que el Papa no tenía ninguna potestad sobre aquellos territorios para otorgar derecho alguno a los españoles.

También se sumó Bartolomé de las Casas a estas críticas, que llevó con mucho empeño ante el emperador Carlos V. 1542 fue un año decisivo, porque Las Casas redactó sus primeros borradores de lo que en 1552 se publicaría con el título de *Brevísima relación de la destruición de las Indias*.

Los acontecimientos llevaron al emperador a promulgar las Leyes Nuevas de 20 de noviembre de 1542, ampliadas el 4 de junio de 1543, que adoptaban medidas drásticas de supresión de las encomiendas y que, considerando las protestas con que las recibieron los encomenderos de Nueva España y Perú, tuvieron que ser rápidamente rectificadas. También fue un hito la celebración en Valladolid (donde había tenido lugar, en 1542, una junta que reunió a miembros de los consejos de la Corona, teólogos y juristas para debatir sobre la libertad de los indios y su conversión; estas deliberaciones fueron el preludio de las *Leyes Nuevas*) de la controversia que enfrentó a fray Bartolomé de las Casas y a Juan Ginés de Sepúlveda, el erudito cronista del emperador, que debatieron entre los días 15 de agosto y 30 de septiembre de 1550, y a mediados de abril de 1551, en relación con los justos títulos de la conquista de las Indias por los españoles. No acabó la deliberación en ninguna resolución arbitral, como en principio se pretendía, pero puso sobre el tapete de nuevo la justificación de la acción conquistadora y colonizadora y la primacía que sobre ella tenía la misión de evangelizar.

Durante todo el siglo XVI —que comprende el tramo final del reinado de los Reyes Católicos y, sucesivamente, el del emperador Carlos V y el de Felipe II—, se mantuvo, en relación con las encomiendas, una situación entre tolerante y de franco respaldo, dada la importancia económica de que pudieran seguirse utilizando los indios como mano de obra. Pero ello sin perjuicio de reconocer la primacía de la misión evangelizadora que trataron de monopolizar las órdenes mendicantes. Desde un punto de vista económico, los intereses de la Corona se inclinaban por la protección de los colonizadores y encomenderos; desde una perspectiva cultural, la evangelización prevaleció sobre la castellanización. Primero, enseñar las verdades de la fe; después, la cultura y la lengua castellanas.

Esta elección determinó que quedara en manos de los frailes la política lingüística en América. Enseñar la doctrina cristiana utilizando las lenguas indias se enfrentaba, entre otros problemas, a la carencia de léxico adecuado para transmitir dogmas católicos esenciales. Enseñar en español era aún más difícil porque los indios no entendían nada y la utilización de intérpretes no aseguraba que la transmisión de las ideas fuera fiable. Los frailes se inclinaron preferentemente, cuando empezaron a organizarse, por este segundo procedimiento de la enseñanza y predicación a través de intérpretes. Muchos se hicieron ayudar por niños, que tenían particular facilidad para aprender la lengua española. Pedro de Gante, uno de los primeros en utilizar este método, lo explicaba en una carta de 27 de junio de 1529:

He escogido cincuenta muchachos de los más avisados, y cada semana les enseño uno por uno lo que toca decir o predicar la dominica siguiente, lo cual no me es corto trabajo, atento día y noche a este negocio para componerles y concordarles sus sermones. Los domingos salen estos muchachos a predicar por la ciudad y toda la comarca, a cuatro, a ocho, a diez, a veinte o treinta millas, anunciando la fe católica y preparando con su doctrina la gente para recibir el bautismo.

De la importancia de su colaboración con algunos misioneros, dejaron constancia las crónicas de fray Toribio de Benavente, Motolinía (*Historia de los indios de la Nueva España*) y Jerónimo de Mendieta *(Historia eclesiástica indiana).*

Pero tardaron poco tiempo los misioneros en familiarizarse con las lenguas nativas. Coexistían centenares de hablas distintas en los territorios conquistados, lo que determinó que los religiosos trataran de aprender aquellas que podían permitirles comunicarse con un número mayor de nativos. Pero, sin perjuicio de manejar las lenguas generales, muchos misioneros llegaron a dominar otras muy singulares que hablaban sólo los indios del territorio al que extendían su acción cristianizadora.

Algunos de ellos, nada más instalarse, empezaron a estudiar las lenguas indígenas, ninguna de las cuales conocía la escritura, y formaron gramáticas, vocabularios, cartillas para la enseñanza, y tradujeron catecismos y otros textos esenciales para la catequesis. El esfuerzo de los frailes fue realmente imponente y muy meritorio. Esencial incluso para la conservación de las lenguas y la cultura de los pueblos que encontraron en América.

Este prodigioso trabajo de los misioneros trajo consigo el inevitable perjuicio de que la lengua española no avanzara en América. Los contactos de los indios con los españoles no permitían rápidos progresos. En las «doctrinas», «congregaciones» y «reducciones» —donde se agrupaban indios, bien con el objeto exclusivo de enseñarles la religión católica, bien con el propósito prioritario de organizar su trabajo en régimen de colectividad, según hicieron con mucho éxito los jesuitas en Paraguay—, se enseñaba, cuando se contaba con efectivos bien preparados, en la lengua nativa, directamente o por medio de intérpretes. Si el adoctrinamiento se hacía en castellano, solía tener pocos resultados positivos; las crónicas han dejado constancia de la ineficacia de este método, porque los indios eran incapaces de entender nada o proclives a olvidar pronto.

Fuera del ámbito más dominado por las órdenes mendicantes y, en un plano de menor importancia, por el clero secular, quedaban las estructuras administrativas y sociales, que ofrecían escaso margen para la enseñanza del castellano. Salvo el caso de los indios que estaban al servicio de los españoles o se habían establecido en las mismas ciudades que ellos por razones económicas, la legislación de la monarquía española mantuvo una separación entre las «repúblicas de españoles» y las «repúblicas de indios», es decir, la diferenciación de las comunidades habitadas mayoritariamente por unos o por otros colectivos, a las que se aplicó un régimen de gobierno diferente. En el caso de los pueblos de indios no se impuso el régimen del municipio castellano, sino que se mantuvieron especialidades que permitían conservar las tradiciones y formas de gobierno tribales. La separación aseguraba una convivencia limitada a las relaciones de trabajo, normalmente intensas pero poco aptas para desarrollar una enseñanza sistemática del español.

Todo lo anterior se refiere a los indios encomendados, reducidos o concentrados en pueblos vecinos a los españoles, y a los *domesticados* por cualquier causa. Quedaban fuera de esas conexiones y posibilidades de aprendizaje las colectividades de indios *salvajes*, establecidos sobre todo en las zonas montañosas y de frontera, que, mantuvieran o no actitudes beligerantes y de resistencia frente a los españoles, nunca se integraron ni estuvieron en disposición de aprender español.

LAS RECOMENDACIONES DE LOS MONARCAS

La situación descrita no siempre fue exactamente conocida por los monarcas durante los siglos XVI y XVII, porque la información que se tenía de América era bastante incompleta y les resultaba muy difícil controlar lo que ocurría en unos territorios tan lejanos y el grado de cumplimiento de las leyes que promulgaban. Transcurrida la mitad del reinado de Felipe II se hizo un esfuerzo, siendo presidente del Consejo de Indias Juan de Ovando, por mejorar la información sobre América en todos los órdenes y por avivar el control sobre el cumplimiento de la legislación.

Pero el grado de descentralización del gobierno indiano era muy elevado, y la economía y las relaciones sociales quedaban bajo el control de las autoridades de cada territorio. La monarquía se preocupaba de recibir puntualmente las importantes contribuciones americanas a la financiación de sus políticas y, para todo lo demás que ocurría en América, dictaba sabias y prudentes leyes cuyo grado de cumplimiento le resultaba difícil de verificar, sustituyendo la vigilancia por una amplia tolerancia a favor de la acción de las autoridades locales.

A este régimen de flexibilidad quedaron sometidas también las disposiciones dictadas sobre la enseñanza del castellano o su utilización por la justicia y la administración indianas. En los dos primeros siglos y medio de la colonización española de América, se dictaron pocas normas sobre el uso y enseñanza de la lengua castellana. Es excepcional que en alguna de ellas pudiera recomendarse la imposición forzosa. Lo habitual era que la enseñanza del español se planteara como algo recomendable y positivo, pero sometido a la aceptación voluntaria por los indios. Proponen siempre la conservación de sus culturas y formas de vida, sus idiomas y tradiciones, no la sustitución drástica, salvo en el caso de los símbolos y prácticas religiosas que se consideran incompatibles con los principios de la religión verdadera. La lengua, sin embargo, no tiene connotaciones religiosas y la posición de la Corona sobre ella es neutral o incluso favorable a su conservación.

Esta constatación —que suele causar asombro a quienes han sido inducidos a pensar, por una literatura hiperbólica, sobre la aplicación de la fuerza por los españoles en todas sus relaciones con los indios— se puede deducir con suma facilidad de la lectura de algunas de las normas dictadas a lo largo de los dos siglos indicados.

En 1503, cuando vivía todavía la reina Isabel, se dictó una instrucción que ordenaba que se agruparan los indios en pueblos «para ser doctrinados como personas libres que son y no como siervos». Desde entonces la Corona española aprobó diversas cédulas e instrucciones sobre la enseñanza del castellano. El encargo se imponía principalmente a los encomenderos, en justa contraprestación por las mercedes que recibían. Estas obligaciones habrían de ejecutarse con apoyo de clérigos seculares y por los miembros de las órdenes mendicantes, que fueron asumiendo la exclusividad de la función. Las Leyes de Burgos, ya comentadas, fueron claras en este sentido. Años después, en 1524, Hernán Cortés propuso al rey que fueran los religiosos los que se encargaran de la instrucción y evangelización de los indios:

> Todas las veces que a Vuestra Sacra Majestad he escrito, he dicho a vuestra Alteza el aparejo que hay en algunos naturales de estas partes para se convertir a nuestra Santa Fe Católica y ser cristiano; y he enviado a suplicar a vuestra cesárea Majestad para ello mandase proveer de personas religiosas de buena vida y ejemplo (...) La manera que a mí me parece que se debe tener es que vuestra sacra majestad mande que vengan a estas partes muchas personas religiosas y muy celosas de este fin de la conversión de estas gentes...

En 1535, Carlos V ordenó que fuesen los misioneros los encargados de enseñar a los americanos «cristiandad, buenas costum-

bres, policía y lengua castellana». El emperador era manifiesta-
mente favorable a que se utilizara el castellano en la predicación,
por razones de rigor. Las razones de la opción están repetidas
en una Orden de 17 de julio de 1550, que prescribía:

> Habiendo hecho particular examen sobre si aún en la más perfec-
> ta lengua de los indios se pueden explicar bien y con propiedad los
> Misterios de nuestra Santa Fe Católica, se ha reconocido que no es
> posible sin cometer grandes disonancias e imperfecciones, y aunque
> sean fundadas cátedras, donde sean enseñados los sacerdotes que
> hubieren de doctrinar a los indios, no es remedio bastante por ser
> mucha la variedad de lenguas. Y habiendo resuelto que convendrá
> introducir la Castellana, ordenamos que a los indios se les pongan
> más maestros que enseñen *a los que voluntariamente la quisieren
> aprender, como le sea de menos molestia, y sin costa*: y ha aparecido que
> esto podrían hacer bien los sacristanes como en las aldeas de los
> Reynos enseñan a leer, y a escribir, y a la Doctrina Christiana.

Las instrucciones sobre enseñanza del castellano se enfrentaron,
entre otros inconvenientes, con la opinión de frailes y misioneros, que creían más adecuado el procedimiento de que fueran
ellos quienes aprendieran las lenguas locales y las utilizaran en
la predicación. Fray Rodríguez de la Cruz escribió a Carlos V
diciéndole:

> A mí paréceme que V. M. debe mandar que todos deprendan la
> lengua mexicana, porque ya no hay pueblos que no haya muchos
> indios que no la sepan, y la deprendan sin ningún trabajo sino de
> uso, y muchos se confiesan en ella [...] y hay frailes muy grandes
> lenguas (en ellas).

Un buen resumen de las confrontaciones entre autoridades civiles y eclesiásticas, en relación con los criterios concernientes
a la utilización del castellano o las lenguas indias, está en la

carta que el oidor Tomás López despachaba desde Guatemala en 1550, dando a la Corona amplias razones para fortalecer el español; sostenía que, utilizando el español, la conversión sería más fácil y la enseñanza más sencilla. Por otra parte, consideraba el uso del español como la única opción posible, ya que no había muchos intérpretes y los clérigos eran poco estables, porque, una vez que aprendían la lengua local, se trasladaban a otros lugares o volvían a España.

Entre junio y julio de 1550 se dictaron resoluciones —por Maximiliano, sobrino del emperador, que actuaba entonces como regente por ausencia del monarca— a favor de la implantación del castellano, especialmente para su utilización en la predicación y enseñanza. También dirigió cartas a los priores de los conventos con las mismas instrucciones, que para el emperador se consideraban prioritarias. Pero estas resoluciones se incumplieron. La misma desidia se aprecia en las comunicaciones que tuvieron lugar casi al término del reinado de Felipe II, en 1596, entre el Consejo de Indias y el rey, en las que se consideraban las razones por las que no había progresado el aprendizaje de la lengua castellana. Felipe II también aconsejó, como su padre, el emperador, que se enseñara la lengua de Castilla a los indios, pero la falta de medios, el carácter no forzoso del aprendizaje y la interposición de los misioneros, que preferían relacionarse con los aborígenes en su propia lengua, impidió que estos deseos pudieran llevarse a la práctica.

Siendo el conocimiento de las lenguas uno de los baluartes de los misioneros regulares para controlar las relaciones con los indios, se comprende su resistencia a la universalización del castellano. Es más, las iniciativas de las órdenes religiosas y sus representantes determinaron que también pasara a la legislación la exigencia de que la dirección de la doctrina y las parroquias no pudiera asignarse a sacerdotes o frailes que no conocieran la lengua local. Esta obligación está recogida en la cédula dictada por Felipe II el 2 de diciembre de 1578.

CASTELLANIZAR ANTES QUE EVANGELIZAR

Una defensa más enérgica de la implantación del español en América no aparece hasta mediados del siglo XVII. Está en los importantes escritos del jurista mayor de la época, Juan de Solórzano Pereira. Su *Política indiana* de 1648 contiene una crítica decidida de los concilios eclesiásticos indianos por haber establecido la regla de que la doctrina cristiana se enseñara en las lenguas aborígenes. Otros funcionarios públicos, como el citado Tomás López, habían manifestado esa misma necesidad, que el Consejo de Indias llegó a acoger en sus deliberaciones, pero que no se había puesto nunca en ejecución.

Las órdenes religiosas habían acaparado buena parte de las relaciones ordinarias con los indios, y marginado la enseñanza del castellano. Pero la evangelización no progresó a buen ritmo. Las órdenes religiosas se habían enriquecido y la disciplina con que cumplían la legislación e instrucciones del monarca dejaba mucho que desear. Nadie se había ocupado seriamente de ejecutar la política dimanante de la legislación, que recomendaba que se enseñara castellano a los indios. Contra esas desidias, Solórzano creía que la enseñanza del castellano era el camino más corto para la evangelización. La peripecia del aprendizaje por los frailes de las lenguas nativas no había aportado civilidad ni permitido una propagación amplia en América de los valores de la cultura española.

El capítulo XXVI de la *Política indiana* de Solórzano se titula: «Si será y huviera sido conveniente obligar a los indios a que dexadas y olvidadas tan varias lenguas, como usan, hablaran sólo la nuestra castellana, y se acomodaran en todo a nuestros vestidos, costumbres y matrimonios».

Toma del padre Acosta la constatación de que sólo en Perú se hablaban más de setecientas lenguas diferentes, y que en cada collado que estuviese habitado se usaba una distinta. Criticaba seguidamente la pretensión de los misioneros de obtener el don de lenguas, milagro que sólo en una ocasión concedió Dios a los apóstoles. Estas constataciones le llevaron a concluir que el dilema, que se había debatido en diversas ocasiones en el Consejo de Indias, sobre la enseñanza del castellano, debía resolverse en favor del aprendizaje forzoso. Frente a las recomendaciones que recogió el tercer Concilio de Lima, que sostenían las doctas admoniciones del padre Acosta o del Inca Garcilaso a favor de la conservación de las lenguas nativas y su utilización para la enseñanza, Solórzano defendía la enseñanza forzosa de la lengua castellana:

> Pero sin embargo de lo referido, Yo siempre me he inclinado más a la opinión contraria, y tengo para mí, que en los principios de las poblaciones de estas Provincias de Indias huviera sido fácil y conveniente haver obligado a todos los indios que iban entrando en la Corona de España a que aprendieran la lengua de ella, y que hoy aún será mucho más fácil y conveniente; porque cuando en los viejos se diera alguna dificultad, no dexaran de aprender lo que bastara para entendernos; y en los muchachos, y en los que después fuesen naciendo, no podía haber alguna, pues toman y aprenden con tanta facilidad cuantas les quisiesen enseñar, como lo dice Erasmo.

También se acerca Solórzano a la idea de que un imperio tiene que tener una lengua única. No utiliza para ilustrar esta aseveración la consigna de Nebrija a la reina Isabel, ya referida al comienzo de este escrito, sino lo que había ocurrido en México y Perú con los reyes incas. También toma del jesuita Acosta el siguiente relato:

> Estos Reyes en sus principios tuvieron cortos y limitados imperios; pero después, que con guerras, y por otras vías, los dilataron por más de mil leguas, en que se sujetaron casi inumerables Provincias y Naciones de diferentes lenguajes, en muy breve tiempo introdu-

jeron en todas ellas el patrio suyo que le juzgaron por más suave y urbano, de manera que, o fueron perdiendo el que antes tenían o aprendían todos aquél como general, sin que hubiese alguno que no le supiese y hablase despiertamente: el cual entre los peruanos se llama la lengua Quichua, y entre los de la Nueva España la Mexicana, como le dicen el mismo Acosta y Garcilaso Inca, concluyendo que convendría mucho que esta costumbre se mandase llevar adelante con nuestros Reyes, pues aun la supieron introducir y hacer guardar unos bárbaros, y refiriendo los daños que han resultado por el descuido que se ha tenido en que no se continúen y frequenten como antes estas dos lenguas.

No hubo, sin embargo, un cambio normativo notable que secundara las propuestas del influyente jurista Solórzano. Aunque al final del siglo xvii dos reales cédulas de Carlos II, de 25 de junio de 1690 y 6 de junio de 1691, se hacían eco de sendas representaciones del Consejo de Indias y aprobaban una política más severa de dotación de medios para una enseñanza más eficaz del castellano en América.

El cambio de política definitivo ocurrió en el siglo siguiente, con la llegada al trono de los Borbones. Se produce en este periodo una *reconquista* de América basada en un mayor control de la Administración, las finanzas y las órdenes religiosas que operaban en las Indias occidentales. Muchas de sus posiciones privilegiadas fueron extinguidas y la preeminencia de los misioneros, en relación con el clero secular, y su libre actuación en relación con la Administración civil indiana, fueron decididamente recortadas. El momento álgido de estas políticas fue la expulsión de los jesuitas por Carlos III en 1767.

Fue este mismo rey el que acogió las más severas reclamaciones que llegaban de las Indias sobre la necesidad de imponer definitivamente el castellano como lengua general de comunicación a todos los efectos. Las cartas que envió al rey Carlos III el arzobispo de México Francisco Antonio de Lorenzana y Buitrón fueron absolutamente determinantes. Decía al rey, en la que envió en junio de 1769, que

> a causa de que los Párrocos y Ministros hacen alarde de estar cada día más expeditos en los idiomas con la frecuente comunicación con los naturales, y no hay quien promueva en los pueblos el Castellano, antes bien tiene noticia de que les impresionan en que es falta de respeto hablar en Castellano o se les castiga si lo hacen.

Era Lorenzana perfectamente consciente de los intereses personales y de las órdenes religiosas que estaban detrás de la preferencia por los idiomas locales:

> El mantener el idioma de los indios es capricho de hombres cuya fortuna y ciencia se reduce a hablar aquella lengua que aparta a los indios de la conversación con los españoles; es arbitrio perjudicial para separar a los naturales de unos pueblos de otros por diversidad de lengua y últimamente es mantener en el pecho un fomento de discordia para que se miren con aversión los vasallos de un mismo soberano.

El arzobispo promovió la celebración de un concilio de la Iglesia mexicana en 1771, al que seguiría el que celebró la Iglesia de Lima en 1772. Las actas de ambos se refieren al aprendizaje por los indios de la lengua castellana y la progresiva erradicación de la de los indígenas.

Carlos III acogió las recomendaciones del arzobispo Lorenzana, promulgando dos reales cédulas que reproducían sus criterios. La primera de ellas es del 16 de abril de 1770. La segunda del 22 de febrero de 1778. Aquélla llevaba el siguiente título:

> Para que los Reinos de las Indias, islas adyacentes y de Filipinas se pongan en práctica y observen los medios que se refieren y ha propuesto el Arzobispo de México, a fin de conseguir que se des-

tierren los diferentes idiomas de que se usa en aquellos dominios, y que sólo se hable en castellano.

La otra cédula, la de 1778, se dirige contra las inobservancias y deslealtades que se habían percibido en el cumplimiento de la de 1770. Aunque la aplicación del mandato regio fue muy irregular en la práctica, el contenido de las disposiciones de Carlos III supone un cambio de política espectacular a favor de la enseñanza forzosa de la lengua castellana.

Pero ocurrió esto ya casi al final de la colonización española de América, cuando estaban a punto de iniciarse los movimientos independentistas.

LA LENGUA DE LAS NUEVAS NACIONES

Cuando se consumaron las independencias hablaban español en América alrededor de tres millones de los trece millones de habitantes de aquellas tierras.

En los primeros años del siglo XIX, un número significativo de líderes políticos e intelectuales de las nuevas repúblicas se plantearon el problema de su identidad cultural. Tenían sus propios gobiernos pero no habían podido cortar los lazos culturales con España. Los criollos, que consiguieron la independencia y crearon las nuevas naciones, hablaban castellano, la lengua del Estado colonizador y opresor. Sus costumbres eran las que les habían transmitido sus padres y abuelos españoles. Toda su literatura estaba influida por las corrientes y estilos dominantes en la Península; no había una tradición literaria propia de América. Dada esta situación, algunos creyeron que era imprescindible conquistar la independencia cultural, y especialmente la lingüística, que completaría la independencia política.

Un grupo de intelectuales y políticos se mostró partidario de ahondar las diferencias lingüísticas que apreciaban entre el castellano europeo y el americano. Afectaban, casi exclusivamente, a la expresión oral y, más moderadamente, al léxico. Pero bastó para que los más radicales defensores de la ruptura lingüística con España pudieran sostener que la lengua de América no era el castellano, sino un idioma derivado. Algunos de ellos incluso propusieron su sustitución por el francés.

El debate sobre la diferenciación lingüística se desarrolló principalmente en Argentina y, más limitadamente, en Chile, durante casi todo el siglo XIX. No se extendió con la misma fuerza a las demás naciones. La defensa de las diferencias del español americano fue obra principal de la denominada «generación de 1837».

Con antecedentes en la obra de Juan Cruz Varela, y apoyándose en cierta manera en algunos artículos que Larra publica en 1835 y 1836 en la revista *El Mensajero* («El álbum») y en *El Español* («Literatura»), influyentes intelectuales y escritores, como el poeta Esteban Echeverría, Juan Bautista Alberdi, Domingo Faustino Sarmiento y Juan María Gutiérrez, trataron de establecer las bases de la particularidad de la lengua americana. Es de destacar, por lo que luego se ha de decir sobre la influencia del derecho sobre el idioma, que Alberdi, uno de los principales promotores de aquella corriente lingüística y política, hiciera su exposición primera en un libro titulado *Fragmento preliminar al estudio del Derecho*, publicado en julio de 1837. Sostenía que Argentina necesitaba una filosofía política, y que esto requería apoyarse en un sistema de derecho bien establecido. Es en el prólogo donde se recogen las tesis principales de Alberdi sobre el idioma, que serían continuamente debatidas desde entonces y durante muchos años. Afirmaba que, tras la independencia, los argentinos tenían que forjar una nación. La emancipación mediante las armas tenía que continuar con la independencia del espíritu. «Es necesario —escribió— conquistar una filosofía para llegar a una nacionalidad». La emancipación nacional habría de expresarse necesariamente a través de un idioma nacional.

La generación de Alberdi se atribuyó la grave misión de contribuir a identificar los elementos culturales que definían a la nación. Esta tarea incluía la eliminación de todo lo que fuera postizo o servil. Por supuesto, excluían que la literatura argentina tuviera que utilizar el español castizo, que Alberdi consideraba insustancial y antiguo. Puestos a elegir, prefiere la versatilidad y modernidad del francés. Los argentinos, sostuvo Alberdi, han tenido dos existencias, una colonial y otra republicana; la primera, vinculada a España, y la otra, a Francia. Argentina había dejado de ser hija de España para pasar a serlo de Francia.

La lengua de Argentina no es la lengua de España, sino hija de ella, como lo es toda la nación. América debe tener su propia personalidad lingüística. Cada nación tiene que tener su propia lengua, y, en el caso de Argentina, una vez conseguida la independencia, era imprescindible que procediera a la «Emancipación de la Lengua», según el título del artículo que publicó en 1838 en *El Iniciador.*

Juan María Gutiérrez fue otro gran animador del nacionalismo lingüístico, cuya justificación expuso en el discurso de apertura del Salón Literario de Buenos Aires a mediados de 1837. Se publicó poco después del *Fragmento preliminar* de Alberdi. La posición de Gutiérrez, en definitiva, fue la de considerar que, pese a la independencia de España, «quedamos aún ligados por el vínculo fuerte y estrecho del idioma. Pero éste debe aflojarse de día en día, a medida que vayamos entrando en el movimiento intelectual de los pueblos adelantados de la Europa ...».

Otro protagonista influyente del nacionalismo lingüístico fue Domingo Faustino Sarmiento. Utilizando una cita de Chateaubriand, escribió un artículo en *La Bolsa* el 15 de enero de 1841, estando exiliado en Chile, donde sostenía que los idiomas de las inmigraciones se tiñen con los colores del suelo que habitan. En consecuencia, la lengua de América tendrá que ser y habrá de tener sus características distintivas. El 27 de abril de 1842 se publicó en *El Mercurio* un artículo anónimo titulado «Ejercicios populares de lengua castellana» que Sarmiento celebró y comentó en el mismo periódico. Sus puntos de vista generaron gran controversia, e intervino en la polémica el filólogo y jurista Andrés Bello bajo el seudónimo Un Quídam. Sarmiento es criticado por su pretensión de atribuir al pueblo la soberanía absoluta del lenguaje. Bello defendía a los gramáticos y también a la Real Academia de la Lengua, institución criticada, por sus pretensiones de «fijar» el idioma, por todos los miembros de la Generación del 37.

Sarmiento fue nombrado en 1842, en Chile, director de la Escuela Normal, y se le encargó un texto que incluyera un método sencillo para que los niños aprendieran a leer. Sirvió este encargo para que expusiera sus ideas sobre la gramática. Su punto de vista principal era que el único criterio útil que se puede tener en cuenta para formular una ortografía es el fonético. Sarmiento presentó su propia *Memoria sobre ortografía americana* el 17 de octubre de 1843. Entre sus propuestas de reforma, se incluían las siguientes: primero, olvidar que en el alfabeto existen la *b*, la *v*, la *z* y la *x*. Segundo, no usar la *c* sino con las vocales *a* o *u*. Tercero, no usar la *y* sino en las sílabas *ya*, *ye*, *yi*, *yo* y *yu*; en los demás casos, hay que emplear la *i* latina. Cuarto, mantener por algún tiempo la *que*, *qui*, *gue*, *gui*, para no ofender a los literatos españoles y a los amantes de la rutina. La comisión de la facultad de Humanidades encargada de valorar la *Memoria* de Sarmiento emitió un informe contrario a sus proposiciones.

A la presentación de la *Memoria* asistió Andrés Bello, que pocos años después habría de redactar una obra decisiva para el desarrollo del español en América: *Gramática de la lengua castellana destinada al uso de los hispanoamericanos*, que conocería cinco ediciones entre 1847 y 1860. Defendió Bello siempre la lengua culta y aspiró a la «conservación de la lengua de nuestros padres en su posible pureza». En el prólogo de su *Gramática* escribió:

> No se crea que recomendando la conservación del castellano sea mi ánimo tachar de vicioso y espurio todo lo que es peculiar de los americanos. Hay locuciones castizas que en la Península pasan hoy por anticuadas, y que subsisten tradicionalmente en Hispanoamérica. ¿Por qué proscribirlas? Si según la práctica general de los americanos es más lógica la conjugación de algún verbo, ¿por qué razón hemos de preferir lo que caprichosamente haya prevalecido en Castilla? Si de raíces castellanas hemos formado vocablos nuevos según los procederes ordinarios de derivación que el castellano reconoce... Chile y Venezuela tienen tanto derecho como Aragón y Andalucía para que se toleren sus accidentales diferencias, cuando las patrocina la costumbre uniforme y auténtica de gente educada.

Bello consideró que las cuestiones de la lengua no eran únicamente culturales, sino políticas. Defendió la unidad de la lengua como un programa político. Bello fue contrario a la secesión idiomática de América respecto de España y el mejor defensor de la «unidad de la lengua». Su influencia fue realmente decisiva para el mantenimiento de esta pauta política y lingüística.

Durante todo el siglo XIX siguieron oyéndose los ecos de los románticos de la generación del 37 y la voz potente de Bello. Otros filólogos y literatos tuvieron oportunidad de debatir sobre la preservación de la unidad o la inevitable fragmentación del español en lenguas derivadas, como había ocurrido con el latín en Europa. Muy particularmente, sobre este pronóstico, las opiniones de Rufino José Cuervo, ya a final de siglo, y la controversia que mantuvo con Juan Valera al respecto.

En todas estas disputas sobre la lengua quedó también implicada la Real Academia Española. Los románticos de primera hora (Echevarría, Alberdi, Sarmiento, Gutiérrez) mantuvieron posiciones contrarias a la Academia por considerar que no había que hablar y escribir según dictaminara la docta institución, porque ello vulneraba la soberanía americana que, según Alberdi, tenía al pueblo y no al rey como único dictador. No se oponía a la Academia de un modo frontal, como lo hizo Gutiérrez, que rechazó su designación como académico correspondiente de la Española, pero era contrario a que una nación tuviera como propia la Academia de otra. América debía tener una Academia de la Lengua Americana.

La controversia entró en vías de solución en los años setenta del siglo xix, cuando empezaron a constituirse las academias americanas como correspondientes de la Real Academia Española. Desde 1870 la Academia empezó también a incorporar a individuos destacados de América como correspondientes. En la junta académica de 17 de noviembre de 1870, Escosura leyó un informe «acerca de la manera en que podrían autorizar la creación en países americanos de otra Academia correspondiente de la nuestra y con cierta relación de dependencia». Se aprobó, como acuerdo, el informe de Escosura, que, entre otras declaraciones, contenía las siguientes: «Los individuos de las diversas "Repúblicas americanas españolas, o independientes"» tienen «por patria común una misma lengua y por universal patrimonio, nuestra hermosa y rica literatura, interesando a todos igualmente su conservación y acrecentamiento». Y añadía:

> Los lazos políticos se han roto para siempre; de la tradición histórica misma puede en rigor prescindirse; ha cabido, por desdicha, la hostilidad hasta el odio entre España y la América que fue española; pero una misma lengua hablamos, de la cual, si en tiempos aciagos que ya pasaron, usamos hasta para maldecirnos, hoy hemos de emplearla para nuestra común inteligencia, aprovechamiento y recreo.

Después del acuerdo de la Española de 1870, se fundaron las academias Colombiana en 1871, Mexicana en 1875, Ecuatoriana en 1874, Salvadoreña en 1876, Venezolana en 1883, Chilena en 1885, Peruana en 1887, Guatemalteca en 1887. En el siglo xx se completó la implantación de academias con la Costarricense en 1923, Filipina en 1924, Panameña en 1926, Cubana en 1926, Paraguaya en 1927, Boliviana en 1927, Dominicana en 1927, Nicaragüense en 1928, Argentina de las Letras en 1931, Uruguaya de Letras en 1943, Hondureña en 1948, Puertorriqueña en 1945 y Norteamericana en 1973.

LA INFLUENCIA DEL DERECHO EN LA EXPANSIÓN DEL CASTELLANO CASTIZO

Mientras se sucedían a lo largo del siglo xix los debates sobre la lengua de América que se han resumido, estaban ocurriendo otros acontecimientos que determinarían su futuro.

La lengua de la nación no quedó proclamada en casi ninguna de las constituciones de las nuevas repúblicas independientes. Su implantación efectiva fue una sencilla cuestión de hecho derivada de la imposible ruptura con el pasado. Una lengua no se inventa ni tampoco es posible cambiar la cultura de un pueblo. La lengua de los líderes de los Estados recién establecidos era el español. También era la lengua de la legislación, de la justicia y de la Administración. Para relacionarse con los poderes del Estado había que conocerla. Los discursos políticos usaban el castellano y los derechos y deberes de los ciudadanos se escribían en esa lengua; la misma usada por los jueces para resolver las controversias.

Durante los tiempos de la colonia, el conocimiento del castellano por los indios no fue imprescindible y la magnánima Corona de Castilla dispuso que en los tribunales trabajaran intérpretes que ayudaran a los indios, muy querulantes en general, a defender sus derechos. Con las naciones independientes esta situación cambió pronto. Se establecieron programas de enseñanza obligatoria del español, a los que hubieron de someterse todos los indios *domesticados* que vivían por alguna razón próximos a los españoles. Los que no aceptaron este cambio de política o no estuvieron dispuestos para trabajar para los ricos hacendados que iban ocupando tierras antes pertenecientes a las comunidades indias tuvieron que desplazarse a zonas de frontera o de montaña, o incorporarse a las tribus *salvajes*. Éstas, a su vez, en cuanto intranquilizaban con incursiones y ataques a las zonas dominadas por los nuevos señores, fueron combatidas y eliminadas.

La conjunción de todas estas actuaciones produjo una acelerada expansión del español y la reducción drástica de los hablantes de lenguas indígenas, muchas de las cuales empezaron a extinguirse, algo que no había ocurrido con rapidez equiparable durante toda la época de dominación española.

Constituye una notable paradoja que, mientras algunos intelectuales trataban de marginar la lengua española clásica e incluso sustituirla por el francés u otra lengua europea, se produjera un crecimiento de hispanohablantes, merced a las políticas de los Gobiernos de los mismos Estados en los que la polémica estuvo más arraigada. Quizás fue la mejor prueba de su artificiosidad.

El derecho ganó la batalla lingüística frente a las exquisiteces teóricas de los filólogos y escritores de algunos países americanos. Pero todavía es atribuible en parte al derecho otra conquista más notable: impuso en América un bello castellano clásico o castizo, porque fue este castellano, y no el hablado en algunos de estos países, con sus particularidades léxicas, fonéticas y gramaticales, el que empleó la legislación.

Este prodigioso resultado llegó a producirse por dos motivos que actuaron simultáneamente en la misma dirección. El primero fue el mantenimiento, durante muchos años después de declaradas las independencias, de las leyes de Castilla como normas vigentes en América. El segundo, la implantación ulterior de códigos civiles (que por entonces contenían casi todo el derecho, especialmente el aplicable a los particulares) que, por una parte, se atenían a la tradición y la cultura romanísticas europeas y, por otra, fueron redactados en el mejor castellano clásico, lo que permitió que la lengua culta irradiara, desde las leyes, una influencia extraordinaria.

Estos dos momentos tienen una cronología que permite seguirlos con precisión:

En el momento del Descubrimiento, las normas vigentes en Castilla eran el Ordenamiento de Alcalá de 1348, revisado por la Ley I de Toro; el ordenamiento llamado «de Montalvo», formado desde 1487, que era una recopilación de leyes que fue denominada con diversos nombres a lo largo de los años; la Nueva Recopilación se promulgó en 1567. Se aplicaba igualmente el Fuero Real, promulgado por Alfonso X, o las Leyes del Estilo. También, desde luego, las Partidas. En 1680 se promulgó la Recopilación de Leyes de Indias.

Durante muchos años, el derecho de los nuevos Estados fue una amalgama de normas formada por el antiguo derecho castellano y el nuevo derecho republicano. Sólo se cambió el orden de prelación en la aplicación de las leyes establecido en las normas castellanas. Un ejemplo que vale para todos los Estados americanos, que usan aproximadamente las mismas soluciones, la ofrece el Reglamento Provisorio para la Dirección y Administración del Estado, que aprobaron en 1817 las Provincias Unidas del Río de la Plata. Estableció al respecto:

Hasta que la Constitución determine lo conveniente, subsistirán todos los códigos legislativos, cédulas, reglamentos y demás disposiciones generales del antiguo Gobierno español, que no estén en oposición directa o indirecta con la libertad e independencia de estas Provincias, ni con este Reglamento y demás disposiciones que no sean contrarias a él liberadas desde 25 de mayo de 1810.

En sentido parecido se pronunció luego la Constitución de 1819, como había hecho también la Constitución chilena de 23 de octubre de 1818, la Carta de la Gran Colombia de 6 de octubre de 1821, etcétera.

Por lo que concierne a la codificación civil, el proceso se inicia muy pronto, después de las independencias, en Venezuela, Argentina, la futura Colombia, Perú y otros Estados. Pero fue, sin duda, el Código Civil Chileno de 1855, cuyo proyecto redactó muy minuciosamente Andrés Bello, el más influyente sobre la coetánea y ulterior codificación civil americana. El Código chileno respetó los principios generales que procedían de la legislación española, acomodó los nuevos del Código Civil napoleónico de 1804, y llegó a tiempo para tener en cuenta también los textos de García Goyena, que llegarían a formularse en España como proyecto de Código Civil de 1856. Se editaron en su día varios proyectos anotados que mostraban la medida en que se había apoyado Bello en las Siete Partidas o había usado las codificaciones de la época, incluido el proyecto de García Goyena. En definitiva, su criterio sobre cómo hacer un código civil en América están resumidas en el artículo que publicó en *El Araucano* de 6 de diciembre de 1839:

¿Y por qué empeñarnos en innovaciones más extensas? Nuestra legislación civil, sobre todo la de las Siete Partidas, encierra lo mejor de la jurisprudencia romana, cuyo permanente imperio sobre una tan ilustrada parte de Europa atestigua su excelencia (...). Una reforma reducida a los límites que acabamos de tratar no suscitaría contradicciones, no chocaría con los hábitos nacionales, en que las leyes no deben encontrar antagonistas sino aliados; y pudiera ejecutarse gradualmente tomando primero una parte de la legislación y después otra. En materia de legislación civil casi todo está hecho...

Como he escrito en otro lugar, la lengua de los códigos civiles sería en toda Europa la lengua de la nación, la fijación de un patrón jurídico general por encima de las costumbres, usos locales y la fragmentación del derecho tan característica de las épocas medieval y moderna. En los códigos civiles estaba, como señaló Bolívar con agudeza, la verdadera Constitución.

La codificación civil hubiera podido ser, considerando su importancia, una gran oportunidad para un cambio cultural de primer orden. Pero no ocurrió así, sino que el Código Civil se convirtió en un ejemplo de lenguaje castizo y culto, depurado y preciso. Difundido en toda América, añadió al prestigio de las fuentes literarias, las gramáticas, ortografías y diccionarios académicos, la autoridad definitiva de la legislación.

NOTA BIBLIOGRÁFICA

Las obras de autores que se citan en el texto y otras utilizadas para su preparación son principalmente los siguientes:

ACOSTA, J., *Historia natural y moral de las Indias,* ed. de Alcina Franch, Madrid, Historia 16, 1987.

ALBERDI, J. B., *Fragmento preliminar al estudio del Derecho,* Buenos Aires, Hachette, 1955.

—, «Enseñanza del idioma», *El Iniciador* (1838).

ALFÓN, F., *La querella de la lengua en Argentina. Antología,* Buenos Aires, 2013.

ALTAMIRA, R., «El texto de las Leyes de Burgos», *Revista de Historia de América,* n.º 4 (1938).

BELLO, A., «Ejercicios populares de la lengua castellana», *Mercurio* (1842).

—, *Gramática de la lengua castellana destinada al uso de los americanos,* ed. crítica de Ramón Trujillo, Tenerife, Instituto Universitario de Lingüística Andrés Bello, 1981.

BENAVENTE (MOTOLINÍA), T. de, *Historia de los indios de la Nueva España*, ed. de M. Serna Arnáiz y B. Castani Prado, Madrid, Real Academia Española, Centro para la edición de los clásicos españoles, 2014.

CASAS, B. de las, *Historia de las Indias*, ed. de A. Millares Carlo, 3 vols., 2.ª ed., México, Fondo de Cultura Económica, 1965, reimpr. 1986.

—, *Brevísima relación de la destruición de las Indias*, ed. de José Miguel Martínez Torrejón, Madrid, Galaxia Gutenberg-Círculo de Lectores-Centro para la Edición de los Clásicos Españoles, 2009 (Biblioteca Clásica).

COLÓN, C., *Textos y documentos completos*, ed. de Consuelo Varela, Madrid, Alianza Universidad, 1995.

CUERVO, R. J., «El castellano en América», *Bulletin Hispanique*, t. III, n.º 1 (1901), pp. 35-62; y t. V, n.º 1 (1903), pp. 58-77.

ECHEVARRÍA, E., *Los consuelos*, Buenos Aires, Imprenta Argentina, 1834.

GUTIÉRREZ, J. M., «Carta al Secretario de la Academia Española», *La Libertad* (5 de enero de 1876).

GUZMÁN, A., *Historia de la codificación civil en Iberoamérica*, Santiago de Chile, 2000.

INCA GARCILASO DE LA VEGA, *Comentarios reales de los incas*, ed. de Ángel Rosenblat, Buenos Aires, Emecé, 1954.

MUÑOZ MACHADO, S., *Hablamos la misma lengua. Historia política del español en América desde la Conquista a las Independencias*, Barcelona, Crítica, 2017.

—, *Sepúlveda, cronista del emperador*, Madrid, Edhesa, 2012.

NEBRIJA, A. de, *Gramática sobre la lengua castellana*, ed. de Carmen Lozano, Madrid, RAE, 2011.

RICARD, R., *La conquista espiritual de México*, 2.ª ed., México, Fondo de Cultura Económica, 1986, 10.ª reimpr., 2010.

SARMIENTO, D. F., «Ejercicios populares de la lengua castellana», *Mercurio* (27 de abril de 1842). Las contestaciones a Un Quídam están en el mismo diario de los días 19 y 22 de mayo, 3 de junio y 5 de junio de 1842.

—, «Ortografía castellana», *La Educación Común* (1 de marzo de 1879).

—, *Obras completas*, 52 vols., Santiago y Buenos Aires, 1879-1914.

SEPÚLVEDA, J. G., *Tratado sobre las justas causas de la guerra contra los indios,* Buenos Aires, Fondo de Cultura Económica, 1941.

—, «Apología», en *Obras completas,* vol. III, Pozoblanco, Ayuntamiento de Pozoblanco, 1997.

SOLÓRZANO PEREIRA, J. de, *Política indiana,* Madrid, Biblioteca Castro, 1996.

VALERA, J., «Sobre la duración del habla castellana. Con motivo de algunas frases del señor Cuervo», *Los Lunes del Imparcial* (24 de septiembre de 1900).

VITORIA, F. de, *Relectio de Indis,* ed. de L. Pereña y J. M. Pérez-Prendes, Madrid, CSIC, 1967.

—, *Sobre el poder civil. Sobre los indios. Sobre el derecho de la guerra,* Madrid, Tecnos, 1998 (Clásicos del Pensamiento Político).

EL IDIOMA ESPAÑOL CRECE
Y SE MULTIPLICA

David Fernández Vítores

El título de este libro hace referencia a la característica de la lengua española que más peso tiene a la hora de determinar su posición en el mundo: la demografía. Una demografía muy amplia y en constante crecimiento que se localiza de manera especialmente intensa en el continente americano y en la península Ibérica, pero cuyo rastro también puede seguirse en otras regiones: África e incluso en ciertas partes de Asia y del Pacífico.

La geografía del español abraza, por tanto, varios mundos y su comunidad de hablantes incluye rasgos y orígenes de lo más diverso. A pesar de ello, el grado de homogeneidad que presenta el español es extraordinariamente alto. Esto se debe, en gran medida, al prestigio de la cultura literaria, científica y artística que esta lengua porta a sus espaldas, cultura que tradicionalmente ha tenido un efecto unificador en este idioma, sobre todo en su expresión más instruida, mediante la creación de herramientas muy eficaces para tal fin, como son diccionarios, ortografías y gramáticas. Y aunque es cierto que la influencia normativa de estos instrumentos se antoja ahora menor si se compara con la que ejercen ciertos medios de comunicación en español, su huella es innegable en estos últimos, ya sea por exceso o por defecto.

El español es hoy lengua oficial, de hecho o de derecho, en 21 países que ocupan un territorio tan amplio como compacto: toda Sudamérica, salvo Brasil y Guayanas; toda Centroamérica, menos Belice; Cuba; Puerto Rico; República Dominicana; Guinea Ecuatorial; y España. Debido a que una gran parte de los países hispanohablantes comparte frontera, el solar del idioma presenta una dispersión geográfica muy escasa. No obstante, en toda su gran extensión hoy pueden diferenciarse ocho grandes variedades dialectales del español: en España, la castellana, la andaluza y la canaria; en América, la caribeña, la mexicano-centroamericana, la andina, la rioplatense y la chilena.[1] Estas variedades parecen haber resistido bien los embates de la globalización, caracterizada por la presencia de grandes grupos de comunicación transnacionales que no siempre adaptan los contenidos elaborados en una variedad concreta de español a los mercados en los que se hablan variedades distintas. Asimismo, la publicación masiva de contenidos en Internet, medio caracterizado por su ubicuidad y por la ausencia de fronteras físicas, favorece una transferencia sin precedentes entre los caudales lingüísticos de estas distintas variedades, transferencia de ida y vuelta que podría acabar reforzando aún más la ya elevada homogeneidad que acusa el español actual.

Aunque en muchos de los países hispanohablantes no es la única lengua oficial, el español es el instrumento de comunicación mayoritario en todos ellos, con una tasa media de dominio nativo superior al 92 por ciento.[2] La elevada comunicatividad del español se observa en general en todo el ámbito hispanohablante, ya que la inteligibilidad mutua entre sus distintas variedades apenas decrece por mucho que aumente la distancia entre éstas. Así, la probabilidad de que un habitante del estado de Chihuahua, en el norte de México, utilice el español para comunicarse con otro de la provincia de Tierra del Fuego, en el sur de Argentina, es altísima. Esta elevada comunicatividad encuentra su contrapartida, sin embargo, en el grado de diversidad, que en el caso del ámbito hispanohablante resulta casi nulo, ya que la probabilidad de que dos hablantes, escogidos al azar, utilicen lenguas distintas para comunicarse es tremendamente baja.[3]

Con todo, la homogeneidad que se observa en el habla hispana contrasta con el desacuerdo que se aprecia en la comunidad hispanohablante a la hora de denominar su propia lengua: ¿«español» o «castellano»? Para dirimir este desacuerdo habría que distinguir dos ámbitos: el coloquial y el oficial. En el ámbito coloquial, con frecuencia se alterna el uso de ambos términos según la distancia que quiera marcar el propio hablante con respecto a la idea de *España*, si bien el lugar donde habite este hablante, así como el grupo social al que pertenezca son asimismo factores determinantes para la utilización de uno u otro término, con independencia de su variedad dialectal. En el ámbito oficial, por su parte, también se evidencia este uso alterno. Así, los textos constitucionales de los países centroamericanos y caribeños suelen utilizar el término *español*, mientras que los sudamericanos se decantan abiertamente por el término *castellano*, que es también la denominación que recoge la ley fundamental española.[4]

Fuera de la comunidad hispanohablante, este debate suele languidecer cuando esta lengua común pisa la alfombra de los principales foros internacionales, como la Organización de las Naciones Unidas o la Unión Europea. Aquí, *español* es el término más usado. El empleo generalizado de este término, en lugar de *castellano*, no tiene la finalidad de zanjar ninguna disputa interna de esta comunidad de hablantes en torno a la denominación de su propia lengua, sino la de facilitar su identificación a los hablantes de otras lenguas, quienes, ajenos a este debate, suelen abrazar de forma mayoritaria el término *español* para referirse a este idioma. Curiosamente, la inercia institucional ha hecho que en la Unión Europea se adopte una solución de compromiso que recoge, de forma anecdótica, la herencia de este debate. Así, si consultamos una página web multilingüe de esta organización y desplegamos la pestaña correspondiente a las versiones en sus 24 idiomas oficiales, veremos que, en la clasificación de éstos por orden alfabético, el español está situado en el lugar correspondiente a la *c*, de *castellano*, y no en el de la *e*, de *español*.

LAS CIFRAS DEL ESPAÑOL

Realizar un recuento del número de hablantes de español no es una cuestión baladí. La importancia percibida de una lengua, tanto dentro como fuera de su comunidad lingüística, está estrechamente ligada a su número de hablantes. Así, cuanto mayor es el número, mayor puede ser su prestigio nacional e internacional.[5] Por otra parte, para que las estrategias o políticas públicas de difusión de la lengua y la cultura hispánicas en el mundo sean realmente eficaces, éstas habrán de fundamentarse en datos precisos que justifiquen su atractivo a los miembros de otras comunidades lingüísticas.

Como ocurre con cualquier otra lengua, determinar el número exacto de hablantes de español es una tarea extremadamente compleja que requiere acudir a fuentes muy heterogéneas. En muchos casos, además, estas fuentes no son lo bastante completas como para dibujar una imagen cabal de la magnitud real del ámbito hispanohablante. A esta ausencia de datos en la cuantificación del español conviene añadir un hecho no menos importante, y es que, con frecuencia, los datos obtenidos no son lo suficientemente homogéneos como para poder establecer comparaciones precisas entre el número de hablantes de diferentes países o entre grupos de hablantes de lenguas distintas. Incluso en el caso de fuentes oficiales, como pueden ser los censos de población, se aprecia a veces un cierto grado de subjetividad, algo por otra parte comprensible si se tiene en cuenta el fuerte carácter político, social e identitario generalmente ligado al uso de una lengua determinada y que, en ocasiones, hace que las respuestas por parte de los encuestados no sean tan objetivas como cuando se les pregunta sobre otros asuntos menos espinosos. Todos estos factores contribuyen sin duda a añadir un buen grado de incertidumbre a los datos disponibles, que siempre han de interpretarse tomando en consideración el carácter impreciso y aproximativo que por fuerza tienen.

Sobre la base de las prevenciones anteriores, las últimas estimaciones indican que actualmente hablan español más de 577 millones de personas, ya sea como lengua nativa, segunda o extranjera; es decir, el 7,6 por ciento de la población mundial puede comunicarse en español.[6] Esta cifra global, que incluye también aquellos hablantes que tienen una competencia limitada en este idioma, así como los aprendices de español como lengua extranjera, se revisa al alza cada año desde hace ya varias décadas utilizando siempre los mismos criterios de medición, lo que muestra la vitalidad del español tanto dentro como fuera del ámbito hispanohablante. Es preciso distinguir, no obstante, los países donde el español es lengua oficial, nacional o general, de aquellos en los que su presencia es minoritaria. La mayor parte de los habitantes de los primeros países tiene un dominio nativo de la lengua, algo que no ocurre en los territorios no hispánicos. En este sentido, conviene matizar que la sólida expansión que ha experimentado la comunidad hispanohablante en los últimos años ha estado sustentada, fundamentalmente, en el crecimiento del grupo de hablantes que tienen un dominio nativo, grupo que en la actualidad cuenta con más de 480 millones de individuos. Dicho de otro modo, el 6,3 por ciento de la población mundial tiene el español como lengua materna.

El dato anterior resulta aún más contundente si se contempla en el marco de la constelación lingüística mundial. Esta tarea no está exenta de dificultades, no sólo por el hecho de que las cifras del español adolecen de la imprecisión ya mencionada, sino también porque las cifras relativas a otras lenguas de características parecidas, ya sea por su origen, número de hablantes, proyección internacional, etcétera, como son el inglés o el francés, presentan una vaguedad similar. Esta labor de cuantificación se ve lastrada a su vez por un problema de fondo: la dificultad que entraña fijar el número total de lenguas que existen en el mundo. Si bien puede parecer extraño en plena era de Internet, hasta hoy no se ha conseguido establecer un registro global que recoja de forma pormenorizada, homogénea y fiable los datos relativos a los hablantes de los distintos idiomas del planeta. Por otra parte, el hecho de que no exista un criterio único y normalizado que permita determinar si dos hablas con cierto grado de inteligibilidad mutua deben considerarse dialectos de una misma lengua o dos idiomas diferentes no hace sino añadir aún más incertidumbre al proceso de medición de los distintos grupos de hablantes. De este modo, algunas fuentes hablan de la existencia de unas 7.000 lenguas en todo el mundo, mientras que otras prefieren aportar un margen de fluctuación, en función de los criterios de medición empleados, que estaría situado entre las 6.000 y las 10.000 lenguas.

En cualquier caso, en la clasificación de las lenguas por número de hablantes nativos, el español ocupa la segunda posición, después del chino mandarín, lengua esta última que, a pesar de contar con un número muy elevado de hablantes nativos (unos 960 millones en 2017), tiene una proyección internacional mucho más reducida que el español. Pero lo más llamativo de esta clasificación quizás sea el hecho de que el español supere en número de hablantes nativos a otras lenguas de cultura de gran prestigio, como el inglés o el francés.

GRÁFICO 1

Estimación del número de hablantes nativos de español, inglés y francés
en 2018 (en millones de hablantes)[7]

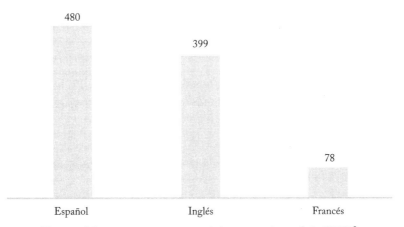

Fuente: elaboración propia a partir de las proyecciones de la ONU.[8]

Como puede observarse, el español supera con creces al francés
e incluso al inglés en lo que al número de hablantes nativos se
refiere. Sin embargo, el número de hablantes con una competencia limitada de español es inferior al de estas dos lenguas.
Esto se debe, en gran medida, a la mayor dispersión geográfica
del inglés y del francés en comparación con la del español. El
inglés es oficial, cooficial o vehicular en 55 países, y el francés,
en 29, mientras que el español no lo es más que en 21. Asimismo, fuera del ámbito de la oficialidad, la esfera anglófona y
francófona también tiene un peso específico mayor que la hispanohablante. Esta mayor dispersión del francés y del inglés es
en cierto modo comprensible si se tiene en cuenta el pasado
colonial de Francia y de Reino Unido, que, como no podría ser
de otra manera, ha dejado su rastro lingüístico en numerosos
países, cuya cultura compartida aún resulta patente por la pertenencia de buena parte de ellos a organizaciones como la Man-
comunidad de Naciones o la Organización Internacional de la
Francofonía. Así, el grupo de hablantes con una competencia

limitada en español está integrado en la actualidad por unos 75 millones de personas, mientras que el de francés incluye, aproximadamente, a 190 millones de individuos. En el caso del inglés, a la dispersión geográfica de sus hablantes apuntada más arriba ha de sumarse el hecho incontrovertible de que este idioma es considerado como la lengua franca mundial por excelencia. Este factor sin duda ha contribuido al mantenimiento, consolidación y ampliación de su comunidad de hablantes no nativa, que en la actualidad cuenta con 1.047 millones de personas.[9]

EL ESPAÑOL FUERA DEL ÁMBITO HISPANOHABLANTE

Aparte de los territorios donde el español tiene carácter de lengua oficial, su presencia como lengua nativa también es muy destacada en Estados Unidos. Esto se debe, fundamentalmente, al tamaño de la comunidad hispana de ese país, que en la actualidad representa el 17,8 por ciento de la población total. La comunidad hispana es, con diferencia, la más numerosa de entre las minoritarias de Estados Unidos. Si bien el hecho de ser hispano no lleva aparejado un conocimiento efectivo del español, la correlación entre ambas variables es muy elevada. El 72,4 por ciento de las familias hispanas utiliza en mayor o menor medida el español para comunicarse, y únicamente el 27,6 por ciento emplea sólo el inglés. De hecho, una de las claves del aumento del número de hablantes de español en Estados Unidos es el elevado uso de esta lengua en el entorno doméstico. Por otra parte, el alto grado de conocimiento del español entre la población hispana más joven pone de manifiesto el vigor de esta lengua en ese país, y destruye en cierto modo el mito de que las segundas generaciones de inmigrantes acaban perdiendo la lengua de sus abuelos. Así, el número de hablantes nativos de español de ese país asciende actualmente a los 42 millones, lo que sugiere que, si se mantiene su ritmo de crecimiento, la comunidad hispanohablante nativa de Estados Unidos pronto superará a la de España, que hoy cuenta con unos 43 millones de personas.[10]

Aunque la población hispana se reparte de manera desigual por todo el territorio estadounidense, su concentración es mucho mayor en los estados situados al sudoeste del país —California, Arizona, Nuevo México y Texas—, donde es superior al 30 por ciento. Esto es en cierto modo comprensible, dada la porosidad que tradicionalmente ha presentado la frontera sur de Estados Unidos. Esta característica, combinada con la marcada diferencia entre la renta per cápita mexicana y la estadounidense, ha propiciado la expansión de la lengua y la cultura hispánicas desde México hacia el país vecino mediante un flujo migratorio constante y casi unidireccional. No es de extrañar, por tanto, que la comunidad hispana mexicana, a la que pertenece el 63 por ciento de los hispanos estadounidenses, aún siga siendo la principal del país, seguida a gran distancia por la puertorriqueña y la cubana, que representan el 9 y el 4 por ciento, respectivamente.

En cualquier caso, la expansión del español en Estados Unidos ha favorecido también la transferencia mutua entre las dos lenguas en contacto. Dicha transferencia se ha reflejado, de forma especialmente intensa, en la configuración de una variedad híbrida, el espanglish, la cual se localiza con relativa facilidad, sobre todo entre los más jóvenes, en ciudades con mayoría de población hispana, como Miami, Hialeah, San Antonio y Los Ángeles, e incluso en algunos barrios de la ciudad de Nueva York.

Un fenómeno similar puede observarse también en las zonas fronterizas de algunos países hispanohablantes limítrofes con Brasil, especialmente en Uruguay y en Argentina. En estas zonas ha ido configurándose un lenguaje denominado «portuñol», mezcla de portugués y español, del que se distinguen incluso dos variantes: el portuñol gaucho y el amazónico. Precisamente el hecho de que Brasil esté rodeado de países de habla española, unido a la importancia que entraña la pertenencia de este

país a Mercosur, contribuyó a que, en agosto de 2005, el entonces presidente Lula da Silva aprobara la denominada «Ley del
Español», que obligaba a los alumnos de educación secundaria
a cursar una lengua extranjera de entre las ofertadas por su centro y a este último a ofrecer forzosamente el español. Aunque
la Ley del Español fue derogada en 2016 para conceder un
mayor protagonismo al inglés en detrimento del español, las
inercias educativas generadas por sus diez años de andadura han
llevado a Brasil a ocupar el segundo lugar en la clasificación de
países por número de estudiantes de español como lengua extranjera, con sus más de 6 millones, sólo por detrás de Estados
Unidos, que hoy supera los 8 millones. De hecho, de los casi 22
millones de estudiantes de español que hay en la actualidad en
todo el mundo, dos tercios se reparten entre estos dos países.

El fenómeno de las lenguas en contacto ha logrado que el rastro
del español también pueda seguirse en ciertas zonas del sudeste asiático a través de las lenguas criollas, que son las variantes
nativas derivadas de lenguajes anteriores, denominados «pid-
gins», los cuales se caracterizan por no contar con hablantes nativos, ya que surgen de las necesidades comunicativas urgentes
entre personas que no comparten una lengua mutuamente in-
teligible. Así, en algunas zonas de Filipinas, sobre todo en la
ciudad de Zamboanga, y en menor medida en Malasia (concretamente, en Sabah), se encuentran al menos tres variedades
acrioladas[11] que se conocen bajo la denominación genérica de
«chabacano» y que vendrían a sumarse a los criollos caribeños
de base española más conocidos: por un lado, el «palenquero»,
hablado en San Basilio de Palenque (Colombia) y hoy sometido a un intenso proceso de descriollización que lo ha llevado
casi a la desaparición; y, por otro lado, el «papiamento», hablado mayoritariamente en las Antillas Neerlandesas y cuya base
española o portuguesa aún es objeto de debate.

EL FUTURO DEL ESPAÑOL

La previsión de crecimiento de las cinco lenguas más habladas en el mundo —chino, inglés, español, hindi y árabe— indica que, en términos relativos, la proporción de hablantes nativos de chino e inglés descenderá de aquí a 2050. Por el contrario, tanto el español como el hindi experimentarán un crecimiento moderado, pero continuo, de su número de hablantes. El árabe, aunque muestra un nivel menor de uso, presenta un mayor crecimiento relativo.[12]

A fin de establecer la posición futura del español con respecto a otras lenguas, interesa matizar que tanto los hablantes de chino mandarín como los de hindi están muy concentrados geográfica y políticamente, lo que supone una rémora para la utilización de estos idiomas como lenguas francas en el futuro. Por su parte, el árabe presenta una dispersión geográfica mucho mayor: es oficial en 20 países y cooficial en al menos otros 6. Sin embargo, la existencia de numerosas variedades dialectales —algunas de ellas ininteligibles entre sí— y el hecho de que, en el ámbito internacional, en los medios de comunicación y en los contextos formales, se utilice una variedad estándar distinta a la nativa de la mayoría de los hablantes sugieren cierta fragilidad para su expansión como lengua franca fuera del ámbito arabófono.

Con este telón de fondo, parece lógico pensar que los principales escollos que tendrá que sortear el español en su senda expansiva estarán estrechamente ligados a la evolución futura de las principales lenguas internacionales, es decir, el inglés y el francés. En este sentido, las proyecciones indican que la proporción mundial de hablantes con un dominio nativo de español seguirá creciendo de forma moderada para situarse, en 2050, en el 6,35 por ciento. Sin embargo, esta tendencia se invierte en 2100, año en el que se prevé asimismo un retroceso en el número total de hablantes nativos de español, que pasará de los 621 millones en 2050 a los 603 millones en 2100, debido fundamentalmente al descenso de la población de los países hispanohablantes, que cederán definitivamente el testigo a la India y a buena parte de los países del África subsahariana como motores del crecimiento de la población mundial. En cualquier caso, tanto en 2050 como en 2100 la proporción de hablantes nativos de español seguirá siendo superior a la del inglés, si bien en esta última lengua sí que se observa un incremento en el número de hablantes nativos en 2050 y en 2100 que implica, además, un mantenimiento de su proporción de hablantes durante la segunda mitad del siglo. Por su parte, el peso relativo de los hablantes nativos de francés experimentará un descenso paulatino hasta 2100 y seguirá situado a gran distancia del español y del inglés.

Es preciso señalar que el incremento de la población hispanohablante no estará apoyado únicamente en el crecimiento demográfico de los países en los que el español es la lengua oficial. En 2060, Estados Unidos contará con 119 millones de hispanos, es decir, el 28,6 por ciento de su población, lo que situará a este

GRÁFICO 2

Estimación del porcentaje de hablantes nativos de español,
inglés y francés en 2018, 2050 y 2100[13]

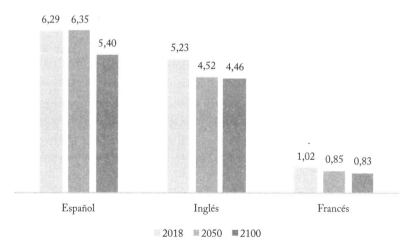

Fuente: elaboración propia a partir de las proyecciones de la ONU.[14]

país como el segundo país hispanohablante del mundo, después de México.[15]

Tanto el tamaño del grupo de hablantes con un dominio nativo de español como su ritmo de crecimiento contrastan fuertemente con los que se observan en el grupo de hablantes con una competencia limitada en esta lengua. Tan sólo el 1 por ciento de la población mundial tiene una competencia limitada en español, frente al 2,5 por ciento del francés y el impresionante 13,7 por ciento del inglés. Conviene señalar, no obstante, que estos porcentajes no incluyen a los aprendices de estas lenguas. De ser así, el porcentaje correspondiente al inglés sería muy superior, si bien es cierto que, debido a la implantación de este idioma como lengua franca mundial, a veces resulta difícil distinguir entre los estudiantes de inglés como lengua extranjera y aquellos que han conseguido una competencia limitada en inglés por ser la lengua oficial, cooficial o vehicular de su país de origen, aunque no necesariamente la mayoritaria.

GRÁFICO 3

Estimación del porcentaje de hablantes con una competencia limitada en español, inglés y francés en 2018, 2050 y 2100[16]

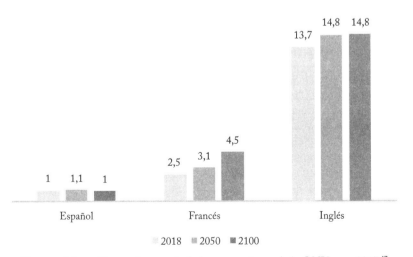

Fuente: elaboración propia a partir de las proyecciones de la ONU para 2017.[17]

En cuanto a la situación futura del español, las previsiones apuntan a que la proporción de hablantes con una competencia limitada en español permanecerá prácticamente inalterada hasta 2100. Por el contrario, el francés experimentará un crecimiento espectacular en términos relativos, ya que casi duplicará el porcentaje de hablantes que lo tienen como segunda lengua de aquí a 2100. La razón que explica este fuerte crecimiento reside en la explosión demográfica que experimentarán la mayoría de los países de África donde el francés es la lengua oficial o semioficial. Por su parte, el crecimiento del peso relativo de los hablantes con una competencia limitada en inglés muestra síntomas de agotamiento, ya que éste es muy reducido en 2050 e inexistente en 2100. Esto sugiere que la ampliación del número total de hablantes de inglés estará sustentada, como en la actualidad, en el aumento del número de estudiantes de esta lengua. Dado que la solidez del grupo nativo hispanohablante parece garantizada hasta 2100, el reto principal para la expansión futura del español parece encontrarse en su utilización como lengua no nativa. Para superarlo, tres frentes se antojan prioritarios: la economía, la cultura y el factor hispano en Estados Unidos.

Como es sabido, la proyección y el prestigio internacionales de un idioma están estrechamente ligados a los índices macroeconómicos de los países en los que es lengua oficial. Actualmente, la contribución del conjunto de los países hispanohablantes al PIB mundial es del 6,9 por ciento. De hecho, si se analiza el porcentaje del PIB mundial generado por aquellos países donde cada una de las seis lenguas oficiales de Naciones Unidas tiene estatus de idioma oficial, el español ocuparía la tercera posición, aunque a gran distancia del inglés y del chino, que con el 32,4 por ciento y el 18,2 por ciento del PIB mundial, respectivamente, son los idiomas vinculados a las principales economías del mundo. Asimismo, el porcentaje del PIB generado por el conjunto de los países hispanohablantes es superior al producido por el conjunto de los países donde el francés, el árabe o el ruso tienen estatus de lengua oficial, lenguas estas últimas cuya participación en el PIB mundial es del 5,1, del 5,6 y del 3,6 por ciento, respectivamente. Con todo, preocupa la senda bajista que se observa en el porcentaje del PIB de los países hispanohablantes desde 1995 y, sobre todo, si dicha tendencia podrá verse compensada por el fuerte crecimiento de la población previsto en estos países hasta 2050. Un elemento positivo, no obstante, es que se ha consolidado una brecha entre el PIB generado por el conjunto de los países hispanohablantes y el de aquellos países donde el francés es lengua oficial, a pesar de que estos últimos superan en número (29) a los primeros (21). En cualquier caso, la marcha económica de los países hispanohablantes será un factor fundamental en la captación de nuevos hablantes de español.

Un papel protagonista para fortalecer las economías de los países hispanohablantes y fomentar el uso del español fuera de su ámbito de influencia lo representa sin duda la cultura, especialmente la científica, que, como portadora de la innovación tecnológica, es en última instancia responsable de la riqueza potencial de los países. Sin embargo, la producción científica en español parece pecar por exceso en cuanto a la cantidad y por defecto en cuanto a la calidad. De hecho, el elevado número de revistas científicas en español con frecuencia enmascara el reducido índice de impacto que muchas de éstas tienen en los principales índices internacionales. Si, por ejemplo, se analiza el impacto de las publicaciones científicas más importantes en cada una de las lenguas disponibles en una base de datos tan conocida como Google Académico, puede comprobarse que el español ocupa la sexta posición, por detrás de lenguas como el portugués, el ruso o el alemán, que cuentan con un número de hablantes nativos más reducido.

Esencial para la difusión del español en el mundo será también la evolución futura de la comunidad hispanohablante en los Estados Unidos. Su fuerte crecimiento, unido al hecho de haber alcanzado la masa crítica suficiente como para asegurar su existencia como nicho consumidor, al margen del mercado angloparlante, convierten a esta comunidad en la plataforma ideal para la exportación de la lengua y la cultura hispánicas en el vasto mercado angloparlante. En esta labor, el inglés debería contemplarse como un aliado natural para explicar el atractivo y la utilidad del español a los hablantes de otras lenguas.

CONCLUSIONES

Las virtudes del español son conocidas: es una lengua homogénea, en constante expansión, portadora de una cultura de primer orden, con un índice de comunicatividad sorprendentemente alto y muy concentrada geográficamente.[18] Pero a la sombra de esas virtudes se esconden también sus principales vicios. El de mayor relevancia, en tanto acaba influyendo en todos los demás, tiene que ver con su demografía. No hay duda de que el hecho de contar con una comunidad de hablantes tan extensa es sumamente beneficioso para la proyección y el prestigio internacionales del español. Sin embargo, este mismo hecho tiende a generar inercias negativas dentro de dicha comunidad, las cuales pueden acabar lastrando el empleo de este idioma como instrumento de comunicación internacional.

Efectivamente, pertenecer a una comunidad de hablantes tan amplia reduce el incentivo de sus miembros a aprender otras lenguas: por un lado, la producción cultural e industrial generada por los países de habla hispana muchas veces basta para colmar las necesidades de su propia comunidad de hablantes; por otro lado, la magnitud de esta comunidad la hace lo suficientemente atractiva a los ojos del comercio internacional como para que éste se preocupe de adaptar lingüísticamente al mercado hispanohablante los contenidos y productos generados en otras lenguas. Este fenómeno se produce, en mayor o menor medida, en casi todos los grandes idiomas internacionales y, muy especialmente, en el inglés. A diferencia del español, el inglés cuenta con un contingente de hablantes no nativos muy superior al de nativos. Esto explica en parte la indolencia que se observa hacia el aprendizaje de otras lenguas entre sus hablantes nativos, muchos de los cuales se preguntan por qué han de aprender otro idioma cuando la mayoría de los habitantes del globo ya sabe hablar inglés.

El idioma español representa el caso opuesto al inglés: una comunidad nativa que supera a la anglófona, pero cuya comunidad de hablantes con una competencia limitada muestra una dimensión comparativamente muy reducida. Es preciso añadir, además, que la escasa dispersión geográfica que presenta el español en comparación con el inglés y con el francés constituye un lastre considerable a la hora de promocionar el carácter instrumental de este idioma fuera del ámbito hispanohablante. De hecho, el mayor empleo del español como lengua internacional se produce entre habitantes de territorios hispanohablantes que, muchas veces, son contiguos. Así, intentar ampliar el número de hablantes que tienen el español como segunda lengua constituye el reto principal al que se enfrentará esta lengua en el futuro.

El español crece, sí, pero lo hace, fundamentalmente, dentro de la zona de confort que representa su amplia comunidad de hablantes nativos. Abandonar esta endogamia y hacer que se multiplique más allá del ámbito de la lengua materna dependerá, en gran medida, de la marcha económica de los países de habla hispana, de la producción cultural y científica ligada al español y de la evolución del factor hispano en Estados Unidos, país que en breve pasará a ser el segundo país hispanohablante del mundo. En todo este proceso, la aportación de los agentes privados será tan significativa como la de los públicos, sin menoscabo del peso que tendrá el comportamiento individual de los hablantes, quienes suelen decantarse por aprender aquellos idiomas que más beneficios les reportan, ya sea desde un punto de vista económico, ya cultural, social, etcétera. Con este telón de fondo, unas políticas lingüísticas alejadas de la autocomplacencia y diseñadas desde la honestidad de las cifras desempeñarán sin duda un papel protagonista.

AMÉRICA Y LA ORTOGRAFÍA ACADÉMICA
ORTOGRAFÍA ESPAÑOLA: REFORMAS, CISMA Y PANHISPANISMO

Salvador Gutiérrez Ordóñez

ORALIDAD Y ESCRITURA

Frente a la ingenua concepción tradicional, la teoría del lenguaje de los siglos XIX y XX realizó varios descubrimientos:

- las lenguas evolucionan;
- el lenguaje hablado posee preeminencia histórica, genética y teórica sobre el escrito;
- frente al normativismo tradicional, la ciencia del lenguaje ha de ser descriptiva y explicativa.

En efecto, la comunicación oral, fruto de una evolución milenaria que da lugar a nuestra especie, surgió mucho antes que la gráfica. De hecho, todavía existen lenguas sin escritura.

Fruto de esta evolución, nuestra estructura cognitiva se ha configurado para adquirir la lengua primera de forma natural y espontánea durante los primeros años de nuestra vida. El acceso a la representación gráfica de una lengua se apoya en otros mecanismos y sigue procesos diferentes. No se adquiere de forma espontánea, sino que se aprende, normalmente, en un proceso académico. Desde el punto de vista teórico, la escritura es un sistema subsidiario de la oralidad.

ESCRITURA Y ORTOGRAFÍA

Abandono y recuperación

Como consecuencia de estos descubrimientos (en el sentido más literal), la lingüística otorgó prioridad durante todo el siglo xx al estudio a las disciplinas fónicas (fonética y fonología) y entregó al olvido las materias relacionadas con la escritura.

La ortografía, arte del *recte scribendi*, era, además, normativa. Por estas dos razones fue expulsada del canon tradicional de las disciplinas del lenguaje. Quedó relegada al ámbito didáctico y experimentó un enorme descenso en investigaciones y publicaciones.[1]

En los dos últimos decenios la situación está cambiando. La escritura vuelve a ocupar un lugar importante en la reflexión lingüística. No en vano es uno de los descubrimientos que ha marcado nuestra cultura: ha permitido conservar con fidelidad *literal* las tradiciones, la literatura, el conocimiento, las leyes, los contratos, los pactos, los acontecimientos… Como sostenía Nebrija:[2]

> Entre todas las cosas que por experiencia los ombres hallaron o por reuelación diuina les fueron demonstradas para polir y adornar la vida humana, ninguna otra fue tan necessaria, ni que maiores prouechos nos acarreasse, que la inuención de las letras.

La primera *Ortografía* académica incidía en este mismo pensamiento:[3]

> Sin el arte de escribir, todo este tesoro de noticias, que nos comunicamos en mutua correspondencia por el medio de las voces, quedaba depositado en solo la memoria, y de padres á hijos no podría pasar sino por palabras dichas, y oídas: y es bien constante á nuestro sentimiento, quan infiel es en sus depósitos aquella y

quanto se desfigura la verdad de las noticias históricas que nos vienen por solo la boca, y oído: la memoria suele ser traydora en la mejor ocasión.

En la actualidad, la ortografía se está haciendo un hueco entre las disciplinas de la lingüística aplicada. Como ha defendido Alfredo Matus, la ortografía no es un asunto menor:[4]

- Constituye el principal código lingüístico que regula la unidad de la lengua.
- Tiene enormes proyecciones educativas, sociales y culturales.
- Se halla fuertemente relacionada con dimensiones neurológicas y psicológicas.
- Mantiene relaciones con otras disciplinas tanto de la lingüística como de la lingüística aplicada.
- Entraña solidaridad con el pasado y el futuro.

EVOLUCIÓN DE LA LENGUA Y AJUSTES ORTOGRÁFICOS

Desajuste evolutivo entre lengua oral y lengua escrita

Las lenguas son instituciones sociales, por lo que en sí mismas llevan el germen del cambio y de la diversificación. La lengua hablada evoluciona en el tiempo y se dispersa en diferentes ejes (espacio geográfico, niveles sociales, situaciones...). La evolución en los diferentes sistemas de la lengua (fónico, gramatical, léxico) es un flujo continuo que se eleva desde el uso de los individuos hasta la norma y, por último, al sistema.

No ocurre así en la escritura, donde las modificaciones obedecen a decisiones puntuales que emanan de algún tipo de autoridad (Academia, diccionario...). Habla y escritura no avanzan al mismo ritmo, por lo que se producen desajustes y variaciones que aumentan progresivamente el distanciamiento y que con el tiempo reclaman reformas o innovaciones. Las modificaciones ortográficas se orientan a conseguir dos objetivos: a) unidad en la escritura, y b) adecuación entre el plano fónico y el plano gráfico.

La unidad en el código escrito es el ideal superior en toda actuación ortográfica. Existe el consenso de que la uniformidad en la escritura es un valor prioritario: en una lengua pueden existir variaciones que afectan a la pronunciación, a la morfología, a la sintaxis y al léxico; pero no a la escritura.

El segundo tipo de actuaciones persigue la adecuación entre lengua escrita y lengua oral. Cuando se habla de intervenciones ortográficas, se piensa prioritariamente en los ajustes entre sonidos y letras, pero no constituyen el único ámbito en el que se han de aplicar. Además de las letras, la ortografía posee otros sistemas: puntuación, acentuación, minúsculas y mayúsculas, abreviaciones, numeración… La puntuación atiende, sobre todo, a criterios sintácticos. El sistema de las mayúsculas y minúsculas da preferencia a criterios semánticos (nombres propios frente a nombres comunes…).

Innovaciones y reformas

Las innovaciones son medidas que se adoptan para reglar aspectos de la escritura que previamente no lo estaban. La introducción de:

- separación de palabras por medio de blancos,
- signos de puntuación,
- diacríticos para marcar la posición de la sílaba tónica

fueron innovaciones de la escritura romance frente a la latina, que carecía de ellos.

Las reformas son cambios realizados sobre un sistema de normas preexistente. Pueden ser:

- Generales. Afectan a todo el sistema de escritura. Por ejemplo, la adopción del alfabeto latino para el turco.
- Parciales. Afectan a aspectos muy concretos en los diferentes sistemas ortográficos (letras, puntuación, acentuación, mayúsculas, abreviaciones...).

VENTAJAS Y DIFICULTADES DE LAS REFORMAS

Ventajas

Las reformas introducirían simplicidad:

- Corregirían las desviaciones entre fonemas y grafemas.
- Favorecerían el aprendizaje de la escritura.
- Facilitarían la corrección ortográfica al evitar parte de las faltas, que constituyen un auténtico estigma educativo y social.
- La enseñanza de la lengua ganaría miles de horas para trabajar en otros ámbitos del lenguaje más prácticos y útiles: redacción, comunicación oral, argumentación...
- Eliminarían barreras de progreso en niños con discapacidades específicas del lenguaje escrito.
- Facilitarían el aprendizaje del español como lengua extranjera y, en consecuencia, su expansión en el mundo.

Dificultades

La aplicación de las reformas ortográficas encuentra dificultades en su aplicación:

- La inercia y el conservadurismo. La ortografía es un código que aprendemos con sangre, sudor y lágrimas a lo largo de la infancia y juventud. Su práctica constante nos lleva a asimilarla como una rutina, como una destreza automatizada. Queda grabada en nuestra memoria a largo plazo. De ahí que cualquier intento de modificación provoque una reacción conservadora.

- La unidad. Cualquier reforma ortográfica debe hallarse sometida al criterio de unidad. Un gran desajuste, incluso una gran contradicción ortográfica, es preferible a un mínimo cisma. Por ello, las reformas y las innovaciones han de ser llevadas a cabo por instituciones que aseguren la uniformidad ortográfica.

- La ruptura con la tradición escrita. Las reformas chocan con la escritura anterior, la del pasado próximo y la del lejano. Las obras literarias han de ser leídas en formas distintas a las que utilizaron los autores. Sin embargo, esta dificultad no modifica el valor literario de las obras.

- La variedad dialectal. Las reformas ortográficas soñadas chocan frecuentemente con la variación, especialmente con la diversidad geográfica de las lenguas. Por ejemplo, la supresión de la *h* ignoraría su pronunciación aspirada en algunas zonas. El *yeísmo* es un fenómeno mayoritario, pero la supresión de la grafía *ll* lesionaría a las zonas distinguidoras.

- El principio de biunivocidad no es el único criterio que opera en la constitución y en la evolución de los sistemas ortográficos.

- La adecuación a alfabetos que no fueron concebidos para una lengua dada. La ortografía de las lenguas romances, por ejemplo, hubo de inventarse grafías y composiciones de letras para representar los sonidos palatales que no existían en latín. La aplicación de las cinco vocales latinas a lenguas nórdicas —que poseían vocales nasales, labializadas e incluso mayor número de grados de abertura— representó grandes dificultades.

CRITERIOS QUE DETERMINAN LA NORMA ORTOGRÁFICA

¿Cómo se fija la norma ortográfica? Desde la época romana vienen coexistiendo en pugna dialéctica tres criterios: pronunciación, etimología y uso. A ellos habría que sumar el criterio de analogía. La pugna entre criterios no coincidentes ha condicionado las distintas posturas en la aplicación de las reformas.

El *criterio de la pronunciación* defiende la correspondencia unívoca de los fonemas y las letras. Es el preferido por Quintiliano[5] y nuestros primeros tratadistas: E. A. de Nebrija,[6] M. Alemán y G. Correas,[7] entre otros. La expresión más fuerte de este ideal es el llamado «principio de biunivocidad»: un solo grafema para cada fonema y un solo fonema para cada grafema. Este es un ideal que rara vez se alcanza, incluso en escrituras realizadas *ex nihilo*. Pronunciación y escritura forman una relación inestable, «la más fácil de corromper», en palabras de Nebrija.

El *criterio etimológico* persigue adecuar la escritura de un vocablo al de la palabra de la que deriva. Son partidarios de esta opción algunos autores del xvii: Juan de Robles, Gonzalo Bravo Grajera. Normalmente, se piensa en el origen griego o latino, pero tiene también importancia en la escritura de los neologismos tomados de lenguas extranjeras.

El *criterio del uso* se basa en la costumbre. La escritura de algunas palabras, alejada por diferentes razones de su etimología o de su pronunciación, se mantiene por la inercia del hábito.

Todas las propuestas de reformas o de ajustes ortográficos se apoyan prioritariamente en el criterio de la pronunciación.

REAL ACADEMIA ESPAÑOLA. ÉPOCA REFORMISTA

Antecedentes

A lo largo de la Edad Media se fueron produciendo modificaciones ortográficas. Algunas surgen como consecuencia de buscar solución escrita a la nueva pronunciación de las lenguas romances. Otras se hallan relacionadas con la adopción de distintos tipos de escritura, de soporte gráfico.... En España, la más importante fue, sin duda, la promovida por Alfonso X en el siglo XIII.

Durante el Renacimiento se progresó hacia la uniformidad gracias a la labor llevada a cabo por los impresores tras el gran invento de Gutenberg. Los grandes tratadistas del momento,[8] incluso dentro de sus desacuerdos, contribuyeron a sentar las bases de la ortografía y a fijar los criterios de actuación en las reformas. Sin embargo, se encontraron con una dificultad nueva: el reajuste fonológico de los siglos XVI y XVII, que rompe con las propuestas ortográficas alfonsíes.

El primer siglo de la RAE (1713-1815) coincide con el mayor impulso reformista. La institución realiza paulatinamente propuestas de modificación. Gracias al prestigio que la avala, sus cambios se aceptan en general en todo el ámbito de la Corona, que incluye también a América y Filipinas.

Diccionario de autoridades *(1726-1739)*

Todo diccionario necesita fijar criterios ortográficos para alcanzar coherencia en la escritura de los lemas, así como en su descripción. En 1726 se aprueba el *Discurso proemial de la orthografía de la lengua castellana*, que se incluye en un primer volumen editado ese mismo año. Defiende la preeminencia del criterio etimológico. Sin embargo, a medida que avanza su publicación, adquiere mayor peso el criterio de pronunciación.

Orthographía española *(1741)*

Es el primer tratado ortográfico de la RAE. Inicia tímidamente el periodo reformista. Se otorga cierta prioridad al criterio de la correspondencia entre sonidos y letras.[9] Se promueve la escritura de *j* en lugar de *x* para el fonema fricativo velar sordo /x/ y se simplifica en algunos casos el grupo intervocálico -*ss*-.

Ortografía de la lengua castellana *(1754)*

La segunda edición cambia la denominación y la escritura del título. El criterio etimológico ocupa el último lugar.[10] Propone reducir los dígrafos *th* y *ph* (lo que se refleja ya en el título mismo de la obra).

Las ediciones posteriores siguen, prácticamente inalteradas, las normas sobre las letras de esta entrega. La *Ortografía* de 1763 suprime casi de forma definitiva la -*ss*- en posición intervocálica.

Diccionario de la lengua castellana *(1803)*

Introduce decisiones ortográficas de gran importancia:

- Se incluyen como letras del alfabeto los dígrafos *ch* y *ll*, lo que afecta al ordenamiento del diccionario. Este error se corrige finalmente en la *Ortografía* de 2010.
- Se suprime la *h* en el grupo *ch* cuando simboliza fonema /k/ *(Christo, choro)*.
- Se elimina del alfabeto (y, por tanto, también del diccionario) la letra *k*.
- Se suprime el acento circunflejo *(chîmera > quimera)*.

Ortografía de la lengua castellana *(1815)*

Promueve nuevos cambios:

- Se eliminan los grupos *qua, que, quo*. Pasan a escribirse *ca, co, cu*. El cambio afecta a muchas palabras: *cuatro, cuaresma, frecuencia, grandilocuente,* etcétera.
- Reparto de la escritura del fonema /g/: *ga, go, gu, güe, güi, gue, gui.*
- Se elimina definitivamente la letra *x* para el fonema velar /x/ *(dixo > dijo)*.
- Se sustituye la vocal *y* por *i* en los diptongos *(ayre > aire)*, excepto en posición final *(rey, hoy, muy)*.

En esta edición, la Academia expresa la voluntad y la necesidad de continuar con la propuesta de innovaciones que acerquen la escritura a la pronunciación; pero no aborda esta aventura.[11] Se publicará sin alteraciones en 1820, 1826, 1836 y 1840. Aquí se termina el periodo reformista, especialmente en lo que se refiere al sistema de las letras.

EL CISMA AMERICANO

A. Bello y J. García del Río

Después de la independencia de Venezuela, Andrés Bello pasa casi veinte años en Londres, donde dedica gran parte de su tiempo al estudio de la lengua y de la literatura. Allí coincide temporalmente con algunos exiliados españoles (entre ellos, V. Salvá). En 1923 publica, junto con Juan García del Río, un artículo lleno de reflexiones y propuestas que se considera el punto de partida del cisma ortográfico chileno. En este artículo es tan interesante el razonamiento como las propuestas de reforma. A fin de cuentas, todo pensamiento herético se sustenta en un intenso proceso de estudio que conduce a verdades que no llegan a triunfar.[12]

Dado el grado de analfabetismo presente en las nuevas naciones, consideran una labor fundamental simplificar la ortografía para facilitar el proceso de ilustración:

> Entre los medios no solo de pulir la lengua, sino de extender y generalizar todos los ramos de ilustración, pocos habrá más importantes que el simplificar su ortografía (...). De la importancia de la ortografía se sigue la necesidad de simplificarla.

Para fundamentar sus propuestas de simplificación, reflexionan sobre la jerarquía de los criterios en los que se asienta la disciplina. Bello y García del Río, citando a Quintiliano, Nebrija, Mateo Alemán y Gonzalo Correas, otorgan prioridad al criterio de la pronunciación sobre la costumbre y la etimología.

> El mayor grado de perfección de que la escritura es susceptible, y el punto a que por consiguiente deben conspirar todas las reformas, se cifra en una cabal correspondencia entre los sonidos elementales de la lengua y los signos o letras que han de representarlos, por manera que a cada sonido elemental corresponda invariablemente una letra, y a cada letra corresponda con la misma invariabilidad un sonido.
>
> La etimología es la gran fuente de la confusión de los alfabetos de Europa. Uno de los mayores absurdos que han podido introducirse en el arte de pintar las palabras es la regla que nos prescribe deslindar su origen para saber de qué modo se han de trasladar al papel.
>
> Ni la etimología ni la autoridad de la costumbre deben repugnar la sustitución de la letra que más natural o generalmente representa un sonido, siempre que la nueva práctica no se oponga a los valores establecidos de las letras o de sus combinaciones.

Consideran «apreciabilísimos» cambios introducidos por la Real Academia Española, pero critican tanto indefiniciones como contradicciones en la aplicación de los criterios. Lamentan que en la edición de 1820 la institución haya abandonado las reformas. Realizan una propuesta de modificaciones ortográficas que se deberían aplicar en dos fases o épocas:

Época primera
- Sustituir la *j* a la *x* y a la *g* en todos los casos en que estas últimas tengan el sonido gutural árabe.
- Sustituir la *i* a la *y* en todos los casos en que esta haga las veces de simple vocal.
- Suprimir la *h*.
- Escribir con *rr* todas las sílabas en que haya el sonido fuerte que corresponde a esta letra.
- Sustituir la *z* por la *c* suave.
- Desterrar la *u* muda que acompaña a la *q*.

Época segunda
- Sustituir la *q* por la c fuerte.
- Suprimir la *u* muda que en algunas dicciones acompaña a la *g*.

Proponen asimismo modificaciones en el nombre de las letras.[13] Dejan para otro momento la reforma del resto de los sistemas ortográficos: acentuación, mayúsculas, abreviaturas y puntuación. Consideran que sus propuestas son escasas y fáciles de aplicar, al tiempo que introducirían racionalidad, coherencia con los criterios que serán beneficiosos para la educación.

Domingo Faustino Sarmiento

Las propuestas de Bello y García del Río llegaron en un momento que, tras el independentismo, surgían dudas sobre la norma. En este clima de agitación, en octubre de 1843, siendo A. Bello rector, D. F. Sarmiento, a la sazón director de la Escuela Normal, presenta en la facultad de Humanidades y Filosofía su propuesta de reforma.[14] Defiende desde el inicio la utilidad de la ortografía para todos los usuarios de la lengua:

> El conocimiento de la ortografía, ó la manera de escribir las palabras es una cosa que interesa á todos igualmente; á los que se dedican á las letras, como á los comerciantes, á los hacendados, á las mujeres, á toda persona en fin, que tenga necesidad de escribir una carta.[15]

Al igual que Bello, defiende el criterio nebrisense de la pronunciación sobre el etimológico y el del «uso común y constante». Lo resume en letra destacada:

> Que cada letra tenga su distinto sonido.
> Que cada sonido tenga su distinta letra.[16]

Los cambios que propone Sarmiento se pueden resumir en los siguientes puntos:

- Eliminar la *h, k, v, z*.
- Escribir *se, si*, en lugar de *ce, ci* (para adaptarse al seseo hispanoamericano).
- Escribir *qe, qi*, en vez de *que, qui*.
- Sustituir la *x* por la *cs*.
- Escribir *rr* en todos los casos.
- La *y* representa al sonido consonántico, mientras que se reserva *i* para la vocal, que incluye la conjunción y los diptongos al final de palabra *(rei, mui)*.

La ortografía chilena

La propuesta, acorde con el carácter y la actitud radical de Sarmiento, no fue aprobada en su totalidad por el informe que fue elevado desde la facultad[17] y al que el Gobierno otorgó carácter oficial en la enseñanza y en la Administración. Los cambios se resumen en:

- Escribir *j* el sonido velar /x/ *(jeneral, jénero)*.
- Suprimir la *h* muda *(ombre, ambre, oi)* y la *u* muda *(qema, gerra)*.
- Escribir *i* cuando tiene sonido vocálico; conjunción *y* en diptongos finales *(i, rei, soi)*.
- Escribir con *rr* la vibrante múltiple *(sinrrazón, rrosa)*.

Algunos países americanos siguieron el ejemplo de Chile: Colombia, Ecuador, Nicaragua, Venezuela y Argentina. En el uso real, la reforma se simplificó incluso más. Quedó reducida a los cambios que aparecen en la secuencia «Soi un jeneral estranjero». Por otra parte, fuera de los textos oficiales, el seguimiento no fue unánime. Se siguieron imprimiendo libros que persistían en la ortografía académica.

Finalmente, tras un decreto del Gobierno chileno, el 12 de octubre de 1927, se anula la decisión de 1844 y se restablece el uso de la ortografía académica en textos oficiales y educativos. Fin del cisma.

REFORMISMO ORTOGRÁFICO EN ESPAÑA

Primera mitad del XIX

Durante estos decenios surgieron defensores moderados de promover una ortografía basada en el criterio correcto de pronunciación.

De este parecer fue Vicente Salvá, quien defiende la primacía del criterio nebrisense. Sin embargo, se inclina por las reformas graduales.[18] Otros nombres que participaron durante esta época en la creación de un sustrato reformista son García del Pozo, M. Basomba y Moreno, M. de Rementería, D. A. M. de Noboa...[19]

La propuesta de la Academia Literaria

Una asociación madrileña de maestros (Academia Literaria i Científica de Profesores de Instrucción Primaria) toma en 1843 la iniciativa de proponer un sistema ortográfico destinado a la enseñanza basándose exclusivamente en la pronunciación y rechazando los criterios de uso y de etimología. Se traduce en las siguientes propuestas:

- Grafía *c* para la oclusiva velar /k/.
- Grafía *z* para la interdental.
- Supresión del alfabeto de las letras *h, v, q, x, k*.
- Creación de la letra *ř* para simplificar la *rr*.[20]

La actuación de la Academia Literaria provoca gran conmoción en los circulos culturales. Isabel II, por Real Orden de 25 de abril de 1844, impone como ortografía oficial[21] la dictada por la Real Academia Española[22] en el *Prontuario* publicado ese mismo año.[23] Dicho *Prontuario* saldría a la luz, con diferentes títulos, en numerosas ediciones.[24] El efecto de la reacción truncaba así un camino deseable de nuevos ajustes en el sistema de las letras.[25]

Reformistas posteriores y neógrafos

La voz de la anatematizada Academia Literaria siguió generando ecos a lo largo de toda la mitad del siglo xix. Pervivieron sus ideales y propuestas en los neógrafos.[26] Su actitud parte de un descontento con la doctrina académica y promueven cambios orientados a simplificar la ortografía basándose exclusivamente en el criterio de pronunciación.

> Esto es, las reformas de la ortografía y los neógrafos que las promueven forman parte de la superación del modelo filológico que representa la Academia de mediados del siglo y su diccionario, una institución y una obra del pasado, caduca e inadecuada, también en materia ortográfica.[27]

Ramón Joaquín Domínguez, en su *Diccionario nacional* (1846-1847) recoge sus propuestas en numerosas entradas, como *ortografía*, *alfabeto, academia, vocal...* y, especialmente, las que conciernen a la definición de las letras problemáticas.[28]

Otros autores que siguen defendiendo el retorno reformista en la segunda parte del siglo son Rafael Monroy (1865), Uricoechea (1872), Ruiz Morote (1875), Juan de Becerril (1881) y T. Escriche y Mieg (1890).[29]

Reclamaciones de escritores

Es bien conocida la actitud y la coherencia del poeta Juan Ramón Jiménez en la escritura unificada en *j* de la fricativa velar /x/. Miguel de Unamuno se expresó al respecto con la contundencia de su carácter agónico:

> Porque hasta que no llegue el día feliz en que el esperanto sea la única lengua, ¡una sola para toda la humanidad!, hay que escribir castellano con ortografía fonética. ¡Nada de ces! ¡Guerra a la ce! Za, ze, zi, zo, zu, con zeta; ka, ke, ki, ko, ku con ka. ¡Y fuera las haches! ¡La hache es el absurdo, la reacción, la autoridad, la Edad Media, el retroceso! ¡Guerra a la hache![30]

Mucho más próximas en el tiempo se hallan las manifestaciones de Gabriel García Márquez en el Congreso de la Lengua en Zacatecas:

> Jubilemos la ortografía, terror del ser humano desde la cuna: enterremos las haches rupestres, firmemos un tratado de límites entre la ge y jota, y pongamos más uso de razón en los acentos escritos, que al fin y al cabo nadie ha de leer *lagrima* donde diga *lágrima* ni confundirá *revólver* con *revolver*. ¿Y qué de nuestra be de *burro* y nuestra ve de *vaca*, que los abuelos españoles nos trajeron como si fueran dos y siempre sobra una?[31]

Sistema de la acentuación gráfica

La fijación inicial por la RAE del sistema de acentuación se realiza entre 1726 y 1763 (3.ª edición). Las próximas modificaciones aparecen en el *Prontuario* (1884) y en las ediciones de 1870 y 1880. La mayoría de ellas están relacionadas con el acento diacrítico: los demostrativos (1870) y el adverbio *sólo* (1880). Han recibido diferente tratamiento en ediciones sucesivas y desde 2010 la tilde no es obligatoria ni siquiera en casos de posible ambigüedad. Se mantiene la tilde en las preposiciones y conjunciones *a, e, o, u* hasta 1911, y la *o* entre cifras, hasta 2010. Las formas verbales agudas seguidas de pronombre átono mantuvieron el acento *(pidióme, arrepintióse)* hasta 1999. En 1870 se declara «conveniente», y obligatoria en 1880, la acentuación de «los términos latinos» *(tránseat)* y los nombres propios extranjeros *(Schlégel, Wíndsor)*, norma que desaparece por completo en 2010.

Nuevas normas de prosodia y ortografía

En 1951 la RAE encarga a Julio Casares un estudio de reforma ortográfica. Redacta un informe destinado especialmente a «exa-

minar los casos más frecuentes de acentuación vacilante o contradictoria y a proponer posibles soluciones». El estudio se
aprueba y se publica en 1952 con el título *Nuevas normas de
prosodia y ortografía*. Estas *Nuevas normas* se publicaron con
carácter obligatorio en 1959. Constan de 25 normas en las que
se resuelven numerosos casos problemáticos. Se elimina la tilde
de los monosílabos *vio, dio, fue, fui*, así como la de las palabras
llanas acabadas en *oo (Feijoo, Campoo)*. Se suprime la acentuación
de las palabras extranjeras, pero se mantiene en los términos
latinos. Con respecto a la tilde diacrítica de los demostrativos y
del adverbio *sólo*, la Academia adopta la vía salomónica de la
opcionalidad.

PANHISPANISMO

La unidad como fin prioritario

Los nuevos Estatutos de la RAE (1993) declaran en el artículo
primero que la Academia «tiene como misión principal velar
por que los cambios que experimente la Lengua Española en su
constante adaptación a las necesidades de sus hablantes no quie-
bren la esencial unidad que mantiene en todo el ámbito hispánico» (p. 7). El consenso con las academias de ASALE crista-
lizó en una voluntad de trabajar y aprobar de común acuerdo
las obras esenciales: diccionarios, gramáticas y ortografías. Es lo
que se denominó «política panhispánica». Se trataba de evitar
experiencias traumáticas como la segregación ortográfica del
pasado. Con la aprobación de todas las academias, apareció la
Ortografía de 1999. Luego, todas han participado conjuntamen-
te en la elaboración y aprobación del *Diccionario panhispánico
de dudas* (2005), la *Nueva gramática de la lengua española* (2009
y 2011) y la *Ortografía de la lengua española* (2010).[32]

Ortografía de la lengua española *(1999)*

Introduce algunas novedades que se convertirán en semilla de renovación futura:

* Declara que *ch* y *ll* son dígrafos, aunque no los expulsa del alfabeto.
* Formula un nuevo concepto de *diptongo* y de *hiato*, basados en el criterio ortográfico, no fonético. Esta decisión tiene consecuencias directas en los llamados «monosílabos ortográficos» *(fie, hui, riais, guion, truhan, Sion...)*, que hasta entonces, por ser considerados bisílabos, llevaban obligatoriamente tilde. La *Ortografía* (1959) permite la doble opción *fie-fié, hui-huí, fiais-fiáis, guion-guión.*

Ortografía de la lengua española *(2010)*

La nueva *Ortografía* aporta novedades dignas de reseñar:

* Propone unificar el nombre de las letras para todo el mundo hispánico.
* Elimina del alfabeto los dígrafos *ch* y *ll*.
* Veta el uso de la letra *q* ante las letras *a, o,* presente en algunos extranjerismos.
* Establece como norma escribir sin tilde los monosílabos ortográficos *(hui, fie, fio, pio, fieis, pieis, guion, Sion, truhan...).*
* Permite no tildar los pronombres demostrativos y el adverbio *sólo*, incluso en los casos de posible ambigüedad.
* Suprime la tilde de la conjunción *o* entre cifras.
* Propone normas explícitas en el uso de las mayúsculas y de las minúsculas, basadas en criterios lingüísticos.

- Asimila el uso del prefijo *ex-* al de otros prefijos separables: *excapitán – ex capitán general, anticarros – anti carros de combate, provida – pro derechos humanos, superbién – super de moda, viceministro – vice primer ministro.*
- Obliga a escribir los latinismos y las locuciones latinas como las palabras y expresiones de lenguajes extranjeras: en cursiva y sin tilde.
- Establece nuevos criterios en la puntuación.
- Dicta criterios en la adopción y adaptación de extranjerismos.

LA LENGUA ESPAÑOLA EN BUSCA DEL SOBRESALIENTE

Jesús Sánchez Lobato

SOCIEDAD, LENGUA Y CULTURA

Se puede afirmar que las relaciones humanas, desde las más primitivas del *Homo sapiens* hasta las más complejas de las sociedades actuales, constituyen una fuente inagotable de proyección intelectual en busca del conocimiento de lo tangible y de la persecución de lo inasible.

Las relaciones que se establecen entre los seres humanos, según sean de semejanza o divergencia, aparecen asociadas a formas de vida que explicitan, a veces, ostensibles variables sociales y culturales. Por ello, las redes sociales a lo largo de la historia han necesitado siempre de su legado cultural para explicar su pasado, afirmar su presente y, por ende, vislumbrar su futuro. No cabe duda alguna de que, entre las diversas formas de comunicación que existen entre los humanos, la articulación lingüística en su oralidad —el lenguaje humano— ha sido determinante tanto en la formación de grupos sociales como en la creación, asentamiento y transmisión de sus legados culturales. Y, en menor medida, ha sido también eficaz herramienta lo que hoy denominamos «escritura» (bien en forma de *grafo* o bien en forma de *grafía)*, que, entre otros valores, ha servido para preservar dicho legado cultural, interpretar las formas de vida de la sociedad en cualesquiera de sus asentamientos y posibilitar, por tanto, en el presente su reencuentro con las diferentes interpretaciones actuales (y así ha sido en el pasado, como hecho recurrente).

La escritura lingüística, desde su aparición hasta nuestros días, se ha convertido en un extraordinario complemento de la mera transmisión oral, y, a partir de la invención de la imprenta, ha sido un potentísimo medio de conservación, transmisión e interpretación del pensamiento y del conocimiento del hombre en cualesquiera de los testimonios y huellas dejados a lo largo de la historia. A ello hay que añadir las sucesivas herramientas que ha ido descubriendo el ser humano (y las que cabe augurar para un futuro próximo) hasta llegar a la invención de los fabulosos medios de comunicación social actuales, que, con su inmediatez lingüística e imagen, posibilitan el intercambio de conocimiento en tiempo real, es decir, potencian la intercomunicación en un espacio y tiempo reales.

La lengua forma parte del sistema cultural de los pueblos. Por ello es siempre espejo de la cultura y de las formas de vida de la colectividad que la habla. La relación entre lengua y cultura[1] puede entenderse como que la lengua por sí misma es una forma primaria y fundamental de la cultura, como que la lengua refleja la cultura no lingüística y así manifiesta los saberes, las ideas y las creencias acerca de lo conocido y, sin embargo, en la comunicación no interviene solo la lengua —la competencia lingüística—, sino también la competencia extralingüística, es decir, los saberes, las ideas y las creencias acerca de las cosas, y estos, a su vez, influyen sobre la expresión lingüística y la determinan de alguna manera.

La cultura, por consiguiente, posibilita la comunicación entre dos o más individuos; la cultura ayuda a comprender las diversas circunstancias que pueden aparecer en la intercomunicación. No basta con poseer el mismo código lingüístico (hablar la misma lengua), es necesario participar de los mismos hechos socioculturales para que la intercomunicación sea lo más fluida posible. La cultura, tal como la entendemos en nuestros días, se manifiesta en la lengua —tanto en la expresión oral como en la escrita—, en el pensamiento, en la conformación que del mundo tenemos los humanos y en la forma que tiene el ser humano de comportarse y de interpretar previamente las situaciones sociales concretas. De ello se deriva una conducta común, más o menos amplia, de acuerdo con el número de individuos que participen de dichos presupuestos comunes (políticos, culturales, económicos, sociales y religiosos, entre otros), que el ser humano puede, a su vez, aceptar y compartir o rechazar y combatir. De ahí la enorme importancia del lenguaje y su expresión lingüística en el ser humano.

EL ESPAÑOL: LENGUA DE COMUNICACIÓN SUPRANACIONAL, MULTIÉTNICA Y MULTICULTURAL

El español, como lengua de comunicación supranacional, multiétnica y multicultural, no es ajeno —no lo ha sido nunca— a los cambios que, en las muy diversas sociedades en donde se ha asentado, se han ido fraguando con el devenir del tiempo, ni, por supuesto, ha estado al margen de dichos cambios: fue la lengua que alumbró una serie de naciones independientes en la faz de América y la lengua que introdujo en culturas alejadas de Occidente el concepto de *dignidad* en el ser humano.

El español en la actualidad, lejos de la fragmentación lingüística que se vaticinó para sus vastos dominios a finales del siglo xix y de las dudas que suscitó su unidad aún en el primer tercio del siglo xx, se halla en plena expansión (sobre todo, en el continente americano) por su incuestionable crecimiento demográfico y por el interés que existe en las sociedades no hispánicas en aprender la lengua española con el fin de acercarse a sus plurales formas de cultura mediante la intercomunicación lingüística. No cabe duda de que la ya fallida polémica que introdujo R. J. Cuervo,[2] entre otros, a principios del siglo pasado, sirvió de acicate para preestablecer unas *normas* generales de *prestigio* en la lengua española que fueran más o menos aceptadas en todo el ámbito hispano de acuerdo con las variantes fonéticas, fonológicas, morfológicas, léxicas y sintácticas más difundidas y asentadas entre las clases urbanas y profesionales de las diferentes ciudades hispanas.

Sin duda alguna, los potentes medios de comunicación social han ayudado de forma decisiva al mantenimiento de la unidad del español en el mundo actual como lengua de comunicación (como lengua materna y como lengua segunda o lengua extranjera) con la difusión de *normas de cultura lingüística* aceptadas por la mayoría de la colectividad de habla hispana, y han invitado, a su vez, a los diferentes pueblos hispanos a abandonar determinadas actitudes —tanto sociales como lingüísticas y culturales— demasiado localistas con el fin de evitar el posible peligro de aislamiento entre los propios hablantes de español, tanto entre los miembros de una misma colectividad como entre todos los pueblos de habla hispana.

No es ocioso recordar que, entre las élites culturales, ha sido habitual la preocupación por fijar un *modelo de lengua* que sirviera de referencia y de prestigio social y cultural para los hablantes de la comunidad hispana. Con la creación de la Real Academia Española (1713), se impulsa y se acrecienta dicha corriente de fijación de una *norma* de cultura (ya desde la publicación de su primera *Gramática*, 1771). Y, con la llegada de las ideas regeneracionistas de finales del siglo xix y principios del siglo xx, se van a activar la difusión de dicha *norma académica* —prescriptiva a todos los efectos— mediante el estudio de su *Gramática* y la consideración del lenguaje como herramienta imprescindible para la educación de un pueblo, para su acceso a la cultura. La enseñanza de la *gramática* toma cuerpo en la sociedad civil; ya había tenido un papel relevante, y además de forma ejemplar, en la configuración de las nuevas repúblicas que se constituyen en Hispanoamérica tras su independencia de España.

LA LENGUA ESPAÑOLA EN EL SIGLO XXI

Una de las constantes de la lengua española ha sido su componente de oralidad y, dentro de él, el uso del registro de la conversación coloquial en cualquier contexto y situación. En el español de hoy —al menos en el español peninsular— es un hecho perceptible, inclusive en capas sociales urbanas con cierto prestigio profesional. La realidad es que el registro coloquial impregna toda la intercomunicación, ya que ha invadido parcelas de la oralidad que anteriormente estaban perfectamente delimitadas por la situación y el contexto comunicativo, en consonancia con el registro lingüístico elegido, como pueden ser la parcela familiar, la popular, el nivel vulgar de la lengua y el registro de la norma de cultura.

En el español peninsular, el registro *estándar* se ha ampliado y mezclado y coloreado en la conversación coloquial con giros, expresiones y léxico de muy diversa procedencia, que, en admirable simbiosis, caracterizan a la sociedad española actual; así hemos de entender el uso generalizado por los jóvenes, y menos jóvenes, de ambos sexos de los llamados «tacos» y palabras malsonantes y la no consideración sociocultural del tabú en términos léxicos o en expresiones referidas a determinadas partes del cuerpo.

Hay rasgos de uso léxico que se propagan en determinados momentos históricos —muy ceñidos siempre a las actividades sociales— y pierden su vitalidad en otros. Hay modalidades léxicas (a veces superpuestas, a veces provenientes de diversos grupos marginados o no marginados) que adquieren un determinado prestigio social (por su origen o por quien las difunde), y con relativa facilidad pasan al común de la lengua porque, cuando el medio de difusión que las propaga alcanza al gran público, produce cierto mimetismo entre los hablantes de la lengua y estos intentan imitar los modos, hábitos lingüísticos y léxicos de quienes consideran superiores en proyección social, aunque no lleve, por desgracia, aparejada la proyección cultural. Es obvio que en la evolución de las lenguas incide siempre, de manera más inmediata y general, el léxico; en segundo lugar, y a más largo plazo, la morfología y la sintaxis; y, por último, la fonología.

Las transformaciones más evidentes a lo largo de los años en el español estándar de la conversación coloquial tienen como punto de partida la norma común y a ella regresan una vez que han sido aceptadas por todos las renovaciones que, en principio, son sociales y culturales (fórmulas de tratamiento, cortesía, disfemismos), para, en un segundo momento, convertirse en lingüísticas y, aunque aparentemente solo inciden en la epidermis del sistema, dejar una importante impronta en el léxico, la morfología y la sintaxis.

La forma escrita, aunque se acerca a los patrones pragmáticos de la oralidad —sobre todo en la utilización de las herramientas móviles y en las noticias leídas en los medios audiovisuales—, sigue conservando en la literatura sus propios recursos artísticos que la diferencian claramente de ella. Aunque el español corriente, el que se habla y se oye todos los días, no difiere tanto de la lengua escrita como para ser considerados dos sistemas distintos, en ambas modalidades de lengua pueden darse varios registros, según sea la intención y el nivel cultural de quien se expresa.

La estructura de nuestra sociedad a principios del siglo XXI, más urbana que rural, y los enormes cambios sociales, económicos, culturales y políticos que en ella han venido operando, junto con los potentes medios de comunicación social, han posibilitado las formas de hablar y escribir que los mayores y jóvenes —según la perspectiva que se adopte— percibimos de forma diferente en los usos lingüísticos actuales; no olvidemos que los cambios sociales inciden en la lengua, y la lengua acompaña a las mutantes realidades sociales porque es su principal vehículo de comunicación.

EL ESPAÑOL Y LOS MEDIOS DE COMUNICACIÓN

La lengua española no solo no es ajena a nada de lo anteriormente descrito, sino que se ha visto favorecida, en gran medida, por el uso que de ella hacen los potentes medios de comunicación (televisión, radio, teléfono, prensa, cine, redes sociales como twitter, facebook, whatsapp, instagram, etcétera), que han ido penetrando con inusitada rapidez en todos los hogares acercando voces ajenas o llevando a otros lugares las propias; además de este abanico de medios, está la rapidez de las comunicaciones que ha permitido un mayor acercamiento a los usos y costumbres de los pueblos hispanos entre sí.

En todo caso, la lengua española se ha visto enormemente beneficiada por los medios de comunicación, al permitir (y favorecer) estos la intercomunicación lingüística y cultural en tiempo real entre los pueblos de habla hispana y poner de manifiesto lo mucho que tienen en común, al igual que las peculiaridades propias e identitarias de cada uno de los pueblos hispanos tanto desde una perspectiva lingüística como social, cultural, política, económica y religiosa; también por las nuevas formas de entender y practicar en el presente las relaciones sociales, mucho más dinámicas, abiertas, informales y comunicativas que en el pasado. Los medios de comunicación social, por su inmediatez y resonancia, se han convertido, pues, en verdaderos instrumentos lingüísticos, en difusores y potenciadores de determinados modelos en el uso de la lengua, en detrimento de otros: los modelos orales se han convertido en verdaderos protagonistas de la comunicación, sin tener en cuenta los tradicionales modelos escritos, y las variedades de la lengua española más informales, con frecuencia demasiado coloquiales y localistas, han ido extendiéndose en la comunicación oral y encontrando también cabida en la expresión escrita.[3]

De todos es conocido el prestigio social que han alcanzado algunos periodistas autoproclamados «comunicadores», tanto en los medios audiovisuales como, sobre todo, en la radio y en la televisión. Apoyando su acción mediática ha estado presente un registro del español conversacional, pleno de coloquialidad —con cierta base de vulgaridad—, que ha influido de forma decisiva en la sociedad actual. La fórmula radiofónica y televisiva de las tertulias se ha apoyado, asimismo, en la espontaneidad lingüística y en lo meramente coloquial, sin distinción de otros registros en muchísimos casos. Los programas deportivos, de enorme difusión en todo el ámbito hispano, se han acogido, igualmente, a un determinado coloquialismo, no exento de rasgos considerados vulgares.

EL *IDEAL*, EL PRESTIGIO SOCIAL EN EL USO DE LA LENGUA ESPAÑOLA

Todos los pueblos de habla hispana tienden, en la actualidad, hacia una parecida koiné lingüística, fijada en el prestigio de la norma de la oralidad estándar de las grandes ciudades, y hacia una semejante estratificación sociourbana, fruto de la nivelación cultural en marcha (el proceso de nivelación económica se presenta a un ritmo más lento en el área hispana), auspiciadas ambas por los poderosos medios de comunicación social. El léxico[4] general y común para todos los que hablamos español es una realidad, constatada no solo en la norma de cultura, sino en hablantes de español de mediana cultura debido a la confluencia de los medios de comunicación: televisión, radio, Internet, etcétera.

El español hablado en la amplia comunidad hispana —sí, por supuesto, los hablantes de español nos reconocemos como miembros pertenecientes a una misma comunidad lingüística, aunque también valoremos las identidades culturales y sociales propias de cada uno de los pueblos y de las regiones que la integran— ya no nos recuerda su origen (ni nos remite a él). Su pujanza y extensión actuales lo han difuminado. Quienes lo hablan a partir de otras lenguas maternas así lo reconocen y, por supuesto, lo practican en consonancia con la comunidad lingüística en la que se han insertado o lo han aprendido. El nuevo ideal de lengua[5] no está en la Corte, ni en el origen ni en el lugar de nacimiento, sino en las nuevas relaciones surgidas entre las diferentes provincias del idioma, en una nueva, pujante y diversa koiné, más o menos común a todos los pueblos de habla hispana.

En general, las lenguas de cultura —el español no es ninguna excepción— potencian en los medios de comunicación, tanto orales como escritos, una determinada nivelación de la lengua a partir de la identidad lengua=nación; igual ocurre en el caso del español, aunque se trate de un territorio en donde se singularizan veinte naciones con voz y fisonomía propias (aparte, claro está, de los millones de hablantes de español en Estados Unidos, Filipinas, Puerto Rico y la antigua Guinea española) con el fin de que la intercomunicación sea lo más fluida posible. Poderosas razones económicas, políticas, culturales, científicas, religiosas, etcétera —como ya hemos apuntado—, siempre están (y han estado) de una u otra manera en la base de dicha resolución.

EL ESPAÑOL Y SUS HABLANTES: LA PLURALIDAD DE NORMAS

Es obvio que la lengua española —como cualquier otra lengua— pertenece a todos sus hablantes por igual, sean estos pobres o ricos; vivan en pueblos o en ciudades, en el llano o en las montañas, junto al mar o en el interior; hayan nacido en Madrid o en México D. F., en Monterrey o en Puebla, en Guanajuato o en Sevilla, en Buenos Aires o en Córdoba, en Burgos o en La Habana, en Las Palmas o en Santiago de Chile, en Ceuta o en

Bogotá, en Melilla o en Montevideo, en Lima o en Caracas, en Asunción o en La Paz, en Quito o en Guatemala, en Tegucigalpa o en San Salvador, en Managua o en San José de Costa Rica, en Santo Domingo o en San Juan de Puerto Rico, en Panamá o en Guinea Ecuatorial, o en las comunidades de habla hispana de Estados Unidos o de Filipinas. El sistema lingüístico que denominamos «español» —aunque por diversos matices políticos o tradiciones culturales sigue denominándose por muchos de sus hablantes «castellano»— nos pertenece por igual a quienes nos hemos educado bajo su tutela: seamos ancianos, jóvenes o niños, hombres o mujeres, y desempeñemos en la vida la profesión de médico, de periodista, de militar, de profesor, de abogado, de químico o el oficio de pastor, de zapatero, de frutero, de albañil, de mecánico, de camarero, de electricista...

En principio, pues, todos los hablantes de español participamos de una misma lengua, nos entendemos y nos comunicamos con facilidad, aunque al hablarla percibamos con nitidez que no todos nos expresamos oralmente de la misma manera y que, por consiguiente, presentamos rasgos diferenciales perceptibles en la entonación, en el acento, en la pronunciación fonética... Por ejemplo, muchas personas —la inmensa mayoría de entre los que hablamos español— no distinguen entre los sonidos /s/ y /c/ y, así, pronuncian de igual manera ca*s*a y ca*z*a; dicha realidad la conocemos con el nombre de «seseo», que consiste en pronunciar como una /s/ tanto la grafía *s* de la palabra *casa* como la grafía *c* contenida en la palabra *caza*, y decir /sielo/ por (cielo). En mucha menor extensión territorial —y con menor prestigio social y cultural entre los hablantes de español—, se oye el «ceceo», que consiste, a diferencia del *seseo*, en pronunciar como una /ce/ tanto la grafía *s* contenida en la palabra *casa* como la grafía *c* de la palabra *caza*: *voy a caza*, por *voy a casa*. También se halla muy extendido entre los hablantes de español el fenómeno fonético y fonológico conocido con el nombre de «yeísmo», que consiste en la neutralización del sonido representado por las letras *ll* (la *elle*) que aparece en la palabra *ll*ave en favor de una variedad de sonidos representados por la letra *y* (*y* griega): así, se pronuncian de igual manera palabras escritas con *ll* *(lluvia)* y palabras escritas con *y* *(yo)*; se igualan, pues, en la pronunciación las grafías *ll* y *y*: po*ll*o pasa a pronunciarse como /poyo/ (animal, cría que nace del huevo de la ga*ll*ina, que pasa a pronunciarse /gayina/) y poyo (banco de piedra, *y*eso u otra materia). Véase a este respecto la *Fonética y fonología*, tercer volumen exento de la *Nueva gramática de la lengua española*, RAE-ASALE, 2011.

También encontramos diferencias entre quienes hablamos español —tanto al hablar como al escribir (J. Sánchez Lobato, 2006)—,[6] aunque no en demasía en la norma estándar de la lengua, en variantes de uso perfectamente aceptables. Por ejemplo, existe un número amplio de hablantes que no utiliza la posibilidad que ofrece el paradigma verbal entre el pretérito perfecto simple y el pretérito perfecto compuesto *(Esta mañana compré-Esta mañana he compra*do) al elegir en todos los casos el perfecto simple *(compré)*; otros hablantes de español eligen *vos tenés*, en lugar de *tú tienes*, o prefieren *le* a *lo* en la expresión *A Juan le vi*. En el nivel sintáctico, la diversidad de elección por parte de los hablantes de español es ciertamente menor en la norma estándar: *en* nuestra *casa* o *en la casa* de nosotros; *encima* mío o *encima* de mí; ustedes *son bien recibidos* frente a vosotros *sois bien recibidos*, son opciones que, en un principio, percibimos como pertenecientes legítimamente a claras coordenadas geográficas. Las diferencias, por supuesto, vienen dadas en la mayoría de los casos por el determinado uso que los grupos humanos hacen de las diversas opciones que presenta la lengua, según su agrupamiento geográfico, pero atendiendo siempre a su nivel de instrucción lingüística; en cualquier situación de habla, siempre se tiene en cuenta el prestigio social y cultural de dichos grupos humanos. En la elección del léxico es donde con más claridad se percibe la diversidad de los pueblos o sociedades que hablamos español *(Salgo en el próximo* aéreo o *Salgo en el próxi-*

mo avión) y, por supuesto, en la entonación, en el acento, en la pronunciación, cuando elegimos para comunicarnos la expresión oral de la lengua.

La expresión *escrita* de la lengua, al ser la *ortografía* igual para todos los hablantes de español, ha difuminado en gran parte muchas de las perceptibles diferencias de pronunciación presentes en la lengua española y, por supuesto, ha potenciado su unidad y difusión. La ortografía,[7] aunque en principio es bastante independiente de la lengua hablada en una comunidad, llega a ser, por su aceptación social e histórica, el signo más reconocible del idioma y la base más estable de este. Como de todos es sabido, la expresión escrita de la lengua española se basa en general en la modalidad de pronunciación y fonológica que llamamos «castellana» (no sesea, ni cecea, ni aspira...), frente a las modalidades «andaluza», «atlántica» o «americana», en donde sí se encuentran dichos rasgos.

Aparte de las descritas anteriormente, los hablantes de español solemos presentar, también, diferencias de uso circunscritas a la variante territorial o nacional de nuestro nacimiento y al espectro social y cultural al que pertenezcamos, debidas esencialmente a la instrucción o falta de instrucción, a una buena o deficiente (o nula) escolarización: «m*e*smo» (por m*i*smo), «m*e*litar» (por m*i*litar), «sord*ao*» (por *sold*ado), «and*é*» (por *and*uve), «*me se* ha perdido el dinero» (por *se me ha perdido el dinero)*... Son, en todo caso, formas del español que no tienen prestigio cultural en la actualidad —aunque pertenezcan a la lengua española—, que se alejan de las formas y estructuras más generalmente admitidas por los grupos sociales que marcan la pauta de los usos más prestigiosos: los «usos» que se recomiendan como «más correctos y gramaticales», aquellos que vienen recomendados por las gramáticas, entre ellas la más prestigiosa, la *Gramática* académica, desde su primera edición (1771) hasta la *Nueva gramática* del español (2009), de la Real Academia Española y de las Academias Asociadas.

   Los hablantes que han tenido acceso a la cultura mediante la escolarización suelen distinguir diferentes *registros* a la hora de hablar una lengua —más notorio en su expresión escrita—: desde el que utilizan en la intimidad, en casa con familiares (padres, hermanos, hijos), hasta el que usan con los compañeros de trabajo o el que utilizan en público al dictar una conferencia. Normalmente, van asociados a la forma de entender las relaciones humanas y al grupo social al que se pertenezca por profesión y cultura: por ejemplo, la extensión del «tuteo» en toda situación y ante cualquier persona y el empleo de las llamadas «palabras malsonantes» o «tacos» son aceptados por unas sociedades y no por otras. Igual ocurre con la pronunciación de un determinado sonido, con la elección de una determinada palabra o construcción o con la elección de un determinado plural o variante de género...

GRAMÁTICA Y LENGUA

Mediante el proceso de enseñanza-aprendizaje de una lengua, tanto de la materna como de una lengua segunda o lengua extranjera, se llega a la socialización en ella, a la diversificación y reconocimiento de los diferentes registros que utilizamos como hablantes, y, por supuesto, al registro de la norma estándar, que posibilita la intercomunicación entre sociedades diversas de la mejor manera posible. Todos los gramáticos coinciden en señalar que la gramática de la lengua escrita se nos presenta, para la finalidad didáctica, más estructurada, estricta y conservadora, menos renovadora, en fin, que la gramática de la lengua hablada, porque no puede beneficiarse en directo de recursos tales como la entonación, los gestos, la mímica, las pausas, los silencios, etcétera, que están presentes en la oralidad. La gramática de la lengua basada en la expresión escrita ofrece una organización más rigurosa, aparece más estructurada y más simplificada y normalizada, y se presenta, en la aplicación didáctica, más sistemática y funcional que en los actos de habla, por muy naturales que estos sean, y que, como es lógico, deben estar presentes en todo el proceso de enseñanza de la lengua.

Sin embargo, la gramática no es la lengua, es una herramienta extraordinaria para conocerla, para llegar a dominar los recursos que las lenguas presentan y, por supuesto, para, por medio de su enseñanza, alcanzar los conocimientos léxicos, morfológicos y sintácticos, aparte de los fonéticos, que la comunicación social y lingüística necesita. Por tanto, la gramática no puede constituir un fin en sí misma, sino que debe ser el medio que acompañe a saludar, a despedirse, a negar, a afirmar, a comprar, a vender, etcétera; el medio que nos ayude a disculparnos, a obedecer, a mandar, a rogar, etcétera, en el contexto lingüístico que las normas imperantes de cortesía y de cultura demandan en cada situación de intercomunicación y en cada momento histórico.

Las tendencias, que se manifiestan en el uso de la lengua de los grupos sociales y culturales de prestigio —allá donde se hallen—, acaban por expandirse y, junto con el legado de los buenos escritores —además de los medios de comunicación del momento—, han ido pergeñando la situación del español actual que, como no puede ser de otra manera, es el resultado de su propia diacronía: todo está en la lengua. En el español cabe todo lo que pertenece a la lengua: lo arcaico, lo vulgar, lo coloquial, lo popular, lo culto, desde cualquier ángulo de su posición dialectal, desde cualesquiera de sus variantes: castellana, andaluza, canaria, mexicana, antillana, rioplatense, chilena, colombiana, venezolana, peruana, ecuatoriana... Cabe todo, sí, pero la lengua de comunicación social (de las ciencias y de la cultura) que nos aproxima a todos los hablantes de español, y que, por consiguiente, difumina diferencias, es el español de la norma *culta*, el español de la escuela.

LA GRAMÁTICA Y SU ENSEÑANZA

La enseñanza debe tener en cuenta los conocimientos espontáneos y previamente adquiridos por los alumnos. No puede perderse de vista que desde niño se adquiere una gran cantidad de conocimientos fuera de la escuela que la enseñanza tiene que activar y sostener para que el proceso de enriquecimiento y maduración avance adecuadamente. Cuando el niño llega a la escuela, conoce su propia lengua, la del entorno familiar y medio social al que pertenece, la lengua que utiliza y oye a diario, la lengua con la que construye su mundo de realidades y de fantasías. La escuela, pues, se convierte en un medio artificial pero necesario para la enseñanza-aprendizaje colectivo de la lengua, entendida en su dimensión de comunicación social. A partir del entorno familiar se toma contacto social en el aula con otro medio ajeno al de la familia, que va a posibilitar de manera gradual el dominio progresivo de técnicas instrumentales tales como la lectura, la escritura y la expresión y comprensión orales.

La escuela, en lo que se refiere a la enseñanza de la lengua, debe centrarse adecuadamente en la consecución activa y creativa de las destrezas fundamentales del lenguaje: hablar, escuchar e interactuar, que corresponden a la comunicación oral; y escribir y leer, que se incardinan en la escrita. La labor de la escuela debe perseguir que el alumno aprenda, internalice e incorpore los elementos que aún no ha adquirido de su lengua materna, de su código, y que los maneje de forma adecuada, tanto al hablar como al escuchar. El dominio gradual y creciente de estas destrezas redundará en beneficio de la lectura y, por supuesto, en el de la escritura. Y todo ello sin la práctica de la enseñanza de la gramática, sino atendiendo prioritariamente a usar y dominar bien la lengua.

A partir de los doce o trece años, el ser humano ha acumulado ya una serie de experiencias lingüísticas y extralingüísticas, hábitos de expresión y comprensión que lo acercan a un estudio sistemático, reflexivo y explícito de la lengua. En esta segunda etapa, el alumno debe pasar al código escrito, donde la complejidad gramatical es mayor y donde debe dominar conscientemente las realidades elementales de la morfosintaxis. Poco a poco, y como consecuencia del empleo de la lengua en la expresión oral y escrita, se va introduciendo al alumno en las nociones básicas de su lengua y de su sistema, de su funcionalidad, de su gramática.

Sin embargo, la gramática no debe constituir el fin del aprendizaje; no es teoría gramatical lo que requiere la enseñanza de la lengua materna —ni de la lengua extranjera—, sino enseñar la lengua en sus niveles fonético-fonológico, morfológico-sintáctico y léxico en el sentido que ya apuntara Américo Castro (1922, pp. 7 y 8) para la enseñanza primaria:

> La enseñanza del idioma [...] condiciona todos los demás trabajos intelectuales. La escuela ideal deberá esforzarse por enseñar a hablar y escribir con sentido y corrección, hará reflexionar sobre el idioma, llamando la atención sobre el sentido inmediato de lo que se lee; sobre los rudimentos de la escritura gramatical; forma de las palabras, funciones psíquicas y lógicas que desempeñan.

La enseñanza de la gramática —descriptiva y con finalidad didáctica en métodos y planteamientos—, concebida no como un fin en sí misma, sino como el mejor instrumento para alcanzar un aceptable dominio de la lengua en todas sus manifestaciones y desde la perspectiva de un uso social de prestigio en cada lugar y época, debe tener en consideración los presupuestos siguientes:

- El lenguaje es un fenómeno sociocultural. La lengua es, ante todo, un fabuloso medio de intercomunicación entre los seres humanos; por ello, hemos de tener en cuenta todas las posibilidades de comunicación que posibilita la lengua. Sin embargo, en todo momento, la acción educativa de la escuela debe perseguir que los alumnos alcancen la manifestación estándar de la lengua, por ser la que mejor posibilita la comunicación entre todos los hablantes de un mismo sistema lingüístico.

- La lengua es fundamentalmente oral. La expresión oral no solo es anterior a la expresión escrita, sino que es prioritaria en la comunicación social. Sin embargo, la expresión escrita, y su configuración literaria, comporta un indudable valor histórico y sociocultural.
- El estudio del sistema de la lengua, la gramática, debe ser descriptivo y no prescriptivo. La enseñanza debe dar cuenta de cómo hablan y escriben los miembros de la comunidad lingüística hispánica.
- La descripción sincrónica de la lengua española debe presidir, frente a la posición diacrónica, la orientación metodológica.
- La lengua es creación y, por consiguiente, producción: se ha de enseñar a hablar y escribir de acuerdo con los valores de la manifestación estándar de la lengua allá en donde se hable o enseñe español; es decir, de acuerdo con los valores y usos aceptados por todas y cada una de las diferentes colectividades de habla española.

LAS GRAMÁTICAS DEL ESPAÑOL

Una de las características definitorias de la llamada «norma culta» es la de estar sujeta a codificación (suficientemente cohesionada) y atenta a los usos temporales, para que pueda servir de modelo lingüístico (por supuesto, de prestigio) a una comunidad tan extensa y numerosa como la hispánica, además de poseer un sistema de escritura y unas normas ortográficas relativamente estables que se conviertan en el eje vertebrador de los modelos

cultural y educativo para la comunidad de hablantes. La codificación de la norma culta, sin embargo, debe tener en cuenta
la estratificación lingüística de la compleja sociedad hispana y la
variación de uso temporal, por lo que el ideal lingüístico no debe
ser único, sino que debe permitir las diferencias apuntadas para
transmitir y expresar todo el acervo cultural de los pueblos hispanohablantes. Si el ideal lingüístico no fuera plural y cambiante —como lo es su estructura social, cultural y económica—, no
sería posible que la lengua española apareciera extraordinariamente cohesionada en sus niveles de prestigio social y cultural.

La cultura, en general, y la cultura lingüística, en particular
—la enseñanza-aprendizaje de la lengua por medio de las normas y usos más prestigiosos (que, como tales, intentan recoger
las gramáticas académicas)—, son las encargadas de limar diferencias y de establecer el marco adecuado en la comunicación
humana por medio del sistema lingüístico más apropiado, que,
por supuesto, ha sido la base de la enseñanza en la escuela. La
cortesía, la llamada «buena educación» como reflejo de lo que
social y culturalmente denota más prestigio, formaliza determinados usos lingüísticos que empleamos para iniciar una conversación *(Por favor, me puede indicar...)*, para disculparnos
(Perdona/e, no me he dado cuenta...), para despedirnos *(Adiós)*,
para iniciar un diálogo, un saludo *(Hola)*... Si cambian las relaciones humanas, cambiarán los usos lingüísticos que empleemos
para nombrarlas...

No cabe duda alguna de que la *Gramática* académica se ha
caracterizado por incidir en la corrección idiomática, basándose en el uso idiomático culto de la clase social distinguida por
dicho rasgo (o clase social dominante) y en la selección de un
ideal de lengua que, a su vez, se convierte en el eje vertebrador
de dicha corrección idiomática (por lo general, la lengua culta
y literaria que así es juzgada por la clase social dominante);
asimismo, se caracteriza por recurrir a la sociolingüística cuando se matizan los usos correctos o no en una u otra parte del

mundo hispánico, al tiempo que explicita (siguiendo en ello al gramático venezolano Andrés Bello)[8] que la norma es inequívocamente preceptiva por su función, aunque el precepto se presente a veces como una simple recomendación en todo lo que tiene que ver con la expresión hablada y escrita. Por todo ello, se ha considerado la *Gramática* académica como un instrumento *normativo* que decide cuál de las variantes es la más adecuada. Aunque los gramáticos no hacen la lengua, solamente la describen, la *Gramática* de la Real Academia Española, por su prestigio social, cultural y lingüístico, sí tuvo influencia —sobre todo a partir de la llamada «Ley Moyano» (1854)— en la exigua capa social cultivada, al proponer una determinada modalidad idiomática en detrimento de otras posibles. Impuso, por ejemplo, *anduvo* frente a «andó» y rechazó las formaciones analógicas de «cantaste*s*» y «diste*s*» (que aparecen en *El Quijote*) en favor de *cantaste* y *diste*; aunque, por supuesto, sigamos escuchando «cantaste*s*» y «diste*s*» en el registro idiomático llamado «vulgar».

INNOVACIÓN Y TRADICIÓN, DESCRIPCIÓN Y NORMA

La *Nueva gramática de la lengua española* (RAE-ASALE, 2009), como *gramática oficial* de la Real Academia Española y de la Asociación de Academias de la Lengua Española, viene a continuar la ya larga tradición de la *Gramática* académica, si bien con notables diferencias sobre las precedentes ediciones: fundamenta y describe el español hablado y escrito en todas sus variedades y registros según los usos atestiguados en el ámbito hispano; constata la relevante variación lingüística del español, consensuada por todas las Academias de la Lengua Española bajo la batuta de un ponente: Ignacio Bosque; certifica los usos mediante ejemplos construidos y otros procedentes de textos, todos ellos debidamente convalidados, y puede considerarse la gramática académica de mayor recorrido y aliento, y la que más información proporciona sobre el español hablado en el mundo, siempre a partir de fuentes directas, ya que la Real Academia Española y la Asociación de Academias de la Lengua han utilizado todos los repertorios a su alcance. Es, en fin, una gramática, según la describe la propia Academia, «panhispánica», puesto que contiene la mejor descripción del español actual, en toda su riqueza y variedad, a partir de sus fuentes.

El texto de esta gramática se ha editado (J. Sánchez Lobato y A. Hernando García-Cervigón) [9] en tres versiones: la completa y detallada, en dos extensos volúmenes; la del *Manual* (2010), dirigido a los estudiantes y profesores de español, y a los hispanohablantes que, sin ser especialistas en la materia, se interesen por conocer con cierta profundidad las cuestiones gramaticales; y la de la *Gramática básica* (2011), ideada para el amplio público de hispanohablantes que, habiendo recibido una primera instrucción en sus estudios de primaria y secundaria, deseen comprender mejor el funcionamiento de su lengua.

La *Nueva gramática* académica se mueve entre la innovación y la tradición: aunque es de nueva planta, aparece dividida en *Fonética y Fonología, Morfología* y *Sintaxis,* siguiendo en ello la tradición ya asentada en gramática; es *descriptiva* al presentar las propiedades de las unidades gramaticales en cada uno de los niveles de análisis en los que aparece dividida; es, asimismo, *normativa,* puesto que establece los usos que se consideran correctos en la norma culta de una comunidad, a menudo con el respaldo de alguna institución —por ejemplo, la Real Academia y las respectivas Academias de la Lengua asentadas en todos los países de habla española—, a la que se reconoce *autoridad* para fijarlos.

La gramática *descriptiva* presenta las características de cada construcción, pero lo hace con unidades que proceden necesariamente de la tradición gramatical y, por tanto, del análisis que responda a alguna teoría lingüística. Intenta describir las construcciones propias del español general con el fin de presentar adecuadamente las variantes fónicas, morfológicas y sintácticas de la lengua actual. La gramática *normativa* viene a ser *descriptiva* en tanto en cuanto los aspectos gramaticales sujetos a regularización normativa constituyen una parte del conjunto de estructuras y funciones que caracterizan un sistema lingüístico.

El concepto de *gramaticalidad* está en relación con el hecho de si una construcción lingüística se ajusta o no al sistema gramatical descrito de la lengua en un momento determinado, según el parecer de los hablantes nativos de dicha lengua. La *corrección* idiomática representa un factor de valoración social, de prestigio, por lo que la *corrección* idiomática se aplicará a las expresiones que no se consideran recomendables frente a la expresión cuidada o de prestigio que sustenta la *corrección* idiomática.

La *Nueva gramática* académica explicita, además de su panhispanismo, el valor del *neologismo*, tanto en su diacronía como en sincronía, al igual que los usos de mayor o menor prestigio, así como los menos recomendables: los usos considerados vulgares y aquellos que se presentan como agramaticales. Todo ello, como es lógico, desde parámetros cognitivos actuales en la valoración social, cultural e histórica de la lengua española. Hay en ella una descripción minuciosa de las estructuras y funciones de la lengua; existe una clara innovación terminológica y conceptual, pero, sobre todo, en toda la obra resuena la voz del español actual, del español hablado y escrito, acompañado siempre de la valoración social y cultural que a la sociedad hispánica le merecen (o le han merecido) los diferentes usos de la lengua española.

La enseñanza-aprendizaje de la lengua, a partir de la relación que se establece entre sociedad, lengua y cultura, ha de atender a los procedimientos lingüísticos necesarios al sistema de la lengua para explicitar los cambios y nuevos roles que surgen en la sociedad, sean estos culturales, económicos, científicos, sociales...

Por su importancia, conviene destacar los nuevos elementos léxicos —los llamados «neologismos»—, necesarios para nombrar *lo nuevo*, que, en infinidad de ocasiones, se ha originado o inventado fuera de nuestras sociedades de habla hispana. La lengua española, a lo largo y ancho de su dilatada historia, ha hecho suyos multitud de términos léxicos (germanismos, arabismos, italianismos, americanismos, lusismos, galicismos, anglicismos...) que nos han enseñado a ver e interpretar las relaciones humanas en nuestro mundo desde otros ángulos, bajo otro prisma diferente al nuestro.

La relación entre lengua y sociedad nos permite vislumbrar, a veces, la presión que la sociedad ejerce sobre aspectos parciales de la lengua, por creer a pies juntillas que la lengua debe ser en todo reflejo directo e inmediato de los dictámenes políticos y sociales y, por tanto, culturales. Pensemos en propuestas de cambios léxicos para nombrar la misma realidad *(productor/obrero)*, el mismo oficio *(empleado de fincas urbanas/portero)*, para nombrar lo mismo, pero cambiando de óptica *(residencia de la tercera edad/de mayores/de ancianos)*, para reducir la connotación negativa de aquello que se nombra (eufemismo: *beodo/alegre/borracho)*, para obviar el tabú *(la bicha/la serpiente)*. En fin, la lengua normalmente explicita cada época, y las relaciones sociales y culturales que en ella tienen cabida.

Desde la perspectiva gramatical, el morfema de género se manifiesta en la lengua española mediante la oposición de forma en aquellas palabras que pueden variar *(-o/-a, -e/-a, consonante/-a)* para denominar a un ser o animal y su opuesto, o bien a un objeto o concepto y otra cosa. Otras palabras marcan las diferencias con términos diferentes *(hombre/mujer, toro/vaca)*. Y otras, mediante la forma del artículo *(el cantante/la cantante, el pianista/la pianista, el antenista/la antenista)*. Naturalmente, hay muchas palabras que no varían de forma, y esta viene dada por su origen *(pared, viga, cemento...)*, así ocurre en todas las voces patrimoniales. También es de todos sabido que la forma del género masculino en el morfema de plural suele neutralizar la oposición y significa «el conjunto de»: *padres* («padre y madre»), *todos* («todos y todas»), *alumnos* («alumnos y alumnas»). De igual manera, cuando decimos que el *hombre* es un ser racional, incluimos, por supuesto, a la mujer. La lengua española (su gramática) y la tradición cultural así lo avalan. Ignacio Bosque[10] afirmaba:

> [...] Muchas personas parecen entender que, al igual que en el Congreso se hacen las leyes que regulan la convivencia entre los ciudadanos, en la Real Academia se crean las leyes del idioma. No es así. [...] Los principios que articulan la estructura de la gramática tampoco son como son porque los hayan acordado los académicos, sea con la participación de las mujeres o sin ella. Las lenguas no son, en suma, el resultado de un conjunto de actos conscientes de los individuos. [...] Existe el lenguaje sexista, pero no son discriminatorias expresiones como *el nivel de vida de los peruanos* o *el horario de atención a los alumnos*. En ellas no se menciona expresamente a las mujeres, pero están —obviamente— comprendidas. [...] Es un error pensar que la expresión *unos a otros* es discriminatoria si se aplica a un grupo formado por hombres y mujeres y no sería sensato pedir a la Academia que cambie las reglas de la concordancia de género y número del español, similares a las de las demás lenguas románicas.

De todos es sabido que multitud de profesiones han sido desempeñadas tradicionalmente por el hombre en nuestras sociedades: abogado, catedrático, arquitecto, notario, médico, árbitro, soldado, sargento; cuando es la mujer, la regla gramatical nos indica cambiar la *-o* final por *-a*: *abogada, catedrática, arquitecta, notaria, médica, árbitra, soldada, sargenta*. El problema del cuestionable uso de palabras como *médica, soldada, sargenta...* no está relacionado con la regla gramatical —con el sistema de la formación del género femenino—, sino con la sociedad, con la tradición y con el prestigio social y cultural que algunas palabras que nombran profesiones tienen en la forma del masculino; en la forma del género femenino, aparecen, a veces, otros matices semánticos que nada tienen que ver con la profesión. Del mismo modo podemos argumentar —aun haciendo constar que todos los participios de presente acabados en -*e* gramaticalmente son invariables— en denominaciones que indican dedicación o profesión: *comediante/a*, *cliente/a*, *dependiente/a*, aunque la sociedad no hace suyo «estudianta» como femenino de *estudiante* por razones de prestigio social y cultural. Con las palabras acabadas en consonante (en la forma de masculino singular), la solución gramatical es añadir la vocal -*a* para la formación del femenino: *juez/a*, *bachiller/a*, *concejal/a*, *oficial/a*. Sin embargo, en otras muchas palabras, por razones culturales o eufónicas, el uso prefiere la solución de *la coronel* (no «coronela»), *la fiscal* (no la «fiscala»), *la general* (no la «generala»), *la industrial* (no la «industriala»).

Las lenguas, como sistema lingüístico que son, presentan una estructura formal (y sus variantes funcionales), y a ellas se acomodan las palabras y su funcionamiento. Cuando dichas opciones son varias, las formas recién entradas pueden aclimatarse de una u otra manera, según su aceptación, difusión y prestigio. Pensemos en el morfema de plural: en la tradición gramatical española, las palabras acabadas en -*í*, -*ú* tónicas admiten las variantes -*es* y -*s*: *rubí - rubíes/rubís*, *bambú - bambúes/bambús*. Sin embargo, la norma de prestigio —la norma culta—, sobre todo en los gentilicios y nombres de etnias, prefiere la variante en -*es*: *marroquíes*, *zulúes*, *hindúes*; aunque en otros términos esté asentada la variante en -*s*: *telesquís*, *pirulís*, *esquís*, *champús*, *menús*, *canesús*.

En la lengua española caben: *¿qué tú dices?/¿qué dices?*; *¿cómo tú estás?/¿cómo estás?*; *tú tienes que estudiar/vos tenés que estudiar/ ustedes tienen que estudiar/vosotros tenéis que estudiar...* Todo ello es posible, por estar con claridad codificado en la llamada «norma de cultura». La codificación de la norma de cultura debe tener en cuenta la estratificación lingüística de la compleja sociedad hispana, por lo que el ideal lingüístico no debe ser único (a saber, excluyente), sino que debe permitir que las diferencias que están legítimamente asentadas y con prestigio en cada uno de los grupos sociales del mundo hispánico sean tenidas en cuenta y respetadas por todos. Un ideal de lengua tan amplio como el que apuntamos permite, pues, la convivencia de diversas normas de prestigio (verticales y horizontales), todas ellas igualmente aceptables en el marco del español.

No existe, ni ha existido, la lengua perfecta en sentido histórico —el llamado «Siglo de Oro» de las letras hispanas es un concepto de historiografía cultural y, por consiguiente, no representa cima lingüística alguna—; de la misma manera, no existe un lugar dentro del territorio de la lengua española que otorgue carta de naturaleza al buen uso de la lengua: para Cervantes, el ideal de lengua no se acomoda a rasgos locales, ni a los de casta social alguna. Para él, «el lenguaje puro, elegante y claro, *está en los discretos cortesanos, aunque hayan nacido en Majadahonda»* (*El Quijote*, II, cap. XIX).

EL ESPAÑOL DA DINERO
SOBRE LA ECONOMÍA DEL ESPAÑOL

José Luis García Delgado

El español es el producto más internacional de España y de todos los países que lo tienen como lengua propia. Por eso, el conocimiento de sus dimensiones económicas, quiere decirse, el valor económico del español —su capacidad para potenciar actividades productivas y hacer negocio—, merece más atención de la que durante mucho tiempo se le ha dispensado. Estas páginas quieren justificar tal apreciación.

PROMETEDOR COMIENZO DE SIGLO

En un mundo que suprime fronteras para la producción, los intercambios económicos y las transacciones financieras, y en una época que contempla el incesante despliegue de la sociedad del conocimiento, las lenguas de comunicación internacional ganan en utilidad y se revalorizan; el español, entre ellas. Es un fenómeno de alcance general, constatable día a día. Los primeros lustros del siglo XXI están siendo especialmente prometedores para las potencialidades del español como lengua global. Dos hechos novedosos permiten afirmarlo con rotundidad; son de distinta naturaleza, pero su trascendencia —también desde la perspectiva económica— apunta en la misma dirección.

Uno es el formidable avance conseguido en la normativización consensuada, gracias al desarrollo del programa de política

lingüística panhispánica desarrollado desde 1999 con la participación de las 22 corporaciones que integran la Asociación de
Academias de la Lengua Española. Sus frutos están a la vista:
el *Diccionario panhispánico de dudas* (publicado en 2005), la *Nueva gramática de la lengua española* (en 2009), la *Ortografía de la
lengua española* (en 2010) y la nueva edición del *Diccionario de
la lengua española* (en 2014), coincidiendo con el tricentenario
de la Real Academia Española, que ha liderado todo el trabajo
conjunto. Se trata de una realidad de naturaleza lingüística
—*homogeneidad* que hace más atractivo el *aprendizaje* y facilita
la *comunicatividad*, esto es, el entendimiento mutuo—, con efectos positivos sobre la expansión, la funcionalidad y, en definitiva, la economía del español en tanto que lengua de comunicación
internacional. Con otras palabras: sólo el español, entre las grandes lenguas internacionales y merced a ese esfuerzo compartido,
dispone de ortografía, gramática y diccionario comunes, es decir, de los tres códigos fundamentales de toda lengua culta. La
posición aventajada que ello proporciona al español en su condición de lengua internacional es innegable: siempre la unidad
será preferible a la pureza —por decirlo como Dámaso Alonso— cuando se trate de lenguas utilizadas en vastos dominios.
No se olvide que los lenguajes matemático y musical, los más
normativizados, son también los más universales.

El segundo hecho de gran alcance pertenece más bien al
campo de la demolingüística, y atiende a la creciente penetración
del español en dos extensos territorios de América: Estados
Unidos y Brasil. En Estados Unidos la primera década de la
actual centuria ha sido testigo de un aumento de la población
hispana que cabe calificar de histórico por su magnitud, un 43
por ciento, mitad por inmigración, mitad por nacimiento, alcan-
zando un total de 50 millones en el censo de 2011, con la previsión de que antes del ecuador de la centuria, entre 2040 y 2050,
uno de cada tres norteamericanos será de origen hispano. Es
verdad que las previsiones en demografía se hacen para no cum-

plirse, pero la tendencia por ahora es muy vigorosa, con situaciones ya consolidadas bien llamativas. Valgan tres ejemplos: la minoría hispana —cuya edad media es casi 10 años menor que la del resto— es la primera en 21 estados de la Unión, y supone casi el 50 por ciento de los habitantes en Nuevo México, en torno al 30 por ciento en Arizona y Nevada, y más del 20 por ciento en Florida y Colorado; fueron 23 millones los hispanos con derecho a votar en las elecciones presidenciales de 2016, algo más del triple que en 1988; el español encabeza la relación de las lenguas que se cursan como extranjeras en el conjunto de las universidades de Estados Unidos, con casi 900.000 matrículas, 4 veces más que la demanda de francés y 9 veces más que la de alemán.

Así pues, el horizonte para el español en Estados Unidos es promisorio. Si el español consiguiera asentarse como segunda lengua de Estados Unidos, tendría también prácticamente asegurado ser la segunda lengua internacional durante todo el tiempo que se prolongue la preponderancia económica y la hegemonía política y militar de ese gran país. Geopolítica, economía y demolingüística tienden siempre a entrelazarse.

En Brasil, a su vez, el arranque del siglo ha coincidido con la promulgación de la ley que hace obligatoria, de manera gradual, la oferta del español en toda la enseñanza media, y opcional en los tres últimos cursos de la enseñanza primaria, manifiesto apoyo oficial al español que está en consonancia con la declarada voluntad de liderazgo político y económico de Brasil en Sudamérica. También en este caso la geopolítica, además de la economía, no se separa de la demolingüística.

Buen momento, en definitiva, para el español, convertido ya definitivamente en una lengua *americana*: americanos son 9 de cada 10 de sus hablantes. No es exagerado, por tanto, situar en nuestros días otro de esos momentos con gran tensión ampliatoria de las fronteras preexistentes que ha conocido el español en su historia ya milenaria. El primero fue el que, en la época

medieval, hizo del castellano la koiné de intercambio peninsular, la lengua común que, asimilando y amalgamando variedades
dialectales, fue aceptada libremente como tal por los hablantes de
las regiones periféricas. El segundo salto coincidirá con la expansión imperial de la monarquía hispana, desde el siglo XVI,
cuando el castellano se convierta en *lengua española*, con rango
de *lengua universal*, como subrayara Rafael Lapesa. Un tercer
momento, y estelar, es el que contempla la conversión del español en lengua común de la independencia de las nacientes repúblicas hispanoamericanas, auténtico «vínculo de fraternidad»,
según la afortunada expresión que en 1848 empleara Andrés
Bello, reconocido defensor de la unidad del español desde su
Venezuela natal; la «*lingua franca* de la América indohispánica»
que proclamara Carlos Fuentes siglo y medio después, en la
inauguración del III Congreso Internacional de la Lengua Española (Rosario, Argentina, 2004). De ahí que el actual quepa
entenderlo como un cuarto peldaño de dicho proceso ascenden-
te multisecular. Un nuevo episodio internacionalizador que encuentra apoyo, a su vez, en la gradual apertura de las economías
iberoamericanas —con la emergencia de empresas multinacionales propias: «multilatinas» se las ha apodado— y en la demos-
trada capacidad de irradiación de los patrones culturales —vale
decir también «latinos»— asociados a la lengua española.

DESAFÍOS GANADOS

Cabría afirmar, en consecuencia, que el español ha superado tres
pruebas no fáciles, y las tres con nota sobresaliente: el paso del
tiempo, las barreras de la geografía y el desafío de la unidad.

La lengua española fue la que antes contó, entre las lenguas
derivadas del latín, con gramática y diccionario (antes de terminar el siglo XV, en 1492 y 1495, respectivamente, de la mano
de Nebrija en ambos casos), y hoy, más de 5 siglos después,

mientras aumenta con fuerza el número de sus hablantes, presenta un grado óptimo, y superior en términos comparados, de normativización, resultado —vuélvase a señalar— de un ambicioso programa de política lingüística panhispánica. Un logro formidable —salvando «la usura del *tiempo*», por decirlo al modo de Borges— para una vieja lengua con vocación internacional.

El panorama que ofrece la geografía es también reconfortante. Lengua con significativa presencia en varios continentes desde temprana hora, el español mantiene hoy su condición de lengua *propia* a ambos lados del Atlántico, ampliando a la vez las respectivas fronteras. En América, la tradicional alta concentración de hispanohablantes en los países con mayor impronta española —lengua geográficamente *compacta*— tiende a disminuir, dado el doble y simultáneo empuje del español hacia el norte, abriéndose paso como lengua materna, y también extranjera, en Estados Unidos, y hacia el sur, al penetrar con firmeza en Brasil, como ha vaticinado Eduardo Lago: «... el español hará realidad el sueño imposible de Bolívar de unir a toda América». En Europa, por su parte, es gradual el ascenso del español a la posición de segunda lengua de enseñanza, tras el inglés, desplazando al francés y al alemán en buena parte del continente.

Exitosa ha sido, en fin, la apuesta a favor de la unidad —que no es uniformidad—, evitando la fragmentación, como ocurrió en su día con el latín al escindirse en un nutrido ramillete de lenguas romance. Hoy, la lengua española no sólo está menos dialectizada que el inglés y el francés, o que el chino y el hindi, sino que también presenta un alto grado de cohesión interna, pudiéndose subrayar la *unitaria pluralidad* del español merced al planteamiento panhispánico de la norma de corrección, no dictada desde España, sino policéntrica. Homogeneidad y *policromía* del idioma se combinan así virtuosamente, superando la prueba —no menor, desde luego— de la preservación de la unidad esencial de la lengua española, un auténtico *tesoro cultural* para cuantos con ella se expresan.

En resumen, a tenor del número de hablantes —algo más ya de 550 millones, según las más recientes estimaciones del Instituto Cervantes—, las credenciales actuales del español son privilegiadas: segunda lengua materna del mundo, tras el chino mandarín; segunda lengua de comunicación internacional, tras el inglés, y también en la Red, y tanto por número de usuarios como por páginas web; segunda lengua adquirida en los países de lengua no inglesa. Lengua plurinacional y multiétnica, el español reúne además importantes atributos —cohesión, limpieza y simplificación ortográfica: «... una ortografía casi fonológica, ni dormida en un arcaísmo inoperante como la francesa ni náufraga en el caos genealógico de la inglesa», ha escrito Gregorio Salvador—, que, al facilitar su aprendizaje y potenciar su funcionalidad, lo hacen especialmente apto como idioma vehicular. Es, sin exageración, *la otra* lengua internacional de alfabeto latino, *la otra* lengua de Occidente: si el inglés es la lengua sajona universalizada, el español es la lengua románica universalizable. No una alternativa a aquélla, auténtica *lingua franca* universal de nuestro tiempo, pero sí su posible mejor complemento: la «*second global language*», acompañante de la «*first one*», ha sentenciado Ángel López García.

UN EJERCICIO DE CUANTIFICACIÓN

¿Qué valor económico *cabe atribuir a tal activo intangible?*

Aproximarse a una respuesta adecuada exige recordar, ante todo, la triple función que cumple toda lengua desde la perspectiva económica: como materia prima o insumo esencial de bienes que se producen o servicios que se prestan; como medio de comunicación compartido que agiliza la negociación entre las partes contratantes, propiciando entornos de afinidad en los mercados; como seña de identidad colectiva, expresión de lazos intangibles y simbólicos que nutren el capital social de una comunidad y que también aproximan las relaciones económicas.

Procede a continuación preguntarse por la naturaleza de la lengua como *bien económico*. ¿Bien económico? Sí, un activo inmaterial que cabe considerar como un *bien público* dotado de singulares atributos: no es apropiable en exclusiva por quienes acceden a su uso; no se agota al ser consumido; tampoco se deprecia —sino todo lo contrario— al hacerse masiva su utilización; carece de costes de producción en tanto que lengua materna; y genera cuantificables beneficios económicos —muy particularmente en el ámbito de las transacciones comerciales y financieras, y en los procesos de internacionalización empresarial—, pues la lengua compartida equivale a una moneda única que reduce los costes de casi cualquier intercambio, facilitando una familiaridad cultural que acorta la *distancia psicológica* entre las partes (el *trato* que lleva al *contrato)*. Es un valiosísimo bien público, en definitiva, dinamizador de la actividad mercantil y también nutriente fundamental del *capital social* que cohesiona una comunidad.

Delimitadas las funciones y las características de la lengua como bien económico, el siguiente paso ya es ofrecer resultados cuantitativos. ¿Qué peso tiene el español en términos de renta y de empleo? ¿Cuáles son sus efectos multiplicadores en el ámbito de los intercambios comerciales y financieros? ¿Qué compensación salarial extra tiene el dominio del español en ciertos casos? Peso, palanca, premio: tres dimensiones susceptibles de cifrarse, el empeño que ha motivado la investigación que bajo el título *Valor económico del español* promovió Fundación Telefónica entre 2006 y 2014 (y codirigida por quien firma estas páginas). Aquí se anotarán tan sólo —y en su expresión más simple— algunos resultados especialmente significativos de tal esfuerzo investigador.

Respecto al *peso*, los datos más relevantes son los siguientes:

- el conjunto de los aproximadamente 550 millones de hablantes de español (en torno al 7 por ciento del total de la población mundial) tiene una capacidad de compra, a tenor de las rentas medias per cápita correspondientes, que representa en torno al 10 por ciento del PIB mundial, todo un estímulo para las industrias culturales de productos en español, comenzando por las que atienden demandas de los hispanos en Estados Unidos, pues la renta per cápita de ese colectivo duplica el promedio de América Latina;
- considerando los respectivos contenidos o *coeficientes* de lengua que cabe calcular en unas u otras actividades productivas —un cálculo no exento, desde luego, de discrecionalidad al establecer las correspondientes *hipótesis de ponderación*—, el español aporta aproximadamente el 16 por ciento del valor del PIB y del empleo en España, y porcentajes similares presumiblemente en las economías mayores de la América hispana;
- por su parte, las industrias culturales, en particular (edición, audiovisual y música, principalmente), suponen en torno al 3 por ciento del PIB de tales economías.

Especial interés presenta lo relativo a la capacidad del español para actuar como *palanca*, generando efectos multiplicadores de intercambios comerciales y flujos de inversión. Los resultados obtenidos son quizás en este caso todavía más contundentes:

- el español multiplica por 4 los intercambios comerciales entre los países hispanohablantes, y
- compartir el español multiplica por 7 los flujos bilaterales de inversión directa exterior (IDE), actuando así la lengua común de potente instrumento de internacionalización empresarial en el ámbito hispanohablante, con ahorros muy significativos en el capítulo de *costes de transacción*,

ahorro que se acerca al 2 por ciento del total de ingresos de algunas empresas multinacionales.

En cuanto al *premio*, el mercado de trabajo de los emigrantes ofrece datos muy significativos. El dominio del español, además de influir en la elección de destino de quienes emigran (en el caso de España, en relación con los que proceden de la América hispana, el factor multiplicador se sitúa en torno al 3), incorpora un premio en forma de diferencia positiva de salario (en comparación con el que reciben los inmigrantes no hispanohablantes) que llega al 30 por ciento en el mercado español, premio salarial acompañado siempre de facilidades de integración laboral y social.

Un premio salarial, por cierto, que ya es detectable también (aunque en proporciones mucho menores) en el mercado de trabajo de Estados Unidos para quienes tienen buen dominio del inglés y el español, hecho este —el aprecio del bilingüismo inglés-español en ese gran país—, tan novedoso como esperanzador, pese a quien le pese.

RETOS PENDIENTES

Debe huirse, en todo caso, de la autocomplacencia. Son muchos los activos que se poseen y las oportunidades que se brindan. Pero no son menores los retos que debe encarar el español para asegurarse un puesto preeminente como lengua de comunicación internacional, con los subsiguientes réditos económicos. Cinco son ineludibles.

El primero es de estatus, de reconocimiento de su condición de lengua de comunicación internacional en foros y organismos multilaterales. Es cierto que el español constituye una de las 6 lenguas consideradas como oficiales en Naciones Unidas, pero en la práctica su utilización es muy reducida. Y en el seno de la

Unión Europea, el español es, de hecho, lengua subalterna, sin estatus real de lengua de trabajo (que sí tienen el inglés, el alemán y el francés). El reto, pues, es perentorio, y lo que en este campo Francia viene haciendo desde hace mucho tiempo, y con notable éxito, convendría tenerlo muy presente.

El segundo reto, de creciente entidad, es el que plantea la debilidad del español como lengua efectiva de comunicación científica, a través de la cual se produce y difunde la ciencia, particularmente en las áreas de ciencias de la naturaleza, bioquímicas y sociales, así como en el campo de la ingeniería y la tecnología. Si el dominio del español conforma un *club* de hablantes, el prestigio que otorga la pertenencia a ese club estará vinculado decisivamente al papel que la lengua tenga en la producción y trasmisión de conocimiento. Otro empeño indemorable, pues: contrarrestar la situación de inferioridad que hoy presenta el español en los dominios mencionados.

La exclusión del español hace ya una década entre las lenguas seleccionadas para el Sistema Europeo de Patentes es, a este respecto, un episodio ciertamente aleccionador. Pudieron influir factores relacionados con la gestión por parte de las autoridades españolas, empeñadas en conseguir al mismo tiempo el uso de los otros idiomas cooficiales de España en las instituciones europeas y aceptando que en el cómputo de hablantes de español en la Unión Europea no se contabilicen los colectivos formados por quienes tienen alguna de esas otras lenguas como materna. Pero, sin duda, lo que al final pesó en contra de los intereses del español fue la irrelevancia de éste en la innovación que cataloga la Unión Europea: entre 2009 y 2010, las empresas españolas sólo consiguieron el 1 por ciento de las patentes concedidas por el Sistema Europeo de Patentes, mientras que, en el otro extremo, el 41 por ciento se concedió a empresas alemanas. He aquí el núcleo de la cuestión, no hay que engañarse.

El tercer reto no es independiente de los dos anteriores: elevar, más aún que la presencia, el predicamento del español en la

Red, llave maestra para el porvenir del idioma. Cosechar logros en ella exige, antes que nada, promover los contenidos en español en los medios masivos de consulta informática, involucrando a centros educativos de uno u otro nivel, y a empresas, fundaciones y entidades culturales de diverso tipo, una tarea capital para hacer del español instrumento básico de trabajo en la cultura digital del tiempo que ha llegado.

Los dos retos adicionales, hasta completar el quinteto aludido, atienden no a mejorar el tratamiento de la lengua, no a ensanchar sus dominios, sino a su conservación, a impedir su merma. En un caso, para evitar la pérdida de competencias lingüísticas en español de los hispanos que emigran a Estados Unidos. Es un cometido crucial, pues allí se juega en gran medida el futuro del español, sin que la suerte esté todavía decantada. Sigue creciendo, aunque ya a menor ritmo desde hace un lustro, la población hispana o de origen hispano, pero sólo la mitad del total de los 50 millones holgados que ya suma tiene un dominio aceptable del español, mientras que un tercio sólo lo chapurrea y un quinto ha perdido la capacidad de expresarse en él.

El otro caso en que se trata de no perder requiere actuar, por así decirlo, puertas adentro. La tarea de impulso del español como lengua de comunicación internacional hay que hacerla compatible con el cultivo de aquellas otras lenguas nativas que siguen demostrando vitalidad. Es algo que debe acometerse con tanta resolución como cordura. El plurilingüismo es riqueza, es un don, y nunca debería devenir en merma alguna, ni de las lenguas minoritarias en el ámbito multilingüe, ni de la lengua que sea mayoritaria, *común* o no (el español sí lo es en España). Se incurre en un grave error, con efectos socialmente regresivos, cuando se provoca la pérdida de competencias en el uso del español, lengua de comunicación internacional, como consecuencia de promover otras lenguas vernáculas de alcance más reducido, sean hispánicas o amerindias. La promoción de éstas, minoritarias a escala de toda la comunidad hispanohablante, no ha de redundar en peor dominio de la lengua mayoritaria, que abre puertas y posibilidades en una economía y una sociedad globales. En España el tema no es menor, lo que afirmo desde la convicción de que desarrollar una cultura lingüística que valore el plurilingüismo, tanto a escala de toda la nación como de sus comunidades bilingües (Vilarrubias y De Ramón), ha de ser plenamente compatible con asegurar y mejorar el general dominio del español.

POLÍTICAS CONSECUENTES

Dos notas son aquí pertinentes.

Primera: el español puede jugar un papel clave para la comunidad iberoamericana en el orden internacional que presidirá el tiempo que viene. Sus credenciales —las de nuestra lengua común— son, ya se ha repetido, estimulantes: segunda lengua de comunicación internacional, tras el inglés; segunda lengua adquirida en los países de lengua no inglesa; y segunda plaza en la Red. En conjunto, ocupa un lugar privilegiado si se acierta a hacerlo valer, tanto en el terreno cultural como en el económico y, quizás también, en el geopolítico. En el primero, el cultural, la lengua común —y todas las expresiones culturales que lleva consigo— ha de constituir el eje vertebrador por excelencia. En el económico, dada su capacidad dinamizadora de intercambios y oportunidades de inversión, puede constituir una eficaz palanca para conseguir avances de las economías que hablan español en el mercado mundial. En fin, cohesión lingüística, cultura compartida y economía pujante: óptima combinación para hacerse notar en el orden geopolítico.

En todo caso, la economía *de* la lengua acabará siempre por remitir a la economía que *en* esa lengua se produce, que *en* esa lengua se ofrece, que *en* esa lengua se intercambia. El español dispone hoy de no pocas bazas para, como lengua románica universalizable, acompañar —no rivalizar— a la *lingua franca*, a la lengua sajona ya universalizada, el inglés. Pero a condición de no depender tanto del crecimiento *natural* demográfico como de la calidad institucional de los países hispanohablantes, de la competitividad de sus respectivos tejidos productivos y de la reputación social de sus empresas.

Segunda: esta lengua global que es el español, con tanta fortuna en su devenir histórico —pues su expansión durante siglos se ha hecho sin especiales apoyaturas administrativas de promoción—, una lengua crecientemente americana dadas sus ganancias al norte y al sur del continente, se merece una política de altura con doble planteamiento.

- Por una parte, que el español sea considerado como *bien preferente* a todos los efectos —también por los ministerios de Economía y Hacienda— y que su proyección internacional sea una tarea a largo plazo, con un Instituto Cervantes muy reforzado y con las prioridades que ello comporta en el campo de la enseñanza del idioma, en la elección de las lenguas de trabajo en foros internacionales y en el apoyo, claro está, a todos los procesos de creación cultural; una política que transcienda las alternancias gubernamentales y los ciclos políticos, ganando potencia y continuidad. Vigorosas políticas *públicas*, en suma, para un cometido que es alta responsabilidad *pública*.
- Por otra parte, que esa política de impulso internacional se articule a través de una estrategia compartida por España y todos los países también titulares de esta *propiedad mancomunada* que acredita la oficialidad multinacional del español.

CODA

Estudiar la economía de la lengua, su contribución a crear valor económico, proporciona nuevas razones para nuestra autoestima como sus hablantes. El español es nuestro producto más internacional —repítase— y también el más internacionalizable. Dicho de otro modo: si «lo mejor» de la historia de España es «la creación y desarrollo de la lengua española» —como ha afirmado, con legítimo énfasis, Juan Pablo Fusi—, hora es de aprovechar y ganar, sumando el esfuerzo de todos los países hispanohablantes, la promesa de futuro que ello también supone.

IDEAS PARA UNA TEORÍA SOBRE EL PANHISPANISMO LINGÜÍSTICO

Francisco Javier Pérez

INTRODUCCIÓN

Las descripciones más sólidas y reconocidas sobre el español actual son aquellas que están amparadas bajo una teoría y praxis del *panhispanismo*. Con el objetivo de comprender y acotar los límites de este generoso y auspiciador concepto, hay que centrar la mirada en el origen y desarrollo de esta manera de encauzar los empeños reflexivos en torno al funcionamiento de nuestra lengua. El empleo y puesta metodológica del término permitirá clarificar las bases sobre las que se asientan las realizaciones científicas más perdurables de la lingüística en español. Especial es el enfoque que proponemos sobre la práctica lexicográfica, por cuanto que son los diccionarios los más claros divulgadores de la imagen de una lengua tan plural y tan cohesionada, al mismo tiempo, como el español. La heterogeneidad del concepto obliga, hoy, a una mirada heterodoxa que no sólo se enfoque en los saldos de la ciencia lingüística, sino, también, que estime la importancia mayor que en su ordenación teórica tienen las contribuciones orgánicas o fragmentarias hechas por escritores y ensayistas de la más variada estirpe. El recuento generoso redunda en la caracterización del concepto mismo y en la hechura, aún parcial, de una teoría que lo fecunde en una pragmática múltiple y diversa.

PARA UNA HISTORIA DEL CONCEPTO

El concepto que exploramos nace en 1847, cuando el filólogo venezolano Andrés Bello, patriarca de las letras hispanoamericanas, publica en Chile, su patria adoptiva, la *Gramática de la lengua castellana, destinada al uso de los americanos.*

No imaginaba Bello que su impronta estaría anticipando las bases de la futura lingüística panhispánica. Al subtitular esta obra —al decir de muchos, el cuerpo sistemático más notable con el que aún contamos para entender el funcionamiento de nuestra lengua— con el sintagma *destinada al uso de los americanos*, pensaba su autor en una comunidad lingüística que debía asumirse como general y que tenía también que dejar atrás las falsas diferenciaciones, producto de pequeños localismos, frente a la lengua general, resultado de fuerzas comunes de crecimiento y expansión. En su idea, además, quedaba claro que este carácter de comunidad lingüística con el que entendía el valor del idioma no exigía para su comprensión los gestos de *antiespañol* o de *proamericano* que muchos, malintencionadamente, quisieron ver como rasgos de irreverencia y liberalidad. Ganado por el principio del orden, será su obra completa la mejor realización de una filosofía del equilibrio como contraparte de la inestabilidad social que se había asentado entre las naciones americanas después de la independencia. Para Bello, la ordenación del cuerpo social o general que dibujaban las constituciones y las leyes, así como la ordenación del cuerpo privado o particular que retrataban los manuales de urbanidad venían a confluir radiantemente en la gramática como cuerpo codificador de los modos de hablar, usos que reflejaban las fuerzas interiores que regían la espiritualidad de los hombres. Quedaba, de esta suerte, inaugurada en su filosofía de la lingüística del español la impronta de una comunidad de intereses por la lengua, el vínculo más poderoso de unión entre los hombres, las sociedades y las naciones.

El panhispanismo de Bello nacía, debe recordarse, como un ímpetu de liberación lingüística dentro de un tiempo de liberaciones políticas en el continente americano. A este respecto, siguen siendo programáticas las palabras que escribe en el prólogo a su obra maestra de descripción gramatical:

> No tengo la presunción de escribir para los castellanos. Mis lecciones se dirigen a mis hermanos, los habitantes de Hispanoamérica. Juzgo importante la conservación de la lengua de nuestros padres en su posible pureza, como un medio providencial de comunicación y un vínculo de fraternidad entre las varias naciones de origen español derramadas sobre los dos continentes.

Y es precisamente ese «vínculo de fraternidad» el que mueve el espíritu panhispánico de nuestra lengua en la actualidad, cuando no existen preferencias ni hegemonías de unas formas sobre otras, sino que todas, cada una en su justa medida, adquieren su valor en cuanto modo preferido de una expresividad avalada por el *uso*, que es donde radica para Bello la potencia rectora de la lengua. La gramática vendría a ser el cuerpo codificador de los usos del habla y el código donde confluirían las fuerzas interiores que rigen la espiritualidad de los hombres. La lengua y su gramática como organismos de ensamblaje de las leyes que documentarían el comportamiento de los hombres y que describirían la fragua virtuosa del pensamiento.

Siguiendo la ruta trazada por Bello, otros autores vendrían a hacerse partícipes del concepto de lo panhispánico lingüístico como si de un asidero de hermandad hispanizante se tratara. Son muchos los nombres de notables autores que se han afiliado a este nutricio concepto de comprensión sobre la fuerza de lo hispánico en la lengua, entre los que habría que mencionar primero al filólogo colombiano Rufino José Cuervo, al poeta nicaragüense Rubén Darío, al poeta e ideólogo cubano José Martí, al escritor uruguayo José Enrique Rodó, al crítico y filólogo dominicano Pedro Henríquez Ureña, al sabio mexicano Alfonso Reyes y, para no abundar en más nombres, al filólogo español más panhispánico de todos, el dialectólogo Manuel Alvar.

Darío, como antes Bello, había identificado el gesto como liberación y, más, como propuesta de unicidad de una lengua hecha de diversidades, situaciones de panhispanismo lingüístico (y cultural) que irían ganando cuerpo en la medida en que nos acercamos al tiempo presente, en que esos gestos y propuestas señaladas desde la lengua poética se hicieron inteligente modo de comprensión de la lengua coloquial, que debía asimilarse sin dialectalismos excluyentes o puristas, vinieran de donde vinieran.

El uruguayo José Enrique Rodó y el venezolano César Zumeta habían entendido la seña de la liberación bellista y dariana como rechazo a lo foráneo angloamericano; un ataque feroz en contra del imperialismo hecho no sólo praxis política, sino pragmática actitudinal de sociedades que comenzaban ya a ser adoradoras de formas ajenas y a hacer reverencias ante costumbres raras de intromisión cultural. El arielismo como doctrina buscará frenar el mal. Zumeta abrazará un pesimismo perturbador al señalar la enfermedad del continente y al rotular al territorio de «continente enfermo». La lengua no les sería ajena, ni ajena estaría la lengua a estos procesos de deterioro anímico.

Muchos serían los nombres de pensadores y ensayistas que habría que invocar en la tarea de refrendar y desarrollar la filosofía libertaria del Bello gramático, paso fundador de un sólido panhispanismo de la lengua.

Sin ánimo de exhaustividad, deben rastrearse otros anticipos conceptuales en el ensayo español e hispanoamericano desde el siglo XIX hasta el presente, pues hubo y hay en la reflexión literaria más de un autor interesado en ordenar el corpus teórico relativo al tratamiento de la diversidad lingüística. En este sentido, he anotado hasta el momento los señalamientos de José

Lezama Lima, José Pedro Rona, Arturo Uslar Pietri, Américo Castro, Amado Alonso, Ángel Rosenblat, Julián Marías, Mariano Picón-Salas, Dámaso Alonso, Antonio Tovar y Rafael Lapesa.

Mariano Picón-Salas lo dejaba asentado en 1940:

> Si con la *Gramática* de Nebrija, la más armoniosa y compuesta lengua española del Renacimiento fue a dilatarse en el imperio de los Reyes Católicos, con la *Gramática* de Bello, América quiere hacer del idioma otro instrumento de emancipación espiritual. Ya no es sólo Castilla la que forja el idioma, sino también —como lo dice en el prólogo de su libro— Chile o Venezuela.[1]

Un paso importante en torno al panhispanismo de Bello es asumido por Arturo Uslar Pietri, cuando observa al Bello lingüista en el proyecto de una patria común gracias a la unidad de la lengua:

> Bello se refugia con fervorosa dedicación en el estudio de la lengua porque sabe que es la sangre de la unidad orgánica de Hispanoamérica, que su razón considera como el supremo fin de sus pueblos, y también, sin duda, porque su sentimiento halla en la unidad lingüística y cultural la patria posible.[2]

Más recientemente, se ubica a Bello a la cabeza de una corriente *unionista*, contraparte de otra *separatista*, en la filología hispanoamericana. Así lo hará saber el notable investigador Francisco Moreno Fernández en una formulación, además de clara, muy cierta:

> En contra de lo que pudiera parecer, no había afán de separatismo. Su intención era hacer ver que las variedades americanas no merecen ser tratadas como desviaciones de una supuesta lengua «normal», la castellana, sino como formas diferentes de manifestarse

la normalidad (...) Su visión del mundo hispánico fue simplemente definitiva para construir un concepto de comunidad lingüística
y cultural, en unas décadas en las que se fantaseaba con la creación
de idiomas patrios particulares.[3]

Definitivos reconocimientos sobre la significación del pensamiento bellista en materia tan determinante sobre los destinos de
la lengua y su estudio pueden leerse en autores de nuestros días.
Con sentido selectivo y no exhaustivo, mencionaría a los estudiosos chilenos Iván Jaksič, Fernando Lolas y Alfredo Matus
Olivier, editores del volumen *Gramática de la libertad. Andrés
Bello y la unidad lingüística panhispánica*, publicado en Santiago
de Chile, el año 2010, bajo el sello de la Asociación de Academias de la Lengua Española (ASALE). Destacaría en concreto,
de esta obra, el estudio de Matus Olivier, «La "gramática de la
libertad" en la política panhispánica» (pp. 133-138). En la misma dirección, el capítulo titulado «De Andrés Bello a la política lingüística panhispánica», que firma Víctor García de la
Concha para el libro *La lengua y la palabra. Trescientos años de la
Real Academia Española*, editado por la Real Academia Española, en 2013, bajo el cuidado de Carmen Iglesias y José Manuel
Sánchez Ron (pp. 113-120).

Más recientemente, el mismo profesor Jaksič ha dejado se-
ñas inequívocas en su artículo «Bello panhispánico», aparecido
en la revista *Leer*, de Santiago de Chile, en el número correspondiente a diciembre de 2015 y enero de 2016. El profesor
Julio Borrego Nieto, de la Universidad de Salamanca, y el grupo de colegas a los que dirige en la obra *Cocodrilos en el diccionario. Hacia dónde camina el español*, publicada en 2016 por el
Instituto Cervantes y la Editorial Espasa, han alcanzado un
satisfactorio resumen de lo que al día de hoy se entiende por
«panhispanismo de la lengua», en el apartado conclusivo del
citado libro:

... el español es una lengua *pluricéntrica*, es decir, que muchos de sus componentes tienen variantes en los diversos países y todas son igualmente «correctas» si son aceptadas por los hablantes cultos en sus áreas de expansión respectivas.[4]

En favor de estos pronunciamientos habría que decir que muchas otras formulaciones a favor del panhispanismo pueden leerse en las obras capitales de la literatura, la filología y el pensamiento en lengua española, confirmando con ello la preocupación que el concepto fue capaz de motivar a lo largo del tiempo y de la necesidad de acuerdo a la que llamaba constantemente. Las referencias serían innumerables en relación con la herramienta teórica que fue y sigue siendo la contrastación entre la *unidad* y la *diversidad* de la lengua como vía única de comprensión cabal de lo que el español estuvo y está destinado a ser como lengua de una comunidad tan vasta y múltiple, y tan cohesionada y uniforme.

Pedro Álvarez de Miranda, en su precioso libro *Más que palabras*, dedica un esclarecedor ensayo, de título «Panhispanismo: un congreso de 1963», a recordar que este concepto —que solemos entender como una creación muy reciente— era ya, para el año en que se celebró el I Congreso de Instituciones Hispánicas, un asunto de primer orden para intentar encajar en la propuesta descriptiva del español un método de trabajo que apuntara a la consideración y aceptación de modos diferentes de decir, naturaleza peculiar de la lengua española. El artículo que referimos pasa revista generosa por autores e instituciones para concluir que el panhispanismo hoy es «orgullosa divisa de la actuación de las academias».[5]

En terreno propiamente lingüístico, habría que decir que, si bien Bello fue capaz de perfilar el concepto en sus aspectos fundacionales, no lo fue para acuñar un término que abarcara toda la riquísima variedad semántico-ideológica que comportaba el concepto y su teoría. Esto último llegaría un siglo más tarde, cuando, en 1944, Eugenio Coseriu dio al término *pan-hispánico* un uso habitual en sus investigaciones sobre la unidad de la lengua española, entendiéndose como portavoz de un clamor en la lingüística del español. Leerá en la Asamblea del Libro Español de ese año un discurso titulado «El español de América y la unidad del idioma», y que se entenderá como un cuerpo de intenciones de tono inteligentemente reivindicativo y de sólidos anclajes teóricos en los que el español americano vendrá a señalarse como sustantivo en los tiempos actuales para los destinos de la lengua toda: «Madrid —dice Coseriu— es la capital de España, pero ya no es la capital del español».[6] Matizará la rudeza de esta formulación al desarrollar una teoría sobre la «ejemplaridad panhispánica» que se sobrepone a las ideas en torno a la «ejemplaridad» de tal o cual región de la lengua y que se cruza con la apreciación de «prestigio» con que la comunidad hispanohablante asume como forma de aceptación cualquier comportamiento lingüístico modélico. En otras palabras, que desde América será la ejemplaridad del español de España más aceptada que las ejemplaridades de otros españoles regionales o nacionales hispanoamericanos; y esto nada tiene que ver con la pureza de la lengua, ni con la corrección en el uso, ni con la idea de que el español americano es una desviación o una derivación del español de España, como muchas veces se sostiene y repite casi más desde América que desde España. Nos dirá el maestro rumano-uruguayo-alemán que «el español de América es simplemente español: español legítimo y auténtico, no menos y no de otro modo que el español de España».[7] Hace depender esto no ya del espíritu colonial, tópico culturalista un poco fuera de esta consideración, sino del conocimiento que se tiene desde América del español de España por encima del que se sabe sobre el de otras regiones del inmenso continente allende el océano en cada una de esas regiones. En general, todos los hispanoamericanos sabemos cómo se dice en España tal o cual palabra, pero no sabemos cómo se dice esa misma palabra en cada uno de nuestros países. Como se ve, las ideas de Coseriu requieren todavía de mucha reflexión y no es éste el momento para desarrollarlas en detalle, sino apenas para esbozarlas y dejar que fluya una reflexión tranquila sobre ellas.

Con menos pasión, pero no con menos razón, Ángel Rosenblat y Manuel Alvar terminarán de dibujar, entre tantísimos autores a ambos lados del océano, el complejo panorama de una lingüística panhispánica acertada y cierta. Desde Hispanoamérica, Rosenblat recogerá el sentir general al señalar que «los hispanoamericanos somos tan amos de la lengua como los españoles».⁸ Desde España, Alvar asumirá el panhispanismo como caballo de batalla y como plataforma de una conciencia histórica y de una ciencia del lenguaje que permita comprender que la riqueza de la lengua radica en sus diferencias y no en sus igualdades: «Lengua de todos por igual, como lo fue en el siglo xvi, tan propia de los que se quedaron en Europa, como de los que se vinieron a América».⁹

El cuadro de tensiones teóricas que he recogido en las referencias anteriores culminará, ya sin tensión y con cuotas muy grandes de aceptación, cuando sean las academias de la lengua las que entren al ruedo de esta discusión. Serán éstas las que pongan en práctica la teoría panhispánica de la lengua y las que ofrezcan los resultados más modernos y prometedores, sopesando las posiciones encontradas y aportando vías de entendimiento descriptivo.

Hijas de la tradición, las 23 academias de la lengua española son hoy instituciones ganadas por la modernidad. Nacida la primera, la Real Academia Española, al despuntar el siglo xviii, su gestión de entidad conductora de los cuidados hacia el idioma hizo que extendiera su prestigio a todos los ámbitos planetarios del español y que su modelo fructificara en las academias hispanoamericanas que, bajo su impronta, comenzarán a fundarse a finales del siglo xix.

Defensoras comprometidas con una manera de hacer lingüística, las academias decimonónicas, las más o las menos, se supieron corporaciones abocadas a avalar los buenos usos y a sancionar los incorrectos. Ello hizo que se entendieran (¿malentendieran?) como centros de poder lingüístico conducidos por el preceptismo y por el purismo, ideales preservadores de una limpieza de sangre lingüística que sólo existía en la mente de los censores, pero que nada tenía que ver con la fuerza transformadora de la lengua, ni con los usos frescos que llamaban, desde siempre, a su natural renovación. Estos roles punitivos rotularon a las academias, en general, y a algunos de sus miembros, en particular, de «policías correccionales» de la lengua y la literatura, y la estela negativa que dejaron fue nefasta, tanto que de cuando en cuando aflora viva aún sin que podamos comprenderla (hay que decir aquí que Hispanoamérica ha sido profundamente conservadora en esta materia, mucho más que España, pues este conservadurismo resultaba en el siglo XIX una corriente de oposición al auge de los nacionalismos y criollismos que a más de uno mortificaban).

Felizmente, toda la situación descrita pertenece al pasado y hoy las academias de la lengua son otra cosa y pretenden otro tipo de relaciones entre el idioma y sus usuarios. En líneas generales, quieren integrarse a los mayores esfuerzos descriptivos y dejar las viejas prácticas de sanción. Se empeñan en producir gramáticas y diccionarios que nos acerquen al ideal imposible de compendiar en un libro la riqueza inmensa de la lengua. Lo hacen, y aquí radica la diferencia, nunca imponiendo los modos de hablar o escribir, sino entendiendo la lengua y haciendo que ella dicte las pautas de su funcionamiento y las vías para su desarrollo. Quieren ser vistas como instituciones vivas e integradas en la sociedad de la que son parte, hijas de su tiempo y deudoras de unos hablantes a quienes buscan orientar y no despreciar.

Desde el año 1951, cuando se creó la Asociación de Academias de la Lengua Española, las corporaciones que la integran (la Española, las hispanoamericanas, la Filipina, la Norteamericana y la Ecuatoguineana) pasaron a formar parte de esta institución que, con el concierto y aprobación de todas las corporaciones socias, ha dado forma a una lingüística panhispánica que tenía y tiene como meta la aceptación de la pluralidad de usos y que, para lograrla, ha puesto en marcha ambiciosos proyectos descriptivos basados en el principio de una norma policéntrica que respete las diferencias entre los distintos usos del español y que no busque imponer ninguno en particular.

Las políticas panhispánicas compartidas hoy por academias, universidades, centros de investigación, institutos de enseñanzas, editoriales, periódicos, estudiosos, filólogos, escritores y hablantes, sustentadas por los resultados de las investigaciones sobre la norma policéntrica y su aplicación, resultaban confirmación del vínculo de fraternidad y del patrimonio común en que se entendía la lengua española desde mucho tiempo atrás. Andrés Bello acuñaba a mediados del siglo XIX un concepto simétrico en el prólogo a su *Gramática*: «Juzgo importante la conservación de la lengua de nuestros padres en su posible pureza, como un medio providencial de comunicación y un vínculo de fraternidad entre las varias naciones de origen español derramadas sobre los dos continentes».[10] Antonio Tovar, en el último tercio del siguiente siglo, afianzará la idea en torno al patrimonio común de la literatura en nuestra lengua. Asimismo, formulará con mucha sabiduría el principio de españolidad de la auténtica cultura popular americana: «Cuanto más auténtico y popular es un ambiente americano, más lleno está de elementos españoles».[11]

Al crearse, en 1991, el Instituto Cervantes, el español comenzó a tener un aliado poderoso en su enseñanza como lengua extranjera y junto a ella en la divulgación de la cultura española en los 76 centros desplegados por todo el planeta; un logro operativo para la instalación de la marca España en donde la lengua asumía su rol protagónico dentro del escenario internacional y bajo los requerimientos del gran público; pero tratando siempre de evitar que esa marca se entendiera como nacionalización de la lengua por parte de España como país y no como su definitiva internacionalización (habría, en este sentido, que comenzar a propiciar el uso de la denominación de «marca Panhispánica», que reuniera a todos los países y territorios hispanohablantes del planeta).

Una feliz consecuencia de la integración institucional en función de objetivos comunes en torno a la lengua ha sido la realización del Congreso Internacional de la Lengua Española, que organizan en conjunto el Instituto Cervantes, la Real Academia Española y la Asociación de Academias de la Lengua Española, junto con las instituciones del país sede, y que convoca cada tres años a los actores más influyentes en torno al estudio, la creación, la edición y la promoción del español. Hasta el presente se han celebrado siete congresos en las ciudades de Valladolid, Zacatecas, Rosario, Cartagena de Indias, Valparaíso, Ciudad de Panamá y Puerto Rico. El octavo, en la ciudad argentina de Córdoba, está programado para el año 2019.

PARA UNA FILOSOFÍA DEL CONCEPTO

El momento presente ha hecho del panhispanismo un concepto estructurador dentro de una sólida política lingüística de desarrollo creciente. También, ha permitido consolidar un método de trabajo lingüístico dirigido por la aceptación de las variedades. La paridad en las decisiones llena de equilibrios e igualdades la acción investigativa, descriptiva, estructural, organizativa y divulgativa de las producciones. Cinco modos de comprensión podrían, al día de hoy, abrir rutas para un sostenimiento permanente del concepto, su teoría y su praxis:

- *Panhispanismo filosófico*, que se basa en el pensamiento de Bello y en la prolongada tradición bellista. Un recorrido que explora las raíces del concepto en las trayectorias científicas e intelectuales de todo el mundo hispánico para rastrear y certificar su efectividad y para proponer su aplicabilidad en las prácticas descriptivas de la lengua (especialmente en los diccionarios).

- *Panhispanismo ideológico*, que refrenda la condición pannacional del fenómeno y que impide que unas variedades de la lengua se impongan por encima de las otras. Todas las hablas del español adquieren el mismo rango como objeto de estudio y el tratamiento que reciben guarda relación con este principio de pluralidad.

- *Panhispanismo teórico*, que determina la ejecutoria del *policentrismo* (no una sola norma lingüística, sino tantas como variedades de la lengua se puedan determinar), extrañando cualquier forma de hegemonía lingüística de carácter dialectal propia del hispanismo español o americano de otros tiempos.

- *Panhispanismo científico*, que determina las formas de aplicación reflejada en la práctica lexicográfica, sus métodos y sus códigos metalingüísticos. Aquí, además de los elementos de marcación, como el necesario señalamiento diatópico en el recorrido de las voces, se impone la aplicación de mecanismos que atañen a la manera en que se construyen las definiciones, evitando definir con la lengua regional o nacional de cualquier área dialectal y, en su lugar, imponiendo la hechura de una descripción semántica que, a falta de un mejor término, pudiéramos llamar «neutra», que facilite la comprensión de lo definido y que evite todo equívoco interpretativo de la unidad léxica.

- *Panhispanismo administrativo*, que pauta ejecutorias sobre los proyectos de investigación lingüística refrendados por todas las academias. En este punto, es bueno referir que cada uno de los proyectos panhispánicos debe transitar una ruta de elaboración y de aprobación que se ordena a partir de criterios filosóficos, ideológicos, teóricos y científicos, que hace posible, como etapa final, la aprobación administrativa de las obras sobre la base de una pluralidad de criterios manifestados en la autoridad de cada una de las academias de la lengua. Está claro que, aquí, la referencia recae en los procedimientos puestos en marcha desde la Asociación de Academias de la Lengua Española y por cada una de las corporaciones que la integran.

PARA UNA DIVULGACIÓN DEL CONCEPTO

Todo este rico entramado teórico-práctico ha tenido distintas maneras de manifestarse en los estudios sobre el español de hoy, sobre la enseñanza del español en países no hispanohablantes y en la institucionalización de las políticas lingüísticas que hagan del panhispanismo la dirección propicia para el fortalecimiento y expansión de la lengua. Me gustaría referir la rectoría conceptual del panhispanismo moderno por parte de la Asociación de Academias de la Lengua Española, que ha tenido como guía y meta de sus realizaciones la coordinación, ejecución y promoción de proyectos de descripción y estudio de la lengua cada vez más sólidamente auspiciados por una teoría unitaria y de unidad, que comprenden y apoyan todas las academias nacionales que integran la Asociación.

El resultado se traduciría en gestiones que implicaban a todas las corporaciones académicas del español y a todos los proyectos conjuntos de descripción, resolución de dudas, formación de investigadores y divulgación literaria, que se han convocado con fines comunes y paritarios; definitivo reconocimiento de la mayor fortaleza de nuestra lengua: su carácter simultáneo de unicidad y de diversidad. Nunca antes se habían dado pasos tan en firme para consolidar los acuerdos científicos, divulgativos e institucionales que permitieran hablar con propiedad de una verdadera política lingüística panhispánica que todos festejáramos como cierta y que todos practicáramos con entusiasmo.

La ASALE, como corporación de corporaciones académicas, ha estado centrada en la producción de obras que responden al espíritu panhispánico y que reflejan la verdad de una lengua que es diversa y similar, que es unitaria y múltiple, que es estable y cambiante, y que manifiesta su grandeza y expansión debido a estos caracteres de permanentes contrastes. Ha desterrado con esta impronta cualquier resquicio de supremacía de unas variedades sobre otras y esto ha fecundado la lingüística actual del español; un logro inmenso del que esperamos aún, si caben, mejores frutos.

PARA UNA LEXICOGRAFÍA DEL CONCEPTO

Traducir todo el generoso ímpetu de unidad que despliega lo panhispánico en un cuerpo lexicográfico que recoja la diversidad ha sido desde hace décadas, y lo sigue siendo, el cometido de la lexicografía de nuestra lengua. Es así como desde las academias y fuera de ellas se ha puesto en marcha toda una maquinaria teórica que sustenta estos esfuerzos y que desde la técnica de elaboración lexicográfica gesta métodos idóneos para hacer posibles las obras movidas por estos nobles y sabios empeños.

La meta sería elaborar cada vez mejores diccionarios y que ellos recogieran sin trabas selectivas la mayor riqueza cuantitativa de voces regionales y nacionales, junto a las voces generales compartidas por todos los hispanohablantes competentes. Asimismo, esos diccionarios describirían sin miramientos hegemónicos (se evitaría cualquier cláusula descalificadora y toda definición estaría redactada en un lenguaje estándar de fácil decodificación para cualquier hispanohablante medio, como ha quedado dicho) la hermosa lengua que hacemos todos los días, con el orgullo de pertenecer a una misma comunidad de afectos e intereses lingüísticos; la más grande de nuestras fortalezas como cultura común y particular, que lleva el sello de lo panhispánico a los 550 millones de personas que hoy y ahora mismo están hablando en español.

FINAL

Termino, recordando las imprescindibles palabras con las que el gran filólogo Manuel Alvar concluyera uno de los estudios de su capital libro *Español en dos mundos*:

> La unidad hispanoamericana difícilmente puede hacerse desgajándola de España: ¿unidad con Méjico, Venezuela, Colombia, Perú, Chile, la Argentina? Para salvar tantas y tantas discrepancias hay que recurrir a un conjunto panhispánico —en modo alguno español— en el que todos los pueblos manifiesten su personalidad en un conjunto integrado. Quiero creer que es lo que se busca y se aspira. Es lo que han dicho los mejores, y más doctos, espíritus de América. Lo que para nosotros es una verdad cierta. Español de todos y para todos.[12]

En definitiva, no son más que los retos potentes y grandes propios de una de las lenguas más grandes y potentes del planeta. Una comunidad de naciones que se expresa con esta lengua gracias al vínculo indestructible de acuerdos y fraternidades que ella misma ha gestado. La unidad como su haber más consolidado y el panhispanismo como su situación más perdurable.

LOS AMERICANISMOS CONQUISTAN EL DICCIONARIO

Pedro Luis Barcia

> *Que no se vuelva una Torre de Babel la lengua hispana, sino que se enriquezca y desarrolle de modo regular y ordenado, habiendo un centro que sirva de regulador.*
>
> ANTONIO BATRES JÁUREGUI

El título de estas líneas no nace de la polemología, que genera lemas como «La guerra de los precios», «La batalla de los sexos», «El combate por la publicidad», «La pelea de las vedetes». No, ésta es tarea irénica, pacífica. Se ha tratado con la segunda acepción del verbo *conquistar*: «ganar la voluntad del otro, seducir, convencer, persuadir». *Ars suasoria.*

Ha sido una labor lenta, tejida desde este lado del Gran Charco y con inteligentes cómplices dentro de la ciudadela peninsular, pero aprendimos del refranero: «Poco a poco hila la vieja el copo, rompe el mono el coco y se sorbe el niño el moco» y «De a uno come la gallina y se enllena, y uno a uno hacen docena». Y, claro, también de la teología, que nos alecciona acerca de que hay reinos que no admiten violencia para entrar en ellos. Y uno es el *Diccionario*, de la RAE. Y aquí estamos hoy con un buen caudal de estas voces que llamamos «americanismos» instaladas y a sus anchas en el voluminoso *Diccionario de la lengua española (DLE*, 23.ª edición, 2014). La tarea ha sido compleja, porque de un lado se nos «lopevegueaba»: «Mañana le abriremos, respondía, / para lo mismo responder mañana». Y del nuestro, abusadores —como el sapo de la fábula que pedía, a lo argentino: «Hágame un lugarcito en el banco, por favor», cuando tenía la voluntad de hincharse y desalojar a los demás del poyo—, pues queríamos incorporar todo nuestro caudal, sin mucha aduana. Ni calvo ni con dos pelucas.

Unamuno, del lado de allá, desconfiado, como un tuerto con dos canastas, de esta avalancha americanista, escribía, a propósito del *Diccionario de argentinismos* (1910), de Tobías Garzón:

> No me cansaré, no, de repetir, y no mil veces sino doscientas mil, que la inmensa mayoría de las supuestas peculiaridades del castellano en América no son peculiaridades y que el error procede del escasísimo conocimiento del castellano popular y vivo.[1]

De este lado del Atlántico, un correspondiente argentino de la RAE, Estanislao Severo Zeballos, coincidía con Unamuno, pero insistía, como buen conocedor de la materia, en el derecho a la inclusión de nuestro léxico en el diccionario mayor, para lo cual debíamos cumplir con dos exigencias: «¿Cuál es la solución del conflicto? Enseñar la lengua madre con tesón y tratar de enriquecerla con la admisión de voces americanas *necesaria y científicamente presentadas*».[2] Con esto se evitaba el «macaneo», como decimos por acá.

Como se sabe, hubo muchos reclamos desde América respecto de la desatención peninsular a incluir los americanismos. El peruano Ricardo Palma apunta una de las críticas más certeras y fundadas en la situación planteada:

> El lazo más fuerte que hoy nos une a España es el idioma. Y, sin embargo, es España la que se empeña en romperlo, hasta hiriendo susceptibilidades de nacionalismos. Si los mexicanos (y no los *mejicanos*, como impone la Academia) escriben *México* y no *Méjico*, ellos son los dueños de la palabra, ¿qué explicación benévola admite la negativa oficial académica para consignar en el léxico una voz sancionada por 9 o 10 millones de habitantes que esa república tiene? La Academia admite provincialismos de Badajoz, Alba-

cete, Zamora, Teruel, etc., voces usadas por 300 o 400.000 peninsulares, y es intransigente con neologismos o americanismos aceptados por más de 50 millones de seres que el mundo nuevo nos expresamos en castellano.[3]

LOS PASOS DE AVANCE EN EL CAMINO

Tiene razón la salmodiada voz del poeta chileno: los conquistadores y colonizadores españoles «nos dejaron la palabra», con el idioma magnífico que nos legaron, y, con él, toda la cultura que lo nutría. Pero cabe decir que, si en cofres de madera iban los metales de regreso, en las mismas naos, en cofres de papel —que eran los diarios de navegación, las crónicas, las historias, los informes— iban intrusos unos polizontes que se disimulaban en un mar de palabras: *canoa, tomate, bohío*, etcétera.

Colón, al pisar el suelo de la *Hispaniola*, proyecta sobre lo americano su visión europea: oye «ruiseñores» y ve «mastines» que no existían en esas tierras. Pero actúa por similitud.[4] Gradualmente, adaptará su óptica a la realidad que confronta y aprenderá los vocablos indígenas que mentaban nuevas realidades. El 13 de octubre escribe: «Ellos vinieron a la nao con *almadías*, que son hechas del pie de un árbol como un barco luengo, y todo de un pedazo y labrado muy a maravilla [...] en algunas venían 40 y 45 hombres, y otras más pequeñas». Días después, el 26, leemos que, cuando el Almirante menciona nuevamente las embarcaciones o almadías, se le agrega una acotación entre paréntesis, tal vez de mano de Bartolomé de las Casas, que allana: «Estas son las *canoas*». Y Colón adoptará en adelante la voz indígena para su *Diario*: «Vinieron ciertas *canoas* con gentes» (21-XII).[5] De igual manera, apunta que dentro de las casas cuelgan «cosas que son como redes de algodón» (17-X), donde los indios duermen; y el 3-XII asocia ambas novedades: «Vinieron en aquellos días muchas almadías o canoas a los navíos a rcgatear cosas de algodón filado y redes en que dormían, que son hamacas». Y así se pasa de la descripción de la realidad al vocablo conocido, semejante, para designarla y, por fin, apropiarse del término amerindio. Ése es el proceso natural de inclusión gradual de las voces indígenas en nuestra lengua oral y escrita.[6]

Los autores españoles peninsulares del siglo XVI fueron poco afectos a incorporar americanismos en sus obras. En cambio, en el siglo XVII se infiltraron en obras de Lope de Vega, Tirso de Molina, Quevedo y Cervantes.

Entendemos por *americanismo* una palabra o frase o un significado de una palabra o frase propios de Hispanoamérica.[7] El *DLE* nos informa en dos niveles:

> americanismo: 5. Vocablo, giro o rasgo fonético, gramatical o semántico que pertenece a alguna lengua indígena de América o proviene de ella. 6. Vocablo, giro o rasgo fonético gramatical o semántico peculiar o procedente del español hablado en algún país de América.

Como se advierte, por un lado voces autóctonas o amerindias y, por otro, voces y acepciones del español americano, lo que incluye, por supuesto, voces procedentes de la Península.

En estas páginas sólo hablaremos del léxico hispanoamericano, no de otras peculiaridades de la lengua en el continente.[8] La lexicografía, por lo demás, se ha llevado la parte del león en los estudios sobre la lengua española en América.

LA INTEGRACIÓN DEL LÉXICO AMERICANO

En la constitución gradual del léxico americano se articulan varios componentes:

Palabras amerindias o amerindianismos o indigenismos. Voces autóctonas

- Los primeros aportes se dieron a partir de lenguas de culturas menores, las de las islas antillanas donde desembarcó Colón, voces taínas y caribes: *barbacoa, cacique, caoba, carey, hamaca, huracán, liana, maíz, maní, tabaco, caimán, loro, piragua, macana, batata.*
- Luego, lenguas de culturas indígenas más evolucionadas, como la náhualt, del Imperio azteca de México: *cacao, cacahuete, chicle, chocolate, tomate, tiza, tequila, coyote, hule, petate*; la quechua o quichua, del Imperio inca: *cancha, cóndor, choclo, locro, mate, pampa, papa, vicuña, china, quena, palta, puma, yuyo, quincho.*
- Avanzando hacia el sur la conquista, se incorporan aportes del guaraní: *jaguar, ñandú, tucán, ñandutí*; y del mapuche o mapudungún: *laucha, malón, boldo.*

Estos indoamericanismos se refieren, básicamente, a flora *(aje, ceiba, guacamole)*, fauna *(colibrí, tiburón, llama, guacamayo)*, costumbres *(curaca, cultrún, maraca, capanga)* y vestimenta *(chiripá, tipoy, vincha)*.

Los conquistadores, en sus desplazamientos geográficos, difundieron las voces aprendidas en los primeros sitios del descubrimiento y asiento, desde el Caribe hacia el sur del continente.

Palabras de origen extranjero

- Afronegrismos: Es muy inferior su caudal al de los indigenismos, y más reducido el ámbito de uso: al norte, la región caribeña; y al sur, la rioplatense. En rigor, es léxico ajeno a América, pero ésta fue la que lo trasegó al mundo panhispánico: *quilombo, banana, samba, matungo, mucama, tamango, candombe, mongo* («débil»), *chimpancé, mandinga* («demonio»). Esta franja de los afronegrismos es terreno muy incierto, particularmente en lo que hace a las etimologías. Pero hay un haz de ellos que sigue vivo y coleando. Es el caso de *quilombo*, de discutido uso social. La voz *kilombo* proviene de la lengua africana kimbundu, de Angola. Es un afroamericanismo que entró con la trata de esclavos negros en América. Los esclavos fugitivos o *cimarrones*, en Brasil, se reunían en asentamientos en medio de la selva para no ser recapturados. Buscaban sitios ocultos. A estos poblados se los llamó «quilombos». Hoy en Venezuela, se llama así a un lugar de difícil acceso. Estos lugares se dieron entre 1580 y 1710, y alcanzaron notable población, como el Quilombo dos Palmares, que reunía 20.000 personas. Estos asentamientos eran naturalmente ruidosos con las fiestas, batucadas, música de percusión y cantos rítmicos de los negros. De aquí nace la idea de *ruidoso, bochinche, juerga tumultuosa*. Luego, la acepción se desplaza a «situación alborotada, confusión seria y de difícil manejo». La voz adoptada en el portugués del Brasil pasó al español y radicó en esta acepción en Argentina, Uruguay, Paraguay y Bolivia, donde aún mantiene en el orden familiar aquella semántica. No es voz grosera ni procaz. Es de uso coloquial, no formal, claro. Pero en el siglo pasado se la hizo sinónimo de *prostíbulo*. Esto se dio por el hecho de que eran frecuentes las disputas enredadas y ruidosas en el seno de los lupanares, por precios, derechos, muchachas, etcétera. Esta acepción de *quilombo* como «prostíbulo» se ha ido perdiendo en el uso porque han desaparecido esos sitios sustituidos por otros más sofisticados y con designaciones políticamente correctas. Por eso, la voz *quilombo*, en su uso actual, sólo alude a alguna situación confusa, ruidosa, y también problemática y riesgosa. El papa Francisco la usa a nivel conversación coloquial.

- Otras lenguas dan origen a americanismos, como anglicismos: *noquear* (de *knock out)*, *elevador* («ascensor», de *elevator)*, *carro* (de *car)*; italianismos: *cana* («policía»), *laburar* (de *lavorare)*, *manyar* (de *mangiare)*; galicismos: *garzón* («camarero»), *remís, mansarda* («bohardilla»); lusitanismos: *pálpito, casal* («pareja»), etcétera.

Palabras de origen español

- Arcaísmos: Palabras españolas que han perdurado en Hispanoamérica y se han amortecido u olvidado en el uso peninsular; la mayoría de ellas son regionalismos de España (andalucismos, leonesismos, galleguismos, etcétera). Éstos son arcaísmos para España, pero no lo son para los hispanoamericanos que las usan en su habla cotidiana: *cimarrón, bellaquear, ruano, baquiano, morocho, pollera, liviano* («ligero»), *vidriera* («escaparate»), *prolijo* («minucioso»), *retar* («reprender», «reñir»), *afligir* («preocupar»), *pararse* («ponerse de pie»), *panteón* («cementerio»), *abajeño, abarrotar, amarrar* («atar»), *aguaitar, recordar* («despertar»),[9] etcétera.
- Acepciones diferentes generadas en América; cambios semánticos de palabras peninsulares: *saco* («chaqueta»), *vereda* («acera»), *estancia* (no «aposento», sino «establecimiento de explotación rural»), *hacienda* («ganado»), *planchar* («quedarse una mujer sentada sin que sea invitada a bailar»), de vasto uso en Argentina, Uruguay, Paraguay, Bolivia, Venezuela, Perú y República Dominicana. En este sector, se hacen sitio muchos *marinerismos* —no debe olvidarse que gran parte de quienes arribaron a las tierras del Nuevo Mundo eran gente de a bordo—: *arribar* («llegar»: *el tren arriba a las siete)*, *embarcar* (en un tren o en un colectivo), *playa* («playa de estacionamiento»), *abra* («terreno

amplio y despejado»), *punta* («sierra que avanza sobre la llanura», como Ciudad de la Punta, en medio de una meseta, en San Luis, Argentina), etcétera.

Estas resemantizaciones no sólo son históricas, sino que se siguen produciendo en nuestros días. Palabras o frases de origen español con diferente acepción hispanoamericana, por ejemplo: en la Península, *ser un churro* es «ser una casualidad», pero en la región rioplatense es «mujer u hombre atractivos»; *ser un facha* es, en España, «ser alguien que tiene ideas conservadoras de derecha», y en la región rioplatense es «el que alardea con su buena apariencia»; *tener buen saque* es, en España, «ser comilón», pero en América, «la buena jugada de arranque en el tenis o el voleibol», etcétera.

Uno de los capítulos más picantes que el ají, en este sector del trasvase lexicográfico de España a América, es el de las llamadas «palabras malsonantes» (designación poco certera, porque algunas suenan magníficamente al oído, aunque no a la oreja moral). Tal es el caso americano de algunas voces como el verbo *coger*, que no supone «tomar» o «asir», como en la Península, sino que alude al acto sexual. Este uso es difundidísimo, se da en América Central, Argentina, México, Bolivia, Paraguay, República Dominicana, Uruguay y Venezuela. Por ser verbo tabuizado, en todas las naciones en que se usa, se estigmatiza y se sustituye por una rica variedad de formas eufemísticas creativas. Vayan algunos de los muchos ejemplos argentinos: *comer el bollo, darle bomba, darle cran al alacrán, darle de comer al ganso, darle tiza al taco, echarse un palín, echarse un polvo, echarse un talco, enterrar la batata, ir al entierro de tu mejor amigo, mojar el bizcocho, meter el pájaro en la jaula, morder la almohada, revolver el guiso, envainar el sable, hacer el monstruo de cuatro patas*, y un largo etcétera.[10] De igual manera, por sus alusiones subumbilicales, son detenidas en la aduana del uso social *concha*, que alude en América a la vulva femenina, y que jamás podría usarse como nombre de mujer, frecuente en la Península; o el verbo *acabar*, que vale por eyacular o alcanzar el orgasmo, el hombre o la mujer.

- Palabras generadas por derivación de palabras españolas: *paisanada, indiada, bolichero, pulpero, estanciero.*
- Nuevas palabras creadas por hispanohablantes americanos: *ningunear, birome* («bolígrafo», voz hecha sobre el apellido del inventor), *auspiciar, chancletear, copetín, apolillar* («dormir»), etcétera.

Debemos, a esta altura, hacer algunos distingos en el campo de los americanismos.[11] Hay americanismos de origen, la mayoría de ellos, indigenismos y varios afronegrismos que han logrado expansión panhispánica y aceptación en todo el mundo hispanohablante. Es el caso de: *maíz, chocolate, maní, hamaca, cacique, tabaco, bongó, candombe*, etcétera. Esas voces son hoy parte integrante del patrimonio común de la lengua. Por eso podríamos llamarlos «americanismos históricos» pero hoy integran el léxico general en el mundo hispano. Se llama «léxico general» al que es patrimonio común de todas las variedades del español de España y América, voces tales como *casa, amar, cielo*. Se consideran aquellos indigenismos y afronegrismos en el mismo nivel de uso.[12]

De igual manera, se nombra como «americanismos» a voces que mantienen un uso acotado, no panhispánico, referido a toda Hispanoamérica, a determinadas zonas dialectales hispanoamericanas, a regiones internacionales, naciones, regiones intranacionales, provincias o ciudades. Reciben diferentes nombres. Los ordenamientos generales de la materia hispanoamericana dan lugar a los diccionarios de americanismos, con criterios muy disímiles; los ordenamientos nacionales dan espacio a los diccionarios de peruanismos, colombianismos o argentinismos.[13]

También debemos distinguir entre los americanismos *de origen*, muchos de los cuales pueden ser hoy arcaísmos, como es el caso de muchos indoamericanismos; y los americanismos *de uso*, que son los vigentes en la actualidad, sean indoamericanismos u otros. Con el tiempo, los indigenismos americanos han ido reduciendo su presencia en la lengua oral y escrita. Su caudal se ha estrechado en la vida real de nuestra lengua.

Pero, a la vez, algunas voces amerindias se prolongan en derivaciones; por ejemplo, *mate* ha generado: *matear* («beber la infusión de la yerba mate»), *matera* («sitio en la estancia donde se reúnen los peones a matear» y «recipiente en que se portan los elementos para cebar mate»), *mateada* («reunión donde se toma mate»), *mateína* («alcaloide propio de la yerba»);[14] *cacique* y su femenino, *cacica* (que será imitado por *presidenta): caciquismo, caciquear, cacicazgo; chocolate: chocolatada* y *chocolateada* («leche chocolatada» o «reunión donde se toma chocolate»), *chocolatín* («pequeña tableta de chocolate», «golosina»); *macana* («arma indígena consistente en un bastón grueso o especie de masa de madera»), genera: *amacanarse* («ponerse erecto el pene»), *amacanado*; y así parecidamente.

LOS AMERICANISMOS EN EL *DICCIONARIO DE LA LENGUA*

Desde la inclusión de *canoa* en el *Vocabulario español-latino* de Nebrija (¿1495?) al *Diccionario de autoridades* (1726-1739), transcurrieron dos siglos y medio. En el lexicón académico del siglo xviii se les hizo sitio a 127 americanismos.

En un par de libros descriptivos de las conquistas españolas en América (de Perú y Colombia, por ejemplo) en el siglo xvii, se registran léxicos ordenados en glosarios, y alguna «Tabla para la inteligencia de algunos vocablos de esta historia», en la que se aclara: «Vocablos que solo se usan en estas partes de las Indias Occidentales, que se han tomado de algunas naciones de los indios, y para mejor poder entenderse los españoles con ellos en sus tratos los han usado tan de ordinario, que ya los han hecho tan españolizados, que no nos podemos entender acá sin ellos»; lo dice el franciscano fray Pedro Simón en sus *Noticias historiales de las conquistas de tierra firme en las Indias Occidentales* (1627), cuya tabla, que contiene 156 voces, es un glosario que algunos han considerado el primer vocabulario de americanismos presentados en forma más o menos sistemática.

Antonio de Alcedo publica en 1795 un *Vocabulario de voces provinciales o Diccionario provincial de la Isla de Cuba.* En tanto, Juan de Arona publica un *Diccionario de peruanismos* (1876), y desde el título deja de lado la voz *provincialismos,* que habían usado otros diccionarios, como el de Pichardo, en 1836, designación que se estimó desajustada.

Es capital para que haya americanismo el empleo o uso generalizado en Hispanoamérica, más allá de las zonas dialectales. Una realidad es lo que podríamos llamar —y así se ha hecho— «el provincialismo», «el regionalismo», «el nacionalismo», y otra debería ser «el americanismo»: la voz que alcanza una latitud americana de uso. Y, después, aquellos americanismos que se hospedan en el uso de la gran mayoría de los hispanohablantes.

La cuestión es qué está vivo de esta materia lexicográfica en la panhispanidad y qué se ha amortecido o está en extinción.

La voz *americanismo* es incorporada en el *Diccionario de la lengua española,* en la 12.ª edición, de 1884. En su «Advertencia» decía: «Ahora, por vez primera, se han dado las manos España y América Española para trabajar unidas en pro del idioma que es el bien común de entrambas». Y lo ratificaba el guatemalteco Antonio Batres Jáuregui, en *Vicios del lenguaje y provincialismos de Guatemala* (1892):

> Así lo ha entendido la RAE y prueba de ello es que la duodécima edición del *Diccionario* registra palabras mexicanas, platenses, peruanas, etc., bien que en materia tan poco estudiada como esta de los americanismos haya extendido aquel respetable centro alguna vez el uso de un vocablo más allá de los límites regionales, dejan-

do de consignar palabras que buen derecho tenían a hallarse al lado de sus hermanas.

No obstante, la inclusión de voces americanas iba con cuenta-gotas. En cambio, en su *Pequeño Larousse ilustrado* (1940), Miguel de Toro y Gisbert ya incluye más de 12.000 america-nismos. Gradual y espaciadamente, las sucesivas ediciones de los diccionarios académicos los van incorporando a paso de pro-cesión. Pero las labores se acentúan y los ritmos se aceleran: en la edición del *Diccionario de la lengua española*, de la Real Aca-demia *(DRAE)* de 1992, celebrante de los cinco siglos del des-cubrimiento de América, el diccionario mayor contenía 13.758 americanismos, sobre un total de 83.018 voces, es decir, una quinta parte de la totalidad de los asientos. Sin lugar a dudas, la conmemoración del acontecimiento histórico espoleó una más generosa incorporación de voces y frases americanas. Como se advierte, la presencia firme de la materia que nos ocupa va consolidándose, pero sin las anteriores tensiones aguerridas o conqueridoras.

En la última edición del *Diccionario de la lengua española*, de 2014, coincidente con el tricentenario de la fundación de la RAE, el caudal total de entradas del lexicón es de 93.111, de las cuales llevan la marca *Am.* («americanismo») sólo aquellas acep-ciones que consignan su presencia en 14 o más países: es el caso de *abarrotar, abismar, acalambrar, alzado, angurria* («deseo vehe-mente insaciable»), *catear* («allanar la casa de alguien»), *cebiche, chicote* («látigo»), *chiflón* («corriente de aire»), etcétera. Su nú-mero alcanza la cifra de 393 entradas, nos informa don Pedro Álvarez de Miranda. En cambio, las entradas y acepciones de voces americanas de distintos ámbitos son millares.

Junto a aquellos lemas con la marca de *Am.*, figura amplia cantidad de voces cuya presencia se verifica en diferentes zonas geográficas y países. Hay marcas como *Am. Merid.*, *Am. Central*, *Antillas* y *Filipinas*. Otras, por nación, como Argentina: *cace-*

rolazo; Cuba: *calimba* («hierro para marcar animales»); Filipinas: *cayán* («toldo de bambú»); Colombia: *calungo* («perro de pelo enrulado»); Chile: *callana* («reloj de bolsillo»), etcétera. O cubren regiones lingüísticas delimitadas por la ASALE, por ejemplo, la rioplatense, que comprende Argentina, Uruguay y Paraguay: *argolla* («anillo de matrimonio»), *bagayero* («que trafica con objetos robados»), *barrial* («de barrio»), *bostear, azulejo, antipasto, achurar, acoplado, bañadera, bife, aparte, cachada, cajonear, calefaccionar,* el inefable *boludo* (al cual se suma República Dominicana), etcétera. Países de 2 regiones: *carbonada* (Chile y región rioplatense), *candidatearse* («postularse a un cargo», en Chile y Argentina). Hay voces americanas que no alcanzan las 14 naciones pero cubren varios países. Por ejemplo, *cebado* («felino que ha probado carne humana») se da en 9 países; *chacarero*, en 10; *chanchero*, en 11; *calentura* («enojo» y «excitación sexual»), en varios con la misma doble acepción: América Meridional, República Dominicana; *camalote*: Argentina, Costa Rica, Ecuador, Guatemala, Honduras, México, Nicaragua, Paraguay y Uruguay; *carnear* («descuartizar la res para venderla»): Argentina, Uruguay, Bolivia, Chile, Ecuador, México, Nicaragua, Paraguay y Perú. Otras se extienden a menos países —5 o 6— y no alcanzan las 14 de rigor: *bramadero* («poste donde amarran a un animal para domesticarlo o ultimarlo»), *bacán*, con acepciones varias. Y, finalmente, como dijimos, se incorporan voces que son regionalismos de un país (peruanismos, mexicanismos, argentinismos...): *cacerolazo, apolillar* («dormir»), etcétera.

En tanto se trabajaba en la incorporación de los americanismos más relevantes y documentados en el seno del, entonces, *DRAE (Diccionario de la Real Academia Española),* en la Asociación de Academias de la Lengua Española (creada en 1951), se pensó y proyectó la necesidad imperiosa de disponer de un *Diccionario de americanismos* (*DA),* independiente del de la lengua.[15] Tras muchas vicisitudes e intentos fallidos, la magna obra

se concretó en el año 2010, bajo la dirección del laborioso secretario de la ASALE, don Humberto López Morales, y con el
respaldo fuerte, en lo económico, en lo institucional y en lo
técnico, de la RAE. Se trata de un grueso volumen con 2.333
páginas. La obra contiene unos 66.000 asientos —con voces
dialectales de toda América, incluido Estados Unidos— y más
de 120.000 acepciones, y se ha nutrido de todos los esfuerzos de
las publicaciones de las academias americanas y de los trabajos
de lexicógrafos independientes que fueron aportando su contribución, a lo largo de dos siglos, al reservorio común.[16] Esta
valiosísima obra se constituye en el mayor diccionario del español de América.

Y, como dijo el predicador gallego:[17] «Hasta aquí el Evange-
lio. Ahora, cuatro verdades». Disponemos de un cuerpo de
notable riqueza lexicográfica, el mayor al que podíamos aspirar,
contenedor de americanismos: el *DA,* de la ASALE. Pero ahora comienza una labor intensa: extraer de esa inmensa masa
aquellos americanismos más generalizados, los que han ido al-
canzando mayor latitud de expansión de uso, de uno y otro lado
del Atlántico, y estudiarlos calibradamente para darles su inclusión debida en el *Diccionario de la lengua (DLE),* pues es éste el
instrumento al que recurren en primera, y a veces única instancia, los hablantes de la Panhispanidad, y los ajenos a ella; al que
acuden las autoridades en todos los terrenos —educativo, judi-
cial, científico— para dirimir discusiones y pleitos, aclarar las
acepciones y sentidos, etcétera; es el que está en línea para facilitar su compulsa inmediata, el que es de continuo revisado, para
desterrar de él los términos obsoletos, perfeccionar las acepciones e incorporar las nuevas significaciones.

La tarea del equipo del *DLE* es ardua y elogiable, dada la
vitalidad de nuestra lengua. La comisión se ve obligada a «pe-
nelopear» permanentemente, porque debe destejer entradas por
su obsolescencia, o mejorar la definición, o incluir nuevas acepciones, y así parecidamente.[18]

Los americanismos en nuestros diccionarios, como en los loqueros, no están todos los que son ni son todos los que están. En el diccionario príncipe *(DLE)* se está avanzando con firmeza.

Y de nuevo un refrán: el burro no consigue burra por hermoso, sino por cargoso; *y trabajador*, agreguemos, porque la simple insistencia no abre las puertas del *Diccionario*. Esto es capital. Usted no proteste contra la Real Academia si voces destacadas y generalizadas de su país no están en el librote. Porque la responsabilidad primera es de la academia de su patria, que no ha trabajado lo suficiente fundando sus propuestas de inclusión, según el sensato pedido de Zeballos que mencionamos. Hoy, a partir de la Asociación de Academias de la Lengua Española, es labor compartida.

El lexicógrafo americanista debe trabajar de pontonero, hacer de cada vocablo valioso nuestro un pilote en el puente a través del Atlántico, que se vaya vigorizando con el tiempo. El mal americanista es insular y zanjador profesional; vuela los puentes con cultura de campanario de aldea.

En mi país, en el lunfardo, *gigoló* es el hombre que vive de la mujer. La Academia, las academias todas, son mujeres que viven de un hombre: el Pueblo. Pero la relación es contenida: solamente le dan conversación, lo hacen hablar y van tomando de su boca lo conveniente y acertado para provecho de todos.

Pero esa situación se ha complicado en nuestros días. Ayer fue el pueblo quien creaba y expandía voces y expresiones nuevas. Hoy son los medios en línea, en manos de hablantes que desconocen nuestra lengua y se encandilan con formas y dichos que saltan en las redes y que, como casi siempre ocurre, son de vida efímera, como la lengua de los adolescentes. Las nuevas voces se imponen con celeridad y mueren sin alcanzar adultez. El acostumbramiento lingüístico volátil que practican los medios de comunicación con sus audiovisores adopta la misma técnica que nuestro indio pampeano para la doma del caballo. El indio no monta el caballo como hace el paisano criollo. No. Hinca una estaca en tierra, lo ata, y le da vueltas alrededor, le habla, le silba, con una ramita le saca las cosquillas de la verija sensible, le pasa la mano por el lomo y, un día, lo sube y el caballo no corcovea ni se resiste. Se acostumbró al indio, insistente, reiterativo, sobador. Los medios nos acostumbran al uso de voces y expresiones.

Max Henríquez Ureña tituló un interesante ensayo suyo sobre el modernismo, escrito hace décadas: *El retorno de los galeones*, en la intención de señalar que América retornaba algo de lo valioso recibido desde España, con su lengua y su literatura, en las voces de Martí y Darío. Pero esa ejecución marinera de inversión del viaje no comenzó con el modernismo, como él proponía, sino con otros envíos: las palabras americanas, unas propias, otras tomadas de España y revestidas, que se filtraban en las carabelas rumbo a la Península, y buscaban reconocimiento en la Torre del Oro, oro americano verbal.

EL ESPAÑOL SIN TRADUCTORES PARA MÁS DE 500 MILLONES

Raúl Ávila

PARA EMPEZAR

Es un hecho que todos nos comunicamos adecuadamente en español, aunque los hispanohablantes seamos más de 500 millones distribuidos sobre todo en Europa y en América. Por eso resulta básicamente cierto que no necesitamos traductores si no consideramos la variación llamada «connotativa» —la referida a los valores de una palabra que van más allá del objeto mencionado—. En ese sentido, no es lo mismo *platicar* en México, donde es normal, que en Colombia, donde resulta elegante, pues allí y en otros países de Sudamérica se prefiere *conversar*, que en México suena elegante. Tampoco es lo mismo *charlar* en el español europeo, pues en uso coloquial significa hablar mucho y sin base, que en el americano, donde se siente elegante. Tampoco es igual decir *camión* en Ciudad de México («vehículo en el que viajan personas», entre otras acepciones), que en España, donde no se usa para el transporte de la gente. Para acabar pronto, no es lo mismo connotativamente *acera*, *andén* (Colombia), *vereda* (Uruguay), *escarpa* (zona maya en México) o *banqueta* (Ciudad de México): cada palabra tiene su espacio. La más general, en este caso, es *acera*, que parece que se entiende en todas partes, aunque en algunos lugares suene elegante.

En fin, si no consideramos los objetos perceptibles (los que se pueden ver, oír, oler, saborear o tocar), en los cuales puede haber muchas diferencias en cuanto a su denominación —las palabras que se usan para nombrarlos—, sino únicamente los no perceptibles (los que no se pueden ver, etcétera), las diferencias son menores, aunque las hay. Por ejemplo, *lambón* se usa en Colombia para lo que en México se dice «lambiscón» y en España, «adulador», palabra que se comprende en todos los países hispanohablantes —según creo—, pero que en muchos de ellos se siente rebuscada.

En todo caso, en el español internacional, dado que las referencias son normalmente a objetos no perceptibles, no necesitamos traductor. En mis investigaciones he señalado que apenas 20 de cada 10.000 palabras gráficas son *marcadas* o de uso no general. Esto indica que, en el ámbito internacional, reitero, no hace falta un traductor. De todas formas, conviene que los responsables de los medios tengan presentes las posibles variaciones que pueden ocurrir. Véanse los ejemplos que ofrezco a continuación.

ESPAÑOLISMOS Y MEXICANISMOS

Un caso curioso es el de *salpicadero*, que en el español occidental (americano) equivale al *tablero* americano (donde van los instrumentos de navegación de un vehículo, como un automóvil). Resulta que los antiguos coches tirados por caballos tenían una tabla donde se ponían los pies para evitar que fueran salpicados por el barro. Esa tabla que evitaba las salpicaduras se llamó «salpicadero» en el español oriental o europeo (tomo el meridiano 30°, que divide el Atlántico y el español en oriental o europeo y occidental o americano). Resulta que, cuando la tabla subió hasta el lugar donde van los instrumentos en los vehículos actuales, en América se llamó «tablero» y en Europa «salpicadero», palabra que, sin duda, confundiría a los hispanohablantes americanos, pues pensarían que hace referencia al área del vehículo que sirve para evitar el fango o barro.

El sésamo de España en Hispanoamérica en general se conoce como *ajonjolí*, palabra de origen árabe que también se ha
recogido en España, en alguna zona de Andalucía. Por supuesto, todos los hispanoamericanos dicen «¡Ábrete, sésamo!», la
famosa frase del cuento de Alí Babá. Supongo que no se abriría
la puerta si uno dijera «¡Ábrete, ajonjolí!».

Tampoco funcionaría la palabra española *cerilla*, pues en México significa «lo que se saca de las orejas, de color amarillento»,
o sea, el «cerumen» español y no el «cerillo» mexicano. En cambio todo el mundo entendería *fósforo* —supongo que también
en España—. Quizás por eso, una compañía mexicana pone en
las cajetillas «fósforos» con letras grandes, aunque, si uno revisa la cajetilla, encuentra que dice, con letras pequeñas: «Hecho
en México. Compañía *cerillera* La Central» (cursivas o itálicas
mías).

Los ejemplos abundan. En el español americano, si alguien
escucha algo como «Juan y Amelia se fueron a dormir en (o *al*)
piso», como dirían en España, piensa de inmediato que son
animales, y no en el *piso* español, que es «el departamento o apar-
tamento de un edificio», a pesar de que haya sólo (mantengo el
acento) uno por piso. Más ejemplos: en México se prefiere *clí-
nica* frente al *ambulatorio* español, *consultorio* y no *box*, como
decían los diferentes sitios de consulta de un hospital universitario de Alcalá de Henares donde, por cierto, el servicio era
excelente, tras pasar por los diferentes *boxes*.

Si en México —para no generalizar— uno lee que «desvela-
ron la estatua del héroe», queda por lo menos sorprendido, pues
no se le ocurre que alguien pueda hacer que una estatua no
duerma: *desvelar* en México significa «trasnochar», «pasar la
noche en vela». Cuando uno lee «[A Sófocles] estos versos de
Edipo en Colono lo *desvelan*», advierte finalmente, con ayuda del
diccionario, que «lo muestran», «lo exhiben». Por eso, cuando se
hizo un informe redactado por españoles y mexicanos, se evitó
el *desvelar* y se optó por *descubrir*.

Es posible añadir más *españolismos*, que los hay, como en los siguientes ejemplos que cito de un libro de Van Doren, del cual también tomé el ejemplo de Sófocles. *Ralentizar*: «Los romanos y los cartagineses lucharon por la hegemonía mediterránea en tres guerras que se conocen como guerras púnicas, que *ralentizaron* el crecimiento de ambas civilizaciones»; «Una *peonza* (trompo pequeño o perinola en México) lanzada continuaba dando hasta que la *ralentizaba* la fricción de la superficie sobre la que giraba su punta». En México leemos a veces «al ralentí», y lo interpretamos, de nuevo con la ayuda del diccionario, como «la puesta en punto muerto, o en marcha mínima de un vehículo». Por cierto, el *Diccionario de la lengua española* de la Real Academia Española no indica que *ralentí* sea un españolismo.

Otros ejemplos son *patata*, en España, frente a *papa*, en América, de donde —por cierto— es originario ese tubérculo: *patata* pudo haberse formado de un cruce de papa con batata, y de allí pasó al inglés *potato*.

El españolismo *mechero* es cada vez menos frecuente, en España, que el americanismo *encendedor*, palabra que va ganando terreno poco a poco, sobre todo por los rumbos de Andalucía. También es de uso general en América *canotaje* frente al *piragüismo* del español europeo.

Afortunadamente ya se ha iniciado una corriente de diccionarios integrales nacionales, diccionarios que incluyen palabras patrimoniales como *así, dedo, frente*, más palabras de uso nacional, como *falencia* («carencia», en el diccionario integral argentino) o *talacha* («arreglo sencillo de un vehículo») en el mexicano.

Como era de esperarse, en los países hispanoamericanos también hay peculiaridades. En México la pronunciación de la letra *x* causa problemas incluso a algunos mexicanos. Un lugar muy conocido, *Xochimilco*, se pronuncia /sochimílko/, pero la calle de *Xola* suena /shóla/, frente a *México* y *Oaxaca*, donde se escucha como jota: /méjiko/ y /oajáka/; y el pueblo de *Necaxa* suena /nekáksa/, lo que hizo a un investigador advertir que en México a veces la letra *x* también suena como /x/, es decir, como /ks/ en la palabra *examen*. Y aún se siguen mencionando los *toreros* que *torean* a las autoridades cuando esconden sus mercancías ilegales, mercancías que, por cierto, han cambiado. Y en México también sigue vigente lo que mencionaba Ángel Rosenblat, un lingüista argentino-venezolano: *Abusado, joven, no deje sus petacas en la banqueta porque se las vuelan* (traducción: «Póngase listo, señor, no deje su equipaje sobre la acera porque se lo roban»). Sin embargo, hasta este día no he visto en la ciudad de México letreros como los que menciona Rosenblat: «Prohibido el estacionamiento a materialistas en lo absoluto». Si uno fuera filósofo, comprendería que es natural que los materialistas no se estacionen en lo absoluto, porque si lo hicieran no serían materialistas. Pero ése no es el significado. En realidad, el letrero indicaba que se prohibía el estacionamiento a los camiones que transportaban materiales de construcción. Y aún se mantiene en la ciudad de México la expresión *estar endrogado*, por «tener deudas»; y el famoso *orita* que confunde incluso a algunos mexicanos, pues tiene el sentido de «esperar un poco». Basta imaginar un cruce de calles: si alguien dice *orita*, uno imagina que puede pasar en ese instante, pero no... hay que esperar a que nos digan *orititita* o algo parecido, así que no hay que fiarse del *orita*.

También le confundía a Rosenblat la expresión *su casa*. A mí una vez un señor me dijo: «Estoy construyendo *su casa* cerca de aquí». Le contesté que mejor me llevara a *mi casa* para ver si decidía hacerle algunos cambios. Más confusa aún es la expresión esa de *Lo invito a una comida en su casa*, pues si uno es, por ejemplo, chileno, entenderá que la rara invitación en la casa de uno es para una comida nocturna, pero lo más extraño es que los mexicanos se atrevan a invitarse a la casa de alguien. Veremos a continuación algunos ejemplos por ciudades.

CARACAS

Como no conozco un diccionario integral de Venezuela, no me atrevo a decir que los ejemplos que siguen son de todo el país. En cambio, están consignados para Caracas en Internet (https://www.pinterest.es/pin/438256607467187440/?lp=true, junio, 2018) los que menciono a continuación.

En esa ciudad uno puede *echarse unos palos*, es decir, «tomarse unas copas», con una persona, lo que en México jamás se diría en público, porque *echarse un palo* significa, en uso coloquial, «copular». También coloquialmente, los hombres, cuando van a orinar, dicen que van a *cambiarle el agua al canario*. En esa misma ciudad, *darle más vueltas que un trompo* a un asunto equivale a «no ir directamente al tema o al problema». Como señalaba Rosenblat hace ya más de 50 años, aún se dice *musiú* como tratamiento, en lugar de *señor*, y hasta ahora tiene sentido *coje el flux y guíndalo en el escaparate*, que citaba Rosenblat, y que significa «toma el traje y cuélgalo en el ropero o armario». Entre las nuevas expresiones que se dicen en la ciudad están *rutero*, que es «el que propone caminar por la ciudad para conocerla». Los domicilios de los caraqueños, sobre todo de los que viven fuera de la ciudad, requerían casi una novela para llegar sin perderse. Se escuchaba algo como *Quinta Amelia, por la avenida Bugambilia, hasta la calle Camelia…* y seguía la descripción.

En la misma ciudad, un *jalabolas* es una «persona que busca halagar a otra de manera exagerada». Un caraqueño escribe que viene de la época de los presos, a los cuales les ponían en los tobillos grilletes con una cadena que, al final, llevaba una bola de hierro muy pesada. Un jalabolas en esa época ayudaba a un preso a llevar las bolas.

Si alguien *se cae a palos* es que «bebió mucho alcohol», o mucha *curda* o «cerveza» y sería mejor que *se echara un camarón*, o sea, «una siesta», para que no *esté arrecho* o «molesto». Porque *un palo* es una «bebida alcohólica», como se dijo antes. Y no se puede olvidar la famosa *catira* o «rubia», pues como sabemos hay una novela muy conocida con ese nombre.

BOGOTÁ

En esa ciudad los estudiantes empezaban una conversación con un profesor de edad madura hablando de *tú*. Ya en confianza, a esa misma persona le hablaban de *usted*. En las calles hay establecimientos con letreros del tipo «Peinados modernos. *Siga*», lo que indica que uno «puede pasar», y no que pase de largo. En la mañana, a la hora del desayuno le pueden preguntar a uno si *le provoca un tinto*, lo que no significa un vino tinto, sino «un café fuerte». Y parece que en toda Colombia llaman «mona» a una mujer rubia o que tiene el pelo rubio.

En las calles del centro de la ciudad a veces uno se encuentra con algunos *cuentacuentos* que dan ganas de escucharlos y verlos durante mucho tiempo, por lo menos el que yo conocí, que incluso imitaba a la gente del público con mucha gracia.

En esa ciudad alguien está *achajuanado* cuando está fatigado, por ejemplo por el calor. Alguien *descalzurriao* lleva sus pantalones por debajo de la cintura, supongo que se refiere sobre todo a las mujeres. La *pola* es la «cerveza», y el *guaro*, «el aguardiente» que uno bebe cuando *se va de rumba* o «de fiesta», o «se besa con alguien», como cuando uno dice *¿Te rumbeaste con Cecilia?*

Cuando uno se va de un lugar porque puede haber problemas, *se abre*: *Yo me abro de aquí* para no *cascar* o «pelearse» con alguien, expresión que, por cierto, se usa o se usaba en España, en el nivel coloquial. Algo *bacano* es algo «muy bueno», pero cuando está mejor aún se prefiere decir «chimba» o «Qué rechimba».

LIMA

En esa ciudad, *cachaco* se usa para referirse en forma despectiva al «policía» o al «soldado». La *carca* es la «mugre que queda en la piel por desaseo». Las *cacharpas* son las «cosas de poco valor», o la «ropa vieja». Pero si uno va sin ropa, va *calato*, palabra muy característica de esa ciudad y del país.

El nombre popular de la pipa que se usa para fumar tabaco es el de *cachimba*. El que vende diarios por las calles es el *canillita*. Y seguramente en los periódicos se lee sobre lo descuidado y desaseado que está el *camal* o «rastro», pues no se preocupan por eso los *camaleros* o «matarifes» del lugar. Se le dice «caracha» a la sarna de los animales, que a veces se presenta también en las personas. Y se conoce como «carpeta» al mueble de los salones de clase que en otros lugares se llama «pupitre».

El *caporal* es el «jefe de los peones o los vaqueros», de acuerdo con su significado original, pero en Perú también es el «jefe de un grupo de reclusos» o «un vaso grande para tomar alguna bebida» como la chicha. Se usa *armada* para indicar una «deuda a plazos o cuotas». Y se le dice «borrado» al que está picado de viruelas.

SANTIAGO DE CHILE

El *patas negras* —expresión coloquial— es el «amante de una mujer». Se dice que le llaman así porque entraba en calcetines por el jardín para meterse por la ventana, y por causa de la tierra se le ponían negras las *patas* o «pies».

El *pololo* es el «novio de la *pololas*». Una *guagua* es un «bebé aún de brazos», y no un «autobús» como en Cuba. Por cierto que una vez, cuando me subí a una *liebre* o «bus pequeño», sorprendí a dos jóvenes que decían: «Pague usted, mi perrito *choco*», «No, mejor pague usted, mi perrita *choca*»; a lo que el conductor de la liebre, molesto porque estaba perdiendo el tiempo, replicó: «¿Cuál de los dos *quiltros* va a pagar?». El *quiltro* es un «perro corriente, callejero», y según la comparación, parece que *choco* es un adjetivo halagador.

Una vez en Santiago pregunté sobre un polvo que estaba en un gran recipiente de vidrio. «¿Qué es?», dije, y obtuve como respuesta: «*¡Chuchoca* pus!», por lo que me quedé como al principio, pues ignoraba qué era la *chuchoca* y para qué servía. Ahora sé que es un «polvo o sémola de maíz tierno» o *choclo* que se usa para diferentes guisos. Por cierto, en esa ciudad suena pedante decir «juzgado»: hay que decir /juggáo/, pero si uno lo dice de manera normal suena como /jujáo/.

En Santiago contaban que un señor fue a una *botillería* («lugar donde venden vinos») y le preguntaron: «¿De cuál quiere? ¿Tinto o blanco?», a lo que contestó: «Da lo mismo, si es pa'l cieguito de la esquina». Y en esa ciudad, una mujer puede decir «¡miéchica!», eufemismo por *mierda*, palabra que suena demasiado fuerte.

Recuerdo, de paso, que en Santiago de Chile la división de los alimentos es *desayuno-almuerzo-once-comida*, aunque sí hay cena, cuando es formal, como la de Navidad. Y por cierto, *once*, según me dijeron en Santiago, es un eufemismo para no decir «aguardiente», palabra que tiene 11 letras, aunque en esa ciudad *las once* es lo que se conoce en otros lugares como la merienda, lo que se toma a media tarde, lo que no necesariamente es aguardiente.

Otra división que hacen en Santiago de Chile es la de *ampolleta-ampolla-ampoa* (o *vejiga*), que equivale en México a *foco-ampolleta-ampolla*, es decir, a *bombilla-ampolla* en España, donde el último término parece abarcar tanto *ampolleta* como *ampolla*.

BUENOS AIRES

De nuevo con la ayuda de Rosenblat, menciono a continuación lo que él recogió en esa ciudad. Cuando iba a visitar a un amigo, le dijeron: «Cache el *bondi*», o sea, que cogiera el «tranvía». Y continúa con esta conversación que recogió entre unos jóvenes:

—Che, ¿sabés que me *bochó* en francés el *cusifai?* («Me suspendió en francés el tipo ese»).
—¿Y no le *tiraste la bronca?* («¿No te peleaste?»).
—¡«Pa» qué! ¡Me hice el *otario!* («No me importó»). En cambio, *me pelé* («obtuve») un 10 *macanudo* («sensacional»).
—¿En qué?
—En «cahteyano».

Por cierto, los argentinos que vienen a México regresan complacidos con sus compras de *cajeta*, dulce mexicano de leche quemada que en su país hace referencia al órgano sexual femenino y que en Argentina exhiben en casas y oficinas con el letrero muy visible.

LA HABANA

Cuba y Chile —dicho sea de paso— son para mí, no sólo desde el punto de vista geográfico, sino también lingüísticamente, los dos extremos de la hispanidad en América. En la ciudad de La Habana todo lo que va encima de la camiseta con mangas se conoce como *abrigo*, pues hace mucho calor. Por eso no distinguen entre diferentes tipos de medias, como en otros países: todo lo que cubre el pie, cuando eso sucede, lo que es raro, lleva ese nombre. Para caminar por las calles de Centro Habana es necesario tener un *acere* (un «amigo») que nos acompañe y que, si es necesario, nos traduzca palabras como *singar*, que es «grosera», equivalente a la palabra mexicana *chingar*, que tiene muchas acepciones; o frases como quedarse «en la calle y sin *llavín*», que significa quedarse «fuera» (sin *llavín* o «llave de la puerta») de algo que se considera importante. Otra frase, que en este caso se usa para referirse a un enfermo muy grave, es que a ése «no lo salva ni el médico chino».

En Cuba el dinero que dan a los cubanos se considera *piyama*, pues sólo sirve para comprar el pan o algunas verduras. Si uno va a un *paladar* o «restaurante» que no sea propiedad del Estado, necesita pagar en pesos cubanos convertibles o CUC, que equivalen a un dólar estadounidense menos un cierto porcentaje.

CIUDAD DE MÉXICO

Además de lo que escribí antes, añado que en Ciudad de México *coger* es una palabra prohibida, equivalente al españolismo *follar*, o tener relaciones sexuales. Sin embargo, adecuadamente contextualizada, se puede usar. Una señora que va por su hijo menor de edad a la escuela, puede decirle algo como «¡Niño! *¡Coge* tu mochila y vámonos!».

En esa ciudad a la gente le puede *dar coraje* cuando está molesta porque algo no salió como esperaba. No se dice, o muy poco, que a alguien le va a *dar rabia* para referirse a la ira o el enojo, porque la palabra *rabia* sólo se usa para una enfermedad que se nota sobre todo en los perros. También la gente puede, como en España según el diccionario, *abarrotar* un lugar cuando lo llena en exceso: «El cine estaba *abarrotado*, por lo que tuvimos que sentarnos en las primeras filas». No obstante, según parece, la tienda de *abarrotes* sólo se usa en el español americano. En Ciudad de México utilizan una frase que dice «Así es el negocio del *abarrote*», en el cual a veces le va a uno bien y a veces mal.

En los restaurantes pequeños, conocidos como *cocinas económicas*, y donde se ven las ollas con los guisos, es necesario hablar con alguna mesera, pues casi nunca hay menú. En esos lugares es frecuente encontrar el uso o abuso de diminutivos, que en realidad son formas afectivas. Allí uno puede oír una conversación como: «¿Le sirvo su *arrocito* con su *huevito*? ¿Y el *caldito*? ¿Lo quiere *picosito* o le traigo la *salsita* aparte?». No cabe duda: en Ciudad de México los alimentos se tratan con cariño.

Los tratamientos son únicamente *usted*, de respeto o lejanía, y *tú*, de intimidad o cercanía, y no hay más. Por eso cuando uno va manejando por Ciudad de México no es una sorpresa, en el caso de un accidente, que el conductor del otro vehículo le diga a uno «*¡Enséñate* a manejar!», con un tuteo que busca degradar al otro, *ningunearlo*, como se dice, para hacerlo menos.

PARA TERMINAR

Si uno escucha la televisión o la radio —sobre todo de alcance internacional—, encuentra muy pocos regionalismos: unos 20 por cada 10.000 palabras gráficas. En ese sentido se justifica sobradamente la idea del español sin traductores, lo mismo que cuando uno lee anuncios o incluso páginas de Internet. Justo esos medios son los que están dando unidad a la lengua española en América, y debería hacerse lo mismo en el español europeo: escuchar, como cuando Luis Buñuel hizo las películas *Los olvidados,* en México, y *Viridiana*, en España, las dos grandes variantes de la lengua española: la mexicana y la española, respectivamente. Como hemos visto, en los términos con referentes no perceptibles el problema casi no existe. En cambio, en las voces que refieren a objetos perceptibles hay algunos casos que deben enfrentarse *in situ*, en el lugar donde se encuentra la cosa.

Y si acaso hay una ley que obligue en España a *traducir* al castellano todo lo que llegue, debería derogarse. De otra manera podríamos decir que la separatista es España, y que la unidad de la lengua española se presenta en el español americano y no en el europeo. Porque, fuera de la distinción entre la *z* y la *s*, que

ocurre sólo en el norte-centro de España, el idioma es prácticamente el mismo, con las inevitables diferencias connotativas a
las que me he referido antes. Esperemos que entre el español
oriental y el occidental no ocurra lo que alguna vez dijo G. B.
Shaw de Gran Bretaña y Estados Unidos, que eran dos países
separados por el mismo idioma. Esperemos que ese idioma español continúe sin necesidad de ser traducido para los más de
500 millones que lo hablamos cotidianamente. Ese idioma que
nos acompaña desde la cuna hasta el cementerio, ese idioma
con el cual pensamos, soñamos, amamos, discutimos y nos po-
nemos de acuerdo: ese idioma que nos permite comunicarnos
en Europa y en América entre 500 millones de hispanohablantes.

LA LÍRICA ALIMENTA EL IDIOMA
LABRANDO LA MISMA TIERRA

Rosa Navarro Durán

Un hecho trascendental que acaeció en 1492 daría un nuevo sentido a la palabra *Renacimiento* con la que se califica en España a la creación artística del siglo XVI: Colón llegó a un Nuevo Mundo, de tierras desconocidas en Europa. Los españoles llevarían allí su lengua, y sería ella la que recibiría en ese continente la vitalidad que hoy la ha convertido en la segunda en hablantes del mundo; viviría en él un auténtico renacer, que se reafirma e intensifica día a día. Pero el español no sólo es un idioma hablado por millones de personas, sino también una lengua muy rica.

El humanista sevillano Francisco de Medina decía, en el prólogo a las *Anotaciones* de Fernando de Herrera a la poesía de Garcilaso (1580), que nos había caído en suerte «una habla tan propia en la significación, tan copiosa en los vocablos, tan suave en la pronunciación, tan blanda para doblarla a la parte que más quisiéremos...»;[1] pero él se lamentaba de que se dejaba perder ese tesoro de nuestra habla por el desconocimiento del arte de la elocuencia, por la falta de buenos escritores que la alzaran hasta el lugar que le correspondía, y señalaba como excepción a ambos poetas, Garcilaso y Herrera. Y razón tenía en afirmar que el uso de una lengua no lleva a ese instrumento a su perfección, sino que es el estudio el que lo logra; y para ello disponían ya entonces del arraigo de un invento que revolucionó la transmisión del conocimiento: la imprenta.

Como Francisco de Medina alaba a Garcilaso de la Vega diciendo de sus obras que «las sentencias son agudas, deleitosas y graves; las palabras propias y bien sonantes [...]; el arreo de toda la oración está retocado de lumbres y matices que despiden un resplandor nunca antes visto...»,[2] voy a empezar en él un breve recorrido por la lírica, el género donde las innovaciones de los grandes escritores suelen ser más osadas y, por tanto, llevan a la lengua a lugares insospechados y deslumbrantes.

LA LÍRICA, ENRIQUECEDORA DEL LENGUAJE

A principios del siglo XVI tuvo lugar un cambio transcendental en la lírica española, y fue gracias a una conversación entre el embajador veneciano Andrea Navagero y el catalán Juan Boscán, en las tornabodas del emperador Carlos V y su prima Isabel de Portugal en Granada. Como el poeta cuenta en la epístola a la duquesa de Soma al dedicarle el segundo libro de sus poesías, «tratando con él en cosas de ingenio y de letras, y especialmente en las variedades de muchas lenguas, me dijo por qué no probaba en lengua castellana sonetos y otras artes de trovas usadas por los buenos autores de Italia».[3] Y así lo hizo, pero además se lo contó a su amigo, el toledano Garcilaso de la Vega, que lo animó a seguir tal camino, y él mismo también decidió hacerlo. Una conversación y dos amigos transforman la lírica española, porque uno de ellos, Garcilaso, era un poeta genial y se convertiría en el guía a quien imitar para los poetas de la Edad de Oro; así inicia un soneto, en cuyos cuartetos describe la belleza del rostro (o «gesto») de la dama en su plenitud primaveral: «En tanto que de rosa y azucena / se muestra la color en vuestro gesto...».

La lírica se convierte entonces en el lugar de enriquecimiento de la lengua romance, del español, porque los escritores son conscientes de que son ellos los que tienen que perfeccionarla, pues debe ser limada, pulida, para lograr poner de manifiesto su belleza y llevarla a alcanzar la altura del latín, que hasta entonces había sido la lengua de cultura. Son dos los caminos para hacerlo: la lectura de los grandes escritores grecolatinos e italianos para poder imitarlos, y el dominio del arte de la elocuencia, el ornato de la elocución. Y vamos a asistir a una empresa colectiva de creación consciente: los poetas están forjando con sus creaciones un instrumento de expresión. De tal forma que, ahondando en ese arte de la dificultad —porque en la dificultad está el placer, como dijo Platón—, van a lograr alzar la lengua romance a la perfección de la latina. Así lo dice Góngora al hablar de su poema más ambicioso y difícil:

> Eso mismo hallará vuesa merced en mis Soledades, si tiene capacidad para quitar la corteza y descubrir lo misterioso que encubren. De honroso, en dos maneras considero me ha sido honrosa esta poesía: si entendida para los doctos, causarme ha autoridad, siendo lance forzoso venerar que nuestra lengua a costa de mi trabajo haya llegado a la perfección y alteza de la latina.[4]

No hay ambigüedad en lo que dice Góngora: gracias a él, el español puede equipararse al latín. Y el comienzo de la *Soledad primera* es una perfecta demostración de la cima del arte de la dificultad, del dominio de la retórica. Para entenderlo el lector tiene que saber mitología: Júpiter es el mentido robador de Europa, porque para raptar a la ninfa adopta la forma engañosa de un toro; y es el signo de Tauro el que preside el firmamento en la estación florida, en la primavera, descrito en forma celeste, con los cuernos o «armas de su frente» como media luna, mientras es «todo el sol» con sus rayos el fundido en su pelo:

> Era del año la estación florida
> en que el mentido robador de Europa
> (media luna las armas de su frente,

> y el Sol todo los rayos de su pelo),
> luciente honor del cielo,
> en campos de zafiro pace estrellas,
> cuando el que ministrar podía la copa
> a Júpiter mejor que el garzón de Ida,
> náufrago y desdeñado, sobre ausente,
> lagrimosas de amor dulces querellas
> da al mar...[5]

El verso «luciente honor del cielo» es traducción de otro de Horacio *(lucidum caeli decus...)*, y el cielo azul se ve como «campos de zafiro» porque el Toro pace estrellas en él. Luego aparece el protagonista, el joven peregrino, «náufrago y desdeñado» —se une el desvalimiento de su cuerpo al de su alma—, que dirige al mar sus lamentos, y éste, contraviniendo a su naturaleza sorda, se va a compadecer de él; se le compara por su belleza a Ganimedes, «el garzón de Ida», al que raptó Júpiter tomando la forma de un águila y se lo llevó al Olimpo, donde, copero de los dioses, le sirve la ambrosía. Es un ejemplo clarísimo de cómo la lengua poética que se crea a lo largo de la Edad de Oro sólo puede ser paladeada por unos pocos, aquellos que comparten los conocimientos de sus creadores y que son, por tanto, capaces de gozar del placer de la dificultad. Como dice Menéndez Pidal: «Como el autor se proponía, el ánimo del lector se siente atraído hacia las emociones de la emboscada y del salir con bien, por entre las asechanzas del decir encubierto: se engolfa en el placer descubridor».[6]

Sólo unos pocos podrán hacerlo, y entre ellos estuvo una grandísima creadora: la mexicana sor Juana Inés de la Cruz. En 1692 se imprime en Sevilla el segundo tomo de sus obras que incluye el *Primero sueño*, y su comienzo muestra ya claramente lo bien que ha leído al poeta cordobés y cómo ha aprendido su técnica, que ella enriquece con sus conocimientos y con su arte.

Vemos así la sombra que, amenazadora, se alza hasta el cielo:

Piramidal, funesta, de la tierra
nacida sombra, al cielo encaminaba
de vanos obeliscos punta altiva,
escalar pretendiendo las estrellas;
si bien sus luces bellas
—exentas siempre, siempre rutilantes—
la tenebrosa guerra
que con negros vapores le intimaba
la pavorosa sombra fugitiva
burlaban...[7]

Esa oscura lucha, «tenebrosa guerra», entre la sombra amenazadora nacida de la tierra, en forma de pirámide, que es punta altiva de vanos o huecos «obeliscos» y pretende llegar hasta las estrellas, y las luces de los astros es la originalísima creación de sor Juana, que bebe palabras en Góngora, en Lope («este monte, pirámide, obelisco...»),[8] pero que construye su propio camino desde su saber y sensibilidad. Belleza y dificultad aquí y allá; y el puente que une ambas orillas es la lengua pulida por los grandes artífices, sea Luis de Góngora o sea sor Juana Inés de la Cruz.

Los poetas habían alcanzado tal cima de dificultad que no podían ya proseguir por ese camino; había que buscar otro lugar para seguir enriqueciendo la lengua literaria, dignificando el español, porque ésa es la tarea —consciente o no— de los grandes creadores.

Y llegamos al siglo xix, cuando los románticos funden vida y poesía; Gustavo Adolfo Bécquer será quien mejor exprese la lucha del poeta con la lengua para lograr plasmar lo que siente, las sensaciones que quiere trasladar, así lo dice en una de sus *Rimas* publicada en 1866:

Yo sé un himno gigante y extraño
que anuncia en la noche del alma una aurora,

y estas páginas son de ese himno
cadencias que el aire dilata en las sombras.

Yo quisiera escribirlo, del hombre
domando el rebelde, mezquino idioma,
con palabras que fuesen a un tiempo
suspiros y risas, colores y notas...[9]

La palabra es la que viste lo que el creador piensa, lo que siente:

> Por los tenebrosos rincones de mi cerebro, acurrucados y desnudos,
> duermen los extravagantes hijos de mi fantasía, esperando en si-
> lencio que el Arte los vista de la palabra para poderse presentar
> decentes en la escena del mundo.[10]

De esta manera comienza el prólogo del poeta sevillano al *Libro de los gorriones*, su «Introducción sinfónica»; el arte modela la palabra, pero ésta tiene sus exigencias, porque pertenece a un lenguaje con reglas.

Esa sinfonía musical sonará con una fuerza inmensa 22 años después, en 1888, en los relatos y poemas de *Azul*, del gran poeta nicaragüense Rubén Darío. Y como homenaje a Góngora —y al grandísimo pintor Velázquez—, transcribo el primer soneto de su «Trébol», de 1899, publicado en *Cantos de vida y esperanza, los cisnes y otros poemas* (Madrid, 1905), en donde se funden luces y sones, armonía y destellos, porque en él Rubén Darío pone su palabra en boca de Góngora y habla al genial pintor:

*De D. Luis de Góngora y Argote
a D. Diego de Silva y Velázquez*

Mientras el brillo de tu gloria augura
ser en la eternidad sol sin poniente,
fénix de viva luz, fénix ardiente,
diamante parangón de la pintura,

de España está sobre la veste obscura
tu nombre, como joya reluciente;
rompe la Envidia el fatigado diente,
y el Olvido lamenta su amargura.

Yo en equívoco altar, tú en sacro fuego,
miro a través de mi penumbra el día
en que el calor de tu amistad, Don Diego,

jugando de la luz con la armonía,
con la alma luz, de tu pincel el juego
el alma duplicó de la faz mía.

En 2004 lo comenta Antonio Carvajal, el poeta granadino de oído musical exquisito y que se sabe muy bien a Góngora y a Darío:

> Darío se muestra excelente lector de Góngora, del que toma uno de los rasgos más difíciles de imitar: la abundancia de conceptos, sin desdeñar los más fáciles, por evidentes: los hipérbatos, los paralelismos antitéticos, los símiles y metáforas audaces y algún cultismo. La abundancia de conceptos salta al oído por la abundancia de acentos: a más palabras tónicas, mayor carga semántica (lección de don Luis que pocos han escuchado).[11]

Desde esos siglos en que el español unió con un puente las dos orillas del océano, poetas de ambos continentes han seguido innovando con sus creaciones, y seguirán labrando esa misma tierra, su lengua común. Y para cerrar ese brevísimo apunte, voy a elegir un par de ejemplos más, los dos de la tercera década del siglo pasado.

En 1922 se publica un libro hermético, bellísimamente conmovedor, *Trilce,* del peruano César Vallejo, que sigue siendo hoy experiencia viva para el lector. Esta sucesión de paradojas des-

tructoras que traslado como ejemplo nos sumergen plenamente en su atmósfera:

> Todos los días amanezco a ciegas
> a trabajar para vivir; y tomo el desayuno,
> sin probar ni gota de él, todas las mañanas.
> Sin saber si he logrado, o más nunca,
> algo que brinca del sabor
> o es solo corazón y que ya vuelto, lamentará
> hasta dónde esto es lo menos...[12]

Y entre 1929-1930 el granadino Federico García Lorca com-
pone —él mismo lo dice— *Poeta en Nueva York*, y como lema
escoge dos versos del sevillano Cernuda, «Furia color de
amor, / amor color de olvido», de «La canción del oeste» (*Un
río, un amor*, 1929). Aquí está una tesela del mosaico en el que
dibuja Federico la Navidad en el Hudson:

> El mundo solo por el cielo solo.
> Son las colinas de martillos y el triunfo
>   [de la hierba espesa.
> Son los vivísimos hormigueros y
>   [las monedas en el fango.
> El mundo solo por el cielo solo
> y el aire a la salida de todas las aldeas.[13]

Las palabras no están donde se espera que estén, las imágenes
son irracionales, los colores de los sentimientos son insólitos,
recién nacidos; pero ni esas palabras en lugares inesperados ni
ese sentir en donde asoma lo inefable, porque se ha roto la expresión lógica, pueden ya olvidarse. Son patrimonio común de
todos los hablantes de español. Y sí, pueden traducirse, pero los
sones son otros, porque la lengua se queda siempre con algo
—mínimo tal vez— que es sólo suyo, exclusivamente suyo.

JUEGOS ÚNICOS: PROPIEDAD PRIVADA

La lengua es un instrumento maravilloso, y los grandes creado-res saben sacar de ella los mejores sones y hacer con ella juegos insospechados, y lo logran conociendo sus reglas, aprovechando sus exigencias y los lugares oscuros que ofrece a la decisión del hablante. Es ella vestido que se ciñe al pensamiento o hábito cor-tado a la medida del que la conoce, y ante la página en blanco no hay más solución que conquistarla. No importa ni el tiempo en que sucede esa lucha apasionada o ese pacífico idilio, ni tampo-co el espacio. Como dice Pedro Salinas, en *Todo más claro*:

> ¿De dónde, de dónde acuden
> huestes calladas,
> a ofrecerme sus poderes,
> santas palabras?
> Como el arco de los cielos
> luces dispara
> que en llegarme hasta los ojos
> mil años tardan,
> así bajan por los tiempos
> las milenarias.
> ¡Cuántos millones de bocas
> tienen pasadas!
> En sus hermanados sones,
> tenues alas,
> viene el ayer hasta el hoy,
> va hacia el mañana.[14]

Los escritores conocen muy bien los poderes de las palabras y, como buenos prestidigitadores, saben hacer trucos con ellas.

No hay más que recurrir al comienzo del *Ingenioso hidalgo don Quijote de la Mancha*: «En un lugar de la Mancha...», porque aparentemente es una frase cristalina, pero tiene una palabra, *lugar*, que permite una dilogía que avisa ya de lo que va a ser la obra, de su registro cómico. *Lugar* significa aquí «aldea», del mismo modo que lo hace, en ese mismo capítulo inicial, un poco más adelante cuando el narrador dice que el hidalgo «tuvo muchas veces competencia con el cura de su lugar...», o al final, al decir que «en un lugar cerca del suyo había una moza labradora de muy buen parecer, de quien él un tiempo anduvo enamorado...».[15] Cervantes podía elegir entre la palabra *aldea* (que aparece, por ejemplo, en el capítulo IV: «Con este pensamiento guió a Rocinante hacia su aldea») o el término *lugar* para ese comienzo de su genial obra. ¿Qué efecto lleva consigo su decisión? El término *lugar* significa también «sitio» y permite crear la dilogía en la palabra *Mancha* (región geográfica y señal de suciedad); aunque todo lector sabe cuál de sus dos significados es el utilizado al decir «En un lugar de la Mancha», el otro le queda en la recámara y sonríe. Si Cervantes hubiera escrito *aldea*, el juego no hubiera sido posible, y él lo sabía muy bien; si hubiera escrito en francés, por ejemplo, hubiera tenido que elegir otro comienzo o renunciar al equívoco, porque la dilogía con *Manche* no nos lleva a *mancha*, sino a *manche*, «manga» en tal idioma.

A veces la lengua permite decir y ocultar a la vez, y así lo hace Antonio Machado al pedirle a su amigo José María Palacio desde Baeza, un 29 de abril de 1913:

> Con los primeros lirios
> y las primeras rosas de las huertas,
> en una tarde azul, sube al Espino,
> al alto Espino donde está su tierra...[16]

Su se refiere a Leonor, su esposa, porque descansa en el cementerio de Soria, el Espino. El posesivo señala y cela, es el vehículo ideal para ese inmenso dolor pudoroso del poeta.

Voy ahora al inicio de un espléndido breve relato del argentino Julio Cortázar, «Continuidad de los parques», publicado en 1964 (en la segunda edición de *Final de juego*), porque también oculta y dice, y nos permite reflexionar sobre cómo el escritor sabe pulsar los resortes de la lengua en su creación. Comienza con una breve frase: «Había empezado a leer la novela unos días antes».[17] Y en ella se nos dice muchas cosas y se nos ocultan otras, como vamos a ver.

En la lengua española se puede omitir el sujeto, de tal forma que el lector en ese principio no sabe si el narrador es también el protagonista y utiliza la primera persona, o se refiere a otro personaje y el verbo está conjugado en la tercera (y no sabemos si es mujer u hombre); no hace falta decir que esa ambigüedad inicial no sería posible en inglés, por ejemplo. Pero, en cambio, el tiempo pluscuamperfecto del verbo nos da un dato importante: la lectura empezó en el pasado y lo que seguirá narrando sucedió también en el pasado, y entre ambos momentos hay un breve espacio temporal impreciso porque habla de «unos días antes». Frente a esa doble imprecisión, la del sujeto y la del tiempo relativo, aparece en la frase una palabra precedida por el artículo determinado, «la novela», cuando estamos empezando a leer y no se nos ha dado, por tanto, dato alguno de ese objeto directo; con ello nos damos cuenta de que lo importante en el relato parece ser precisamente esa novela.

Cervantes, Machado y Cortázar compartieron la misma lengua y la utilizaron en estos casos precisos conociendo muy bien sus exigencias y sus posibilidades. No importa el tiempo que los separa ni el espacio en el que vivieron, su instrumento era el mismo: el español.

Y para mostrarlo recurro ahora a un ejercicio de ingenio e imaginación que no hubiera sido posible sin esa lengua común que hablamos muchos millones de hablantes; unió en la distancia a Cervantes y a Borges gracias... a un ente de ficción que nunca pudo existir.

LA REESCRITURA DE *EL QUIJOTE*

Nadie duda de que uno de los grandes tesoros de la literatura en español es precisamente *Don Quijote de la Mancha* del alcalaíno Cervantes; pero sería el argentino Jorge Luis Borges el autor de un originalísimo e inolvidable relato: «Pierre Menard, autor del *Quijote*».

¿Y por qué Pierre Menard se arroga la autoría de esa obra con autor?, ¿quién es? Su «obra visible» nos proporciona una vaga cronología de su vida, porque su primera aportación es un soneto simbolista publicado en 1899, y la última es «un ciclo de admirables sonetos para la baronesa de Bacourt (1934)». Podemos, pues, situar a comienzos del siglo XX a ese «simbolista de Nîmes», y ¿qué pretendía hacer? Como le escribe el 30 de septiembre de 1934 desde Bayonne al autor de las páginas en donde cobra vida literaria, «mi propósito es meramente asombroso», porque quería componer *El Quijote* y no copiarlo: «su admirable ambición era producir unas páginas que coincidieran —palabra por palabra y línea por línea— con las de Miguel de Cervantes».[18] Y como dice quien redacta la nota por la que sabemos de la existencia del personaje y de su obra: «Dedicó sus escrúpulos y vigilias a repetir en un idioma ajeno un libro preexistente», y su obra «interminablemente heroica (...) consta de los capítulos noveno y trigésimo octavo de la primera parte del *Don Quijote* y de un fragmento del capítulo veintidós»,[19] exactamente iguales a los del original, pero no copiados. Están bien escogidos: contienen el final de la batalla entre el valiente manchego y el gallardo vizcaíno, y el discurso de las armas y las letras; y el fragmento lo es del capítulo de los galeotes (no nos extraña que no quisiera acabarlo por ese pedrisco que llueve sobre el hidalgo manchego y su fiel escudero).

Pierre Menard, al igual que el uruguayo Funes el Memorioso son entes de ficción que pueden sobrevivir incluso a la no lectura, porque su historia es ya oral, mítica. Y sin embargo, hay una diferencia entre ellos: el uruguayo podría no haber necesitado de su creador, Borges, para existir; en cambio, el francés Pierre Menard es impensable sin él, sin la cabeza jupiterina de un argentino de la que nació.

Felizmente la gran novela sólo fue reescrita en muy pequeña parte, como se nos cuenta, porque de lo contrario no podríamos saber si esa edición que manejamos era el original primero o el original segundo.

Tal historia me sirve de enlace para ver cómo a veces podemos leer mejor un texto creado en el siglo XVII en España gracias a que en algún país de la América Hispánica un escritor usa un término que había quedado emboscado. Y otra vez recurro a Salinas, que me presta su deseo —y luego su alegría— por el encuentro con la ansiada palabra partiendo del comienzo de un romance viejo:

> ¡Quién hubiera tal ventura,
> una mañana;
> mi mañana de San Juan
> —alta mi caza—
> en la orilla de este mar,
> quién la encontrara!

Y de pronto, una sube, «es la enviada», y «a la aventura me entrego / que ella me manda»:

> Se inicia —ser o no ser—
> la gran jugada:
> en el papel amanece
> una palabra.[20]

Vamos a ir también nosotros al encuentro de una palabra, pero ya fija en los textos, aunque entre brumas.

LA SOLUCIÓN EN EL OTRO LADO DEL OCÉANO

En *La vida del Buscón*, de Francisco de Quevedo, hay un pasaje que nos ha llegado con una lectura confusa. Pablos ha entrado en la corte y está alojado en casa de los caballeros chanflones, cuya actividad y artes va a compartir, y nos describe lo que hace su amigo, el que lo introdujo en tal sociedad de míseros estafadores mendicantes: «Mi amigo iba pisando tieso y mirándose a los pies. Sacó unas migajas de pan que traía para el efecto siempre en una cajuela y derramóselas por la barba y vestido, de suerte que parecía haber comido».[21] Y Pablos finge también haber comido pero no sigue tal técnica, sino que dice:

> Ya yo iba tosiendo y escarbando por disimular mi flaqueza, limpiándome los bigotes, arrebozado y la capa sobre el hombro izquierdo, jugando con el decenario, que lo era porque no tenía más de diez cuentas. Todos los que me vían me juzgaban por comido y, si fuera de piojos, no erraran.[22]

Hay una palabra que no encaja en ese texto: *escarbando*, y los editores acuden a recordar un pasaje del escudero, el tercer amo del Lazarillo, en el que se escarba los dientes; y lo hacen precisamente porque don Toribio lo ha imitado con las migajas: «Y mi amo comenzó a sacudir con las manos unas pocas de migajas, y bien menudas, que en los pechos se le habían quedado».[23] Éstas son reales porque es lo que le queda del pan que le da Lázaro; pero en otro pasaje será todo puro fingimiento que ha comido: «Y por lo que toca a su negra que dicen honra, tomaba una paja, de las que aun asaz no había en casa, y salía a la puerta escarbando los dientes, que nada entre sí tenían».[24]

Pero una cosa es escarbarse los dientes con una paja como mondadientes, y otra es ir «tosiendo y escarbando» y hacerlo por disimular la flaqueza. *Escarbar* está escondiendo otra palabra, que es la que escribió Quevedo y está deturpada en los tres manuscritos que nos han llegado (y en la edición de la obra): *escarrar*. Y podemos llegar a ella si leemos *Yo, el Supremo* (1974) del escritor paraguayo Augusto Roa Bastos: «Ni el gargajo que escarró se había secado cuando volvió»,[25] y que también había utilizado el verbo en *Hijo del hombre* (1960): «Escarró un gargajo y se quedó callado».[26].

Quevedo usa la palabra en otro pasaje del mismo *Buscón*, como se recoge en el manuscrito *B:* «... comenzaron a escarrar y tocar el arma, y en las toses y abrir y cerrar de las bocas, vi que se me aparejaban gargajos»;[27] pero sin la presencia de la palabra en el uso contemporáneo convertido en literatura por Roa Bastos, no hubiera sido tan clara la enmienda necesaria. La palabra *escarrar* ha desaparecido del español de la Península pero ha permanecido en la otra orilla del Atlántico.

FINAL

En el Génesis, se cuenta que «toda la tierra hablaba una misma lengua con las mismas palabras»; eso fue antes de que los hombres decidieran construir una ciudad y una torre que alcanzara el cielo. El Señor, al ver la ciudad y la torre, dijo:

> Puesto que son un solo pueblo con una sola lengua y esto no es más que el comienzo de su actividad, ahora nada de lo que decidan hacer les resultará imposible. Bajemos, pues, y confundamos allí su lengua, de modo que ninguno entienda la lengua del prójimo. Y la ciudad se llamó Babel, «porque allí confundió el Señor la lengua de toda la tierra, y desde allí los dispersó el Señor por la superficie de la tierra».[28]

La lengua, raíz de la comunicación, es un instrumento que necesita la lima, el pulido y el enriquecimiento de los grandes artífices, los escritores. Y éstos beben del río literario que los precedió, y esa corriente fluye en los dos sentidos, porque lo que se escribe enriquece lo escrito. El mexicano Octavio Paz terminaba un artículo publicado en *El País* el domingo 23 de noviembre de 1980 afirmando: «Quevedo fue uno de mis dioses», y lo había empezado diciendo: «Este año se conmemora el cuarto aniversario del nacimiento de Quevedo. Lo leí temprano. Era uno de los autores favoritos de mi abuelo».[29]

Las palabras de Octavio Paz subrayan lo dicho: no importa dónde viva la persona, sino la literatura leída. Y la música de los espléndidos versos armoniosos no se puede traducir exactamente a otras lenguas, porque en ellas será otra; no hay más que decir en voz alta o en el silencio del alma los dos tercetos del soneto de Quevedo «Cerrar podrá mis ojos la postrera» para advertirlo:

> Alma, a quien todo un dios prisión ha sido,
> venas, que humor a tanto fuego han dado,
> medulas, que han gloriosamente ardido,
>
> su cuerpo dejará, no su cuidado;
> serán ceniza, mas tendrá sentido;
> polvo serán, mas polvo enamorado.[30]

Ésta es nuestra auténtica riqueza, la que compartimos… 555 millones de hablantes. Hay que seguir labrando la tierra en común, porque esas palabras están esperando a otras a las que unirse en la gozosa danza de la creación. Así esa lengua común cobrará nuevos brillos y sones, abrirá nuevas sendas para el alma; pero es ya una corriente que lleva piedras preciosas y armoniosas músicas, ¡hay que oírlas y verlas!

LOS OTROS MUNDOS
DEL ESPAÑOL

Francisco Moreno Fernández

La desbordante imaginación del ser humano suele llenar los parajes más lejanos de criaturas desconocidas, a veces estrambóticas, a veces ridículas, siempre sorprendentes. Y es que la visión de lo ignoto a menudo produce entes deformados. Así ocurre con la manera de percibir los lenguajes ajenos a nuestro entorno, tanto si se trata de lenguas distintas, como si se trata de variedades del mismo idioma, que nos suenan remotos y distantes, cosa de otros.

Un idioma tan extenso como el español, repartido por varios continentes de los dos hemisferios, hace difícil el conocimiento directo de su multiplicidad de variedades.[1] Este hecho provoca que los hispanohablantes construyan una imagen del espacio idiomático donde lo próximo queda bien diferenciado de lo remoto y donde existe un centro y una periferia. Este imaginario distingue unas formas *normales* de hablar español, que son las utilizadas en los países *indudablemente hispánicos*, y unas formas *diferentes* de hablar español; son los *españoles* de los *otros mundos*, a menudo percibidos de un modo tan borroso que algunos piensan sencillamente que ni siquiera hablan la misma lengua.

Las modalidades de la lengua española a las que se hace referencia son las utilizadas, con mayor o menor amplitud e intensidad, en los límites externos de la superficie hispánica, en sus fronteras, en su periferia. Y precisamente por darse en tales emplazamientos concurre en ellas una circunstancia decisiva: el contacto con otras lenguas. ¿Por qué es decisiva? Porque la convivencia con otras variedades es un factor externo de cambio en cualquier lengua. Esto supone que el español de esos *otros mundos* es distinto como consecuencia, entre varias razones, de su coexistencia con lenguas distintas, que modifican su fisonomía, poseyéndolo y difuminando en sus perfiles.[2]

Los otros mundos del español están repartidos, sabido es, por el norte de América, el este de Europa, el África magrebí y ecuatorial o el este de Asia, además de por otras regiones específicas. Es el español de Estados Unidos, de Filipinas o del Magreb; es el español de los sefardíes; es el español criollo de las costas americanas; y es el español de Guinea Ecuatorial. El imaginario hispánico rara vez incorpora estos parajes cuando de concebir el territorio de La Mancha se trata, pero lo cierto es que ahí están y que son tan significativos a la hora de testimoniar el pasado, como valiosos para vislumbrar el futuro de la lengua. Pero veamos más detenidamente qué encierran esos otros mundos del español.[3]

GUINEA ECUATORIAL

La situación de este país es realmente singular, por ser el único en el exterior del supuesto espacio hispánico que cuenta con el español como lengua vehicular y oficial. De hecho, la oficialidad compartida con el francés y el portugués es más un guiño político hacia el entorno africano que un auténtico reflejo del panorama idiomático, ya que, si de uso se trata, la lengua fang o el bubi, incluso el acriollado pichi (pichinglis), son las lenguas que gozan de un mayor arraigo. El español es la lengua de comunicación nacional, la lengua pública y de prestigio; en definitiva, la que entronca directamente a Guinea con el amplio dominio hispanohablante.

La presencia española en Guinea Ecuatorial data del siglo XVIII, pero su vinculación más estable no se concretó hasta el siglo XIX, mediante un modelo de protectorado y de colonia, con el claro cuño europeo de la época. Fue entonces cuando comenzó a impulsarse el comercio y a facilitarse la llegada de colonos desde el Levante peninsular, así como de emancipados de raza negra y deportados desde Cuba. Fue entonces también cuando se estableció una relación administrativa con América, dado que, en un primer momento, España adscribió Guinea al Virreinato del Río de la Plata y facilitó el traslado de población desde América.

Ése tal vez fue el momento en que los lazos de Guinea con la América hispana comenzaron a afianzarse. El vínculo del español ecuatoguineano con el de España es más que evidente, como atestiguan sus *zetas*, sus *vosotros*, su léxico peninsular y hasta sus recursos discursivos. Las consecuencias de su convivencia con las lenguas originarias son innegables, en la fonética, la gramática y el léxico *(chanchú:* «verduras»; *de ñanga-ñanga:* «falso»), así como la proximidad del inglés *(contrimán:* «paisano»; *contrití:* «té»; *guachimán:* «vigilante»; *misis:* «señora»; *biff:* «asunto»). Con todo, Guinea lleva tiempo orientando su interés hacia América, con la misma decisión con que recibe su influencia: las relaciones con México o Venezuela se estrechan progresivamente; la Televisión de Guinea Ecuatorial (TVGE) es el primer canal africano de televisión 24 horas en idioma español que transmite vía satélite; al mismo tiempo, la música latina arrasa en Guinea casi con tanta fuerza como las telenovelas. Efectivamente, Guinea Ecuatorial está en un límite de la geográfica hispánica, pero no hay duda de que se siente acreedora de mayor centralidad.

EL MAGREB

Durante siglos, la región del Magreb fue considerada desde Occidente como la frontera meridional de la cristiandad y del mundo románico, incluido el lingüístico, del mismo modo que se la había considerado frontera occidental del mundo musulmán, de ahí el propio nombre de *Magreb* (المغرب *al-Maǧrib*: «poniente»). Sin embargo, la influencia de la cultura musulmana, especialmente la magrebí, también se ha hecho patente en el sur de la península Ibérica durante siglos, como la cultura romance, especialmente la castellana, se ha hecho patente en el Magreb. El norte de África es, pues, tierra de fronteras y contrastes, de choque de civilizaciones, diría Samuel Huntington. Aunque la historia revela más intercambios que batallas, lo cierto es que la palabra *moro* ha tenido en España una connotación marginal y amenazante: si no existen amenazas, es que «no hay moros en la costa».

Los máximos exponentes de la presencia del español en el norte de África son las ciudades de Melilla y de Ceuta, ligadas a España desde 1497 y 1640, respectivamente, y sólidas plataformas de uso del español. Esta realidad no ha encubierto, sin embargo, los signos propios de una frontera: la convivencia y la mixtura. En Melilla se habla chelja o rifeño, variante del beréber; en Ceuta se habla dariya, variante oral del árabe, además del beréber. En chelja, las palabras tomadas del español están perfectamente integradas *(hombre, mesa, camiseta, abrigo, cocina, libreta, queso)*; en Ceuta se habla de la existencia de un *arabañol*, mezclado y alterno. Junto a ello, árabe y beréber intercambian influencias a su propio ritmo. Y bajo este rico mosaico lingüístico, el español, con sus variedades integradas, es conocido y usado por la mayor parte de la población, al ser la lengua pública y vehicular.

Pero, cuando se habla de la presencia del español en el norte de África, hay que pensar en un territorio más allá de estas dos simbólicas ciudades. Ha de pensarse en el norte de Marruecos y en la costa de Argelia, también en sus desiertos, pero sobre todo en el Sahara. En los últimos decenios del siglo xix y primeros del xx, la presencia española en Marruecos y Argelia se apartó definitivamente de las políticas de conquistas y rivalidades europeas. Argelia, bajo la influencia de Francia, recibió numerosos emigrantes temporeros españoles, procedentes de los campos de Levante y de Andalucía, emigrantes de los estratos sociales más modestos que dejaron su huella tanto en el empleo del español, como en forma de hispanismos en el árabe argelino, singularmente en el oranés. En el árabe oranés se usan muchas palabras que son de origen español: *agua, lama*: «ama», *baile, barato, barranco, burro, caballo, cardo*: «caldo», *carta, segato*: «cegato», *sigarro*: «cigarro», *cose*: «coche», *sandalia, trabajo, tonta*. En Orán es muy evidente también la presencia de léxico español relativo a la vida costera y la pesca: *besugo, gambas, sarmonete, merluza, calamares, raya, langosta, popa, quilla, estribor, pasarela*. En Temuchent y Mascara, sin embargo, los hispanismos se hacen más patentes en el léxico de la agricultura: *arar, cribar, hacinar, yugo, linde, manojo, trilla, injerto, moscatel, mosto, mugrón, parra*. En 1962 se declaró la independencia de Argelia y ello provocó la salida de la población de origen español y de origen sefardí, así como la decadencia de los movimientos migratorios temporales. Desde entonces el español en Argelia se ha convertido en una lengua residual, si no extinta.

El caso de Marruecos fue algo diferente, porque el norte llegó a ser zona de protectorado español (1906), tras unas duras y poco fructíferas negociaciones con Francia, que aspiraba a incluir todo Marruecos bajo su *protección*. Sin embargo, el protectorado español no comenzó a ser efectivo prácticamente hasta 1927, debido a los numerosos conflictos bélicos que se dieron con la población marroquí: la guerra del Rif. La independencia de Marruecos en 1956 puso fin al protectorado español y supuso el abandono de los enclaves africanos, con excepción de Ceuta y Melilla y, en su momento, del Sahara Occidental. El español desde entonces ha entrado en una fase de claro abandono.

Pero ¿ha supuesto ese olvido el fin de la influencia del español? Podemos decir que sí, en lo que se refiere a su uso como lengua vehicular. El español es irrecuperable en una ciudad como Orán o en muchos núcleos urbanos del Rif, donde quedan pocos hablantes. Marruecos y Argelia se han inclinado definitivamente hacia la francofonía, como demuestra el poco espacio concedido al español en los sistemas educativos oficiales. Sin embargo, la potencia del español como lengua extranjera es enorme y así lo revela la demanda creciente para su aprendizaje: los Institutos Cervantes marroquíes, en realidad de todo el Magreb, tienen sus aulas llenas año tras año; las emisoras de radio y los programas de televisión españoles son seguidos con asiduidad en toda la región; además, el español está sirviendo como instrumento de afirmación política de algunos grupos marroquíes de carácter minoritario.[4]

Pero, si de periferias hablamos, pocos casos han de encontrarse como el del Sahara, un territorio escindido entre la región marroquí del Sahara Occidental, con El Aaiún como cabecera, y el Sahara de Argelia, con una población asentada en campos de refugiados a la espera de acontecimientos políticos que traigan vientos favorables. En estos campos, el español encuentra un soporte que lo ha llevado a su declaración como lengua oficial, junto con el árabe (hasanía), de la República Árabe Saharahui Democrática, Estado miembro de la Unión Africana, aunque sin territorio. El español se enseña en las escuelas saharauis y se usa como lengua pública y vehicular. Pero, sobre todo, el español es aquí un ejercicio de voluntad y una poderosa seña de identidad.

EL ESPAÑOL Y LA DIÁSPORA JUDÍA

Judeoespañol, *ladino*, *sefardí* o *djudezmo* son algunos de los nombres que recibe la variedad hablada por los descendientes de los judíos expulsados de Castilla y Aragón en 1492. Tras el decreto de expulsión (antes se había promulgado en Francia y el norte de Italia; después se ordenaría en Portugal), muchos judíos se instalaron en Marruecos, Argelia y otros países del norte de África; otros emigraron a tierras del Imperio otomano, hasta convertir el judeoespañol en una variedad desterrada, sin solar; o, mejor dicho, con muchos nuevos dominios, si bien socialmente limitados, en contacto con nuevos vecinos lingüísticos: el árabe, el turco, las lenguas eslavas, el griego popular. El judeoespañol se convirtió así en un auténtico paradigma de la periferia, sólo mantenido, de nuevo, mediante un ejercicio voluntarioso e identitario.

La presencia judía en Marruecos y Argelia fue continua desde el siglo XVI, hasta el punto de que se llegó a decir que, cuando los españoles tomaron Tetuán en 1860, fueron sefardíes los que les abrieron las puertas de la ciudad. En el norte de África, el judeoespañol se adaptó a su nueva circunstancia lingüística y creó la variedad llamada «haquitía». A su vez, la formación de comunidades sefardíes en Turquía, Grecia —muy especialmente la isla de Rodas—, Bulgaria, Serbia, Bosnia, Macedonia, Rumanía y Palestina abocó no sólo a la convivencia del judeoespañol con otras lenguas, sino a su progresiva diferenciación dialectal interna. En cada una de sus variedades, el ladino ha incorporado formas de cuño no hispánico, como lo ha hecho cualquier otra variedad del español en su entorno correspondiente.

En lo que a la actualidad del judeoespañol se refiere, los hechos son implacablemente descarnados. El retroceso del uso de esta variedad es más que evidente, con una comunidad hablante absorbida por las lenguas vehiculares mayoritarias en cada uno de los territorios. Los sefardíes llegados a Estados Unidos han perdido su judeoespañol en poco más de una generación. Hoy la mayor parte de los hispanohablantes de Israel son conocedores de un ladino que también está en retroceso y que usan con una competencia limitada, sobre todo las generaciones más jóvenes. La mitad de los hablantes de judeoespañol residen en Israel; en Turquía pueden quedar unos pocos miles, con una competencia empobrecida con el paso del tiempo, y en Marruecos la haquitía apenas encuentra espacios sociales en los que escapar del agobio.

El fuerte deseo de recuperación de esta importante seña de identidad, junto con los recursos que ofrecen las nuevas tecnologías y los impulsos institucionales, como la creación de la Academia Nacional del Ladino, podrían ayudar a la supervivencia de esta histórica variedad, pero la clave para ello residirá en sus posibilidades de uso comunitario. Ese uso nació en el corazón de la Hispania medieval y se ha visto abocado por la historia a una periferia de la que ahora quiere escapar sobre la base de su simbología.

ESTADOS UNIDOS

Si el judeoespañol se forjó en el centro hispánico para verse desplazado a la periferia, el español estadounidense comenzó a cuajarse en las fronteras del español americano para ir convirtiéndose en centro de referencia. Esta conversión se fundamenta en el crecimiento demográfico de los hispanos en Estados Unidos (mayoritariamente hispanohablantes), en la consolidación de su economía, en su acceso a los medios de comunicación social y en el prestigio político que confiere residir en dominios de la primera potencia mundial. Además, la vida en la frontera le otorga al español literario una riqueza, una variedad y frescura, que resultan muy atractivas para el conjunto de la llamada «hispanofonía».

El español plantea en la actualidad cuestiones de gran calado en Estados Unidos, cuestiones como qué es, cómo es o hacia dónde camina. Merece la pena detenerse mínimamente en cada una de ellas. La primera constituyó uno de los temas abordados en una conversación entre expertos celebrada en 2017 en el Observatorio de la lengua española del Instituto Cervantes en la Universidad de Harvard. Allí, especialistas procedentes de California, Miami, Nueva York o Massachusetts, pusieron de relieve tanto que no existe una única forma de manifestarse ese español, como la inexistencia de un prototipo de tal variedad en Estados Unidos. La hipótesis que quedó a la orilla del camino fue la de la existencia de un auténtico español *de* Estados Unidos. La clave del asunto es más compleja de lo que pueda parecer si se enfoca sólo en ese país, pero resulta menos oscura si se pone en relación con la realidad del español en otras latitudes.

Veamos. Evidentemente, el español no ofrece homogeneidad en Estados Unidos. Ello es resultado de una superposición de estratos, derivada de procesos migratorios a lo largo de la historia: españoles, entre los siglos XVI y el XVIII; criollos, desde el siglo XVII; mexicanos de diferentes regiones, desde mediados del XIX; hispanohablantes de todos los países llegados a lo largo del último siglo y asentados en distintas regiones. El arquetipo de esta diversidad ofrece como polos de referencia el español mexicoamericano del sudoeste, el español chicano del sur, el español cubanoamericano de Florida o el español puertorriqueño exterior del área de Nueva York. Sin embargo, en los últimos 20 años el panorama se ha complicado, pues son reconocibles otros importantes asentamientos, como los de centroamericanos en el área de Washington y California, de «mexicorriqueños» en Illinois o de mexicoamericanos en Idaho.[5] A la vista de esta realidad, ¡claro que no hay una sola y homogénea manifestación del español de Estados Unidos!

Por otro lado, la mencionada heterogeneidad es responsable de que no exista un prototipo de español estadounidense. Es cierto que, cuando abre la boca alguien nacido en España, resulta fácil catalogarlo como español, de igual manera que ocurre con cualquiera nacido en Argentina respecto de su modo de hablar. Pero ¿cuál es el prototipo de hablante de español estadounidense? Desde luego, no es el español de los expresidentes George W. Bush o Barak Obama, ni el del actor

Will Smith, pero sí podría serlo el del senador Marco Rubio, el de exgobernador Jeb Bush, el de la artista Jennifer López, nacida en Nueva York, o el del dominicano neoyorkino Junot Díaz, por mencionar algunos nombres conocidos internacionalmente.

La aceptación de la existencia de un español *de* Estados Unidos —se supone que frente a un español *de* México, *de* Colombia, *de* Chile...— exige analizar si existen rasgos suficientemente diferenciadores de esa variedad estadounidense. Ontológicamente, si se admite que la variedad hablada por sus nativos en un lugar puede considerarse variedad *de* tal lugar, no habría razones para excluir la posibilidad de un español *de* Estados Unidos, por existir hablantes nativos de esa variedad formados lingüísticamente en territorio estadounidense. Y el uso de la preposición *de* sería tan legítimo en este caso como si apareciera como término cualquier país de los considerados hispánicos. Pero ya se advirtió de que el asunto es complejo.

La segunda cuestión de interés es la del modo en que se habla español: cómo es ese español que suscita tan peliagudas cuestiones sobre su esencia. Como no podría ser de otra manera, el español estadounidense presenta características diversas, reflejo de entornos geográficos y sociales multiformes. En el sur, por ejemplo, muestra rasgos bien arraigados, conectados con las hablas del norte mexicano (vocales paragógicas: *papele*, *comere*; aspiración de la antigua *f* inicial: *jumo*, *juerza*; debilitamiento del sonido /y/ entre vocales —*gaína:* «gallina», *cabeo:* «cabello»—), incluidos rasgos de las hablas populares, compartidos con muchos otros lugares *(nadien, haigan, fuistes, vénganos:* «vengamos», *vide:* «vi»). En esa frontera del sur de Estados Unidos surgió hace algo menos de un siglo el llamado «pachuco», modalidad que se ha asociado a la figura del mexicano que, en cierto modo, ha dejado de serlo sin llegar a asimilarse a la cultura de la sociedad de acogida. Se consideran expresiones pachucas voces como *chanchos:* «nalgas», *remos:* «pies», *reloj:* «corazón», *blancos:* «cigarros», *gaveta:* «boca», *papiro:* «periódico», *mejicle:* «mexicano, México», *califa:* «californiano».

Por otro lado, la llegada masiva de mexicanos al sudoeste, de puertorriqueños al este y de cubanos al sudeste, a lo largo del último siglo, supuso la incorporación de sus respectivos rasgos más relevantes en el español de cada área de influencia. Así, el español del sudoeste muestra usos como *tiatro:* «teatro», *cuete:* «cohete», *chueco:* «torcido», *alberca*: «piscina» o *cuate:* «amigo», compartidos con las hablas mexicanas. En Florida, el español exhibe usos caribeños, como el debilitamiento del sonido /s/ final, la estructura interrogativa *¿qué tú quieres?* o léxico de origen cubano, como *asere:* «amigo, socio» o *fotuto:* «bocina del automóvil». El español neoyorkino, por su parte, a menudo deja ver la neutralización de /r/ y /l/ o léxico de origen puertorriqueño, como *guineo:* «plátano que se come crudo» o *monga:* «catarro fuerte, gripe».

Al margen de estos perfiles lingüísticos regionalizados, llaman mucho la atención dos procesos de gran vitalidad. Por un lado, algunos de los rasgos que en los países de origen reciben una valoración negativa, por considerarse vulgares o desprestigiados, son objeto de reinterpretación en el nuevo contexto estadounidense como marcas de identidad social por la segunda generación de inmigrantes. Así ocurre, por ejemplo, con el *voseo* centroamericano en la ciudad de Los Ángeles. Por otro lado, la convivencia de hispanohablantes de distintos orígenes tiene como efecto inmediato la búsqueda de una nivelación, de una negociación intercomprensiva, que favorece las alternativas de mayor difusión o las propias de los grupos de hispanos mejor asentados socialmente en cada comunidad. Esta nivelación provoca que el español estadounidense vaya adquiriendo un aire, si no de *neutralidad*, como algunos lo entienden, sí de koiné o de variedad negociada.[6]

Pero, sin duda, uno de los rasgos que más nítidamente marcan el perfil del español en Estados Unidos es la influencia del inglés; no en sí misma, dado que ésta se aprecia en cualquier rincón hispánico, sino por sus modos e intensidad. ¡Cómo no va a sentirse la influencia del inglés en un entorno anglohablante! Las consecuencias de ese contacto son diversas: préstamos puros, préstamos adaptados al español, expansiones semánticas, calcos sintácticos. Pero, sobre todo, la alternancia de lenguas *(yo hablo así, you know?)* es el efecto más llamativo y ostensible, el que suele servir de fundamento para llamar «espanglish» o «spanglish» a un modo de hablar que también es un modo de estar. La simple denominación de esa mezcla bilingüe comporta polémicas, como lo hace el intento de dirimir si se trata de una lengua nueva. Para los más escépticos, la disputa por etiquetar al espanglish como una lengua o como otra cosa, tiene el mismo sentido que discutir si los tomates han de ser catalogados como verduras o como frutas, discusión que, por cierto, dio lugar a un pleito en 1887, cuando una ley estadounidense comenzó a gravar con impuestos las hortalizas, pero no las frutas, por lo que los importadores de tomates reaccionaron intentado demostrar la naturaleza frutal de su producto.

Hablando de convivencia de lenguas, otro fenómeno de interés en la actualidad, aunque su origen esté en el siglo XIX, es la existencia de una cadena de ciudades hermanas o gemelas en la frontera mexicano-estadounidense. Se trata de espacios de frontera donde están implicadas dos lenguas, además de dos municipios, dos administraciones, dos monedas y dos naciones. Éstas son algunas de ellas: Tijuana/San Diego; Mexicali/Calexico; Nogales/Nogales; Ciudad Juárez/El Paso; Nuevo Laredo/Laredo; Reynosa/McAllen; Matamoros/Brownsville. En la realidad política, cada una de las *hermanas* debería hacer un uso mayoritario de la lengua principal en su respectivo país. Y así es en gran medida, pero la realidad social muestra que una parte de la población es capaz de manejarse en las dos lenguas, incluidos los funcionarios, de la misma forma que se manejan monedas y productos comerciales de uno y otro lado de la frontera.

Pero aún tenemos pendiente un asunto de especial relevancia, no sólo para la comunidad hispana estadounidense *(hispanounidense*, diría la Academia Norteamericana de la Lengua Española), sino para el complejo hispánico. Se trata del futuro del español en Estados Unidos. ¿Hacia dónde camina socialmente? Ésta es la pregunta que más interés suscita dentro y fuera de ese país. La demografía habla con nitidez de una población hispana que seguirá pujante más allá de la mitad de siglo, cuando superará el 25 por ciento del total de la población estadounidense. La duda, sin embargo, no es tanto si se contará o no con una base poblacional hispana como si ese grupo estará decidido a mantener el español como uno de sus rasgos identitarios, tenga éste la forma que tenga.

Hay quien sostiene que la *ley de hierro* del abandono de lenguas hará desaparecer el español en la tercera generación de inmigrantes. La deriva de abandono intergeneracional del español, sin embargo, presenta un ritmo lento, como revela el dato de que la proporción de hablantes de español, entre los hispanos, estaba en el 80-85 por ciento en los años ochenta, y más de 30 años después la proporción se sitúa entre el 72 y el 75 por ciento. La variación más significativa de las últimas décadas ha estado en que ahora, por primera vez, el número de hispanos nacidos en Estados Unidos es superior al de los nacidos en el extranjero. En sus manos estará el futuro social del español estadounidense. En contra de su mantenimiento podría actuar el abandono del sentimiento de pertenencia a unas raíces hispánicas; a favor de él estaría la aceptación de que el bilingüismo es un beneficio personal y profesional al que no se debe renunciar.

FILIPINAS

Filipinas siempre se ha encontrado allende el español; Filipinas como enclave más lejano de la lengua y, a la vez, pieza clave para la universalidad del español. Si algún territorio encarna la periferia del espacio hispánico y de su lengua general, ése es Filipinas, indudablemente, por su distancia y por su historia política. Sin embargo, el español sigue hablándose en tan lejano archipiélago y no sólo como una más de sus variedades, sino en forma de criollo hispánico. Una y otro reflejan las formas adoptadas por la colonización española: la primera, como modalidad de una élite política, militar, religiosa y socioeconómica, encerrada en sí misma y abocada a una trayectoria de abandono; la segunda, como modalidad de convivencia entre los colonos, los militares y los nativos, que dio a luz una variedad de mezcla entre el español, soporte léxico, y otras lenguas originarias, como el tagalo o el bisaya.

El español hablado en Filipinas confunde las últimas bocanadas de sus usos tradicionales con el español que las nuevas generaciones aprenden en las aulas de la universidad o en centros como el Instituto Cervantes. Ese español, aún con solidez en el siglo XIX, compartía rasgos con otras variedades (por ejemplo, el seseo), a la vez que exhibía un léxico testigo de su historia, con andalucismos *(aretes, candela)* y sobre todo con americanismos *(bejuco, guayaba, mango, maní, maguey)*. No en vano las ciudades de Manila y Acapulco estuvieron enlazadas durante siglos por los galeones de una ruta comercial que, junto con las palabras, transportaban todo tipo de productos. México y Filipinas llegaron a compartir numerosos elementos culturales que después se hacían llegar hasta España. Además, Filipinas configuró su personalidad léxica con usos adoptados y adaptados a su propia realidad: *baguio:* «huracán», *bolo:* «machete largo», *yoyo:* «juguete chino», *hijo del sol:* «albino», *tubero:* «fontanero», *concuño:* «concuñado».

Esa personalidad histórica del español filipino no ha ayudado a la hora de preservar la lengua, ante la estrategia de aculturación o transculturación practicada por Estados Unidos desde 1898, fecha de inicio de su autoridad política y militar. Todo parecía asegurado para la cultura filipina en español: la Constitución y el himno de Filipinas se redactaron en español; las principales creaciones literarias se habían escrito en español de la pluma de intelectuales como José Rizal (su héroe nacional), Graciano López Jaena o Pedro Paterno. Pero no fue suficiente para resistir el embate de la educación y de la vida pública en inglés desplegada por Estados Unidos.

El relativo mantenimiento del español durante el siglo XX y, más recientemente, su recuperación como seña de identidad se deben a la singularidad histórica y política que la cultura hispánica le confiere a un país rodeado por territorios políticamente ligados a otras potencias occidentales (Francia, Reino Unido, Portugal). Asimismo, el español ha adquirido un importante valor como *commodity* en Filipinas, abriendo unas expectativas comerciales con Iberoamérica de las que no disfrutan otros países de la región de Asia-Pacífico. Para Filipinas, el español es asunto central y la cultura hispánica parte de su esencia y particularidad.

CRIOLLOS

Recordemos que un criollo es una variedad lingüística mixta, transmitida entre generaciones, generalmente en situaciones de colonización, en la que una lengua aporta fundamentalmente el léxico y otra lengua, a menudo indígena, aporta su base gramatical. Pues bien, en relación con la modalidad criolla de Filipinas, llamada «chabacano», el panorama es diferente al del español tradicional. En tal caso, no puede hablarse de una variedad útil para la comunicación internacional, ni siquiera para el comercio filipino interno, sino de una variedad ligada estrechamente a un entorno natural, a un contexto humano, a unas necesidades comunicativas específicas y a un modo de ser. Pero, precisamente por ello, su vitalidad como variedad lingüística en uso es mucho mayor que la del español, digamos, tradicional. Las comunidades chabacanas de Zamboanga, de Cotabato o de Davao, en el sur de Filipinas, son las que cuentan con una comunidad más vigorosa, probablemente con cientos de miles de hablantes en conjunto, hablantes en los que sería reconocible un aire de familia, aunque no los entendamos bien desde otros lugares.

El apego de estas variedades criollas a sus comunidades las dota de una creatividad y originalidad excepcionales, además de importantes para conocer la evolución lingüística. Entre sus características se dejan ver las que tienen origen en las lenguas indígenas, como la inexistencia del fonema /f/, que lleva a formas como *tipón:* «tifón» o incluso *Pilipinas* o *pilipino:* «filipino», y la inserción de partículas gramaticales (*el mga casa:* «las casas»; *kamé:* «nosotros»). El léxico chabacano, sin embargo, incluye cerca de un 90 por ciento de elementos léxicos del español, junto a indigenismos, americanismos y anglicismos, si bien llaman mucho la atención las creaciones locales: *agwa olor:* «perfume, colonia», *kadabes:* «cada vez», *ketal:* «qué tal». Así de rico es el chabacano filipino.

Ahora bien, el chabacano no es la única variedad criolla de base hispánica que existe en el mundo, ya que también lo son el palenquero y el papiamento. Ciertamente, el español no es la lengua occidental que más criollos ha originado, ni mucho menos; probablemente porque la mayor parte de sus colonias incorporaron el español como lengua vehicular, sin que hubiera necesidad de construir variedades entreveradas. Ello no resta, sin embargo, relevancia histórica y lingüística a cada uno de los criollos hispánicos. Junto con ellos, existen otras variedades mixtas en las que el español tiene un protagonismo notable, como es el caso del chamorro de la isla de Guam, en el Pacífico, ligada también a Estados Unidos, o de la más volátil *media lengua* de los Andes, creada como mixtura transicional con el quechua.

El palenquero aún es —no sabemos por cuánto tiempo más— una lengua criolla hispánica creada con elementos del español y de lenguas africanas en la costa norte de Colombia, en un asentamiento llamado hoy Palenque de San Basilio, fundado por cimarrones huidos de Cartagena de Indias en el siglo xvi. Su forma de hablar es transmisora de una cultura que ha logrado sobrevivir largo tiempo, pero que se ve superada por una población que busca una mejor vida fuera del Palenque y que, cuando vuelve a él, lo hace hablando un español reconocible como colombiano general, en detrimento de un criollo que sólo mantienen vivo los más viejos.

El papiamento, por su parte, más vital, por haber podido incorporarse a los entornos urbanos, es un criollo hispánico con elementos africanos, caribeños y portugueses, pero con un fuerte componente de origen holandés, por la vinculación de su dominio a las antiguas Antillas Neerlandesas, concretamente a Aruba, Bonaire y Curazao. Esta modalidad está identificada desde el siglo xviii y hoy cuenta con varios cientos de miles de hablantes. De sus variedades, la de Aruba es la que muestra una influencia más nítida de la lengua española: *mi tin hamber:* «tengo hambre», *caya:* «calle», *bon ayó:* «bueno, adiós».

LOS OTROS MUNDOS EN EL COMPLEJO HISPÁNICO

Vemos, pues, que el español de *otros mundos* deja traslucir peculiaridades que no parecen darse en otras variedades del mosaico hispánico: mixturas lingüísticas o translingües; expresión oral, no escrita; contextos limitados de uso; en algunos casos, número reducido de usuarios. De hecho, la percepción popular sostiene que no merecen la consideración de lenguas aquellas que no demuestren tener suficiente vitalidad, historia, autonomía y codificación. Pero ¿por qué esta percepción? Tal vez porque la posmodernidad aún no ha llegado a la percepción de la vida social de las lenguas.[7]

En efecto, el paradigma de la modernidad, en el ámbito del pensamiento, ha propuesto durante siglos una exaltación de la racionalidad y la regla, del principio de autoridad, que, en el ámbito de las lenguas, se ha reflejado en la imposición de jerarquías entre variedades, en el carácter absoluto concedido a los modelos de prestigio, en el culto a la corrección, en el poder de la razón académica o en la marginación de la excepcionalidad. Frente a ello, el paradigma de la posmodernidad propone una interpretación poliédrica de la realidad lingüística, una flexibilidad en la interpretación de los modelos de lengua, una integración de lo diverso y una interpretación constructiva del error. Este paradigma posmoderno es el que nos dota de los medios necesarios para comprender mejor los otros mundos del español, pero no es ni mucho menos el paradigma dominante.

Resulta innegable la extrañeza que provocan las formas no *normales* de hablar una lengua. El desconcierto hacia lo desconocido conduce a percepciones deformadas, como se aprecia en los nombres despectivos que suelen recibir muchas de esas *otras* variedades: *chabacano, media lengua, papiamento* (de *papear*: «hablar confusamente»), *chapurreao*...; el mismo carácter despectivo que se proyecta en el resultado de las mezclas *(espanglish, arabañol...)* y en los estereotipos más difundidos. Del espanglish se ha dicho, por ejemplo, que es un «salpicado», una «invasión», una «prostitución del idioma», una «aberración», una «capitulación» e incluso un «producto de la pereza»; así, literalmente. Frente a ello, los hispanohablantes de los territorios *ortodoxos* dicen de sí mismos que hablan «normal» y se cuestionan que esos *otros* modos de hablar sean realmente *español,* en un reflejo de lo que el pensador coreano Byung-Chul Han denomina «la expulsión de lo distinto».

Sin embargo, los caracteres de esas otras formas de hablar español no son tan ajenos a las manifestaciones del español en los lugares donde se ha hablado *toda la vida.* En cierto modo, tenemos una imagen falsa de las variedades consideradas como periféricas, porque carecemos de una imagen realista de las más cercanas. Pensemos por un momento en cuál sería el prototipo

de español de España. Si pensamos en un hablante de Valladolid o de Burgos, habría que preguntarse dónde queda el español
de los tinerfeños o de los murcianos (son sólo ejemplos). Nada
hay peor (es un decir) para un argentino de Tucumán que lo
confundan con un bonaerense o para un cubano que lo confundan con un dominicano. Es cierto que el llamado «paradigma
de la modernidad» impone la distinción entre centros y periferias dentro de cada modalidad hispánica, pero, sobre el terreno,
la delimitación de un español *de* Colombia es tan complicada
como la de un español *de* Estados Unidos, porque el prototipo
de hablante de cada país es fruto de una simplificación, de una
trampa que nos tiende nuestra percepción de las lenguas y las
culturas.

En cuanto a si son o no son *español* esas *otras* modalidades,
podría decirse que la frontera estaría en la intercomprensión: en
el momento en que una forma de hablar no se entiende, pasa a
considerarse componente de otra categoría idiomática. Pero ni
siquiera así sortearíamos el conflicto conceptual: mi madre
(q.e.p.d.), española del centro peninsular, no entendía el madri-
leño urbano de las películas de Almodóvar, como muchos hispanohablantes expresan su perplejidad ante el español mexicano de la película *Amores perros*. Pero es que no se trata de lenguas,
sino de registros o variedades sociales. Y en lo que se refiere a
la adopción de préstamos, hay estudios sobre anglicismos, por
ejemplo, que demuestran que éstos son a veces más atrevidos en
Madrid, México o Buenos Aires que los que se puedan manejar
en Estados Unidos. Los límites entre lo que se entiende o se
deja de entender a menudo son borrosos.

¿Cómo ha de interpretarse, pues, la variación hispánica para
no incurrir en contrasentidos? De acuerdo con un paradigma
posmoderno, bastaría con ser conscientes de que el español es
un complejo de variedades que se alimentan mutuamente, porque, si no fuera así, su homogeneidad acabaría por diluirse. Nadie sobra en el mosaico hispánico, entre otras razones porque la

multiplicidad es fruto de un proceso de globalización experimentado por la misma lengua durante siglos. La globalidad
obliga a las adaptaciones, los intercambios y las relocalizaciones;
la globalidad ha hecho del español una lengua ancha y diversa,
llena de alternativas.[8] Por eso el español es una lengua con muchas
voces, en las que, con un grado mayor o menor de comprensión,
resulta posible reconocer un aire de familia. Y, en esta familia,
todos contribuyen a su riqueza.

CERVANTES NO SE QUEDA MANCO

César Antonio Molina

El 17 de febrero de 1582, Miguel de Cervantes, de regreso a Madrid, dirige una carta a Antonio de Eraso, del Consejo de Indias, que se encontraba en Lisboa, agradeciéndole el interés que ha tomado por su frustrada pretensión de encontrar algún oficio en América, lo que se le negó por no haber ninguno vacante. Miguel de Cervantes deseaba ir a América pero fracasó en los varios intentos. Años después, el 21 de mayo de 1590, solicitó por medio de su hermana Magdalena la contaduría del Nuevo Reino de Granada, la gobernación de la provincia de Soconusco en Guatemala, ser contador de las galeras en Cartagena de Indias o ser corregidor de la ciudad de La Paz. El Consejo de Indias sentenció en apenas 15 días: «Busque por acá qué se le haga merced».

Tenía por entonces 42 años y una vida abocada al fracaso. Con poco más de 20 había huido a Italia por herir en duelo a un intendente de construcciones reales; a los 24 había perdido de un arcabuzazo la mano izquierda en la batalla de Lepanto; de los 28 a los 33 había estado prisionero en Argel; a los 37 había tenido una hija con la mujer de un tabernero y se había casado con una joven toledana; a los 39 había abandonado el hogar conyugal, y a los 40 había sido excomulgado por embargar el trigo de varios canónigos. También había estrenado tres obras de teatro y publicado una novela pastoril, *La Galatea*, que habían pasado casi desapercibidas.

Las relaciones de Cervantes con América constituyen un buen motivo de reflexión acerca de la proyección internacional de nuestra lengua común y cultura. Cervantes sufrió la vida y logró expresar lo que de mejor hay en el ser humano, incluso hasta la utopía misma. La prohibición de alcanzar las Indias fue una de las muchas decepciones que padeció, y lo llevó a olvidarse del Nuevo Mundo. En su obra sólo lo mencionará en dos o tres ocasiones y siempre con cierto dejo de amargura, como en la novela ejemplar de *La española inglesa*, donde afirmaba que las Indias eran «común refugio de los pobres generosos». En *El celoso extremeño*, incluso, asegura aún más despechado que América venía a ser el amparo de los desesperados, «iglesia de los alzados, salvoconducto de los homicidas, añagaza general de mujeres libres» y, en resumen, «engaño común de muchos y remedio particular de pocos».

Tal vez por ello se produjo un olvido de América, justo lo que no puede volver a ocurrir. Hace unos años el *International Herald Tribune* aseguraba que España e Hispanoamérica habían sabido crear un espacio cultural común, y citaba el caso de la película *Todo sobre mi madre*, en la que un cineasta español, Pedro Almodóvar, había elegido a una actriz argentina, Cecilia Roth, para el papel protagonista. Le parecía un hecho excepcional (hoy afortunadamente muy común).

Desde entonces, los ejemplos se han multiplicado y no sólo en el cine. La historia viene de lejos. Ya en 1930, el gran ensayista dominicano Max Henríquez Ureña había observado en *El retorno de los galeones* que cada día se hacía más intenso el intercambio de influencias entre unos y otros países de América y entre éstos y España, y concluía: «La producción literaria de habla castellana adquiere cierto carácter de unidad, no obstante las diferencias de ideología y de costumbres que en cada pueblo y aun en cada región pueden observarse». Años después, Alejo Carpentier dirá que Cervantes era el novelista mayor de Cuba y, más cercano a nosotros, el escritor chileno Antonio Skármeta afirmaba que las actividades de los museos españoles, de los festivales de cine, de las ferias del libro, de las bienales de arquitectura y «el trabajo mundial de los Institutos Cervantes, donde los artistas latinoamericanos reciben un trato fraternal y persistente junto a sus colegas españoles, son señales de una relación vital» entre Iberoamérica y España.

Pintores, escritores, cineastas, arquitectos, músicos y dramaturgos son vistos hoy, tanto desde dentro como desde fuera de nuestras fronteras y con independencia de sus países de origen, como miembros de una misma y potente cultura. Algunos han revolucionado los cánones del arte moderno, muchos han producido varias de las cumbres de la literatura mundial de los últimos 100 años, otros hacen uno de los cines más creativos que se pueden ver en las pantallas y unos cuantos construyen en ciudades de medio mundo. También los investigadores, quizás por primera vez en la historia, se han integrado de forma relevante en la comunidad científica internacional. Todos ellos forman lo que Carlos Fuentes llamó (yo se lo escuché tantas veces en privado) el «territorio de La Mancha», el que configura la lengua común. Ya Alfonso Reyes, uno de los grandes mentores de la reconciliación hispanoamericana, maestro de Octavio Paz, de Juan Rulfo, de Juan José Arreola y de tantos otros grandes escritores mexicanos, fue el precursor de todas estas ideas panhispánicas de nuestra lengua y cultura. Él había escrito en un artículo, firmado en Madrid en el año 1919, titulado «Sobre una epidemia retórica»:

> Y no se ha dicho, a todo esto, lo único que había que decir: que América es muy distinta de España pero que es, en la tierra, lo que más se parece a España; que donde todos hablan ya en francés o en inglés, sólo nosotros nos hemos quedado hablando español; que ambos, los de allá y los de acá, tenemos muy poca paciencia, y que nos está muy bien un Océano de por medio; que la fraternidad es cosa natural, y que hasta puede llegar a ser muy molesta pero que es inevitable siempre, por lo cual mejor es tratarse y conocerse que

no hacerse amagos desde lejos; que la verdadera fraternidad excluye las continuas protestas de mutuo amor, y que así como podemos decir que América no era independiente mientras sentía la necesidad de acusar a España, podemos afirmar que América no será la verdadera hermana de España mientras una u otra se crean obligadas a jurarse fraternidad; que también convierte el pudor en las cosas internacionales, y que aquí como en Góngora, «Manda Amor, en su fatiga, / Que se sienta y no se diga», que se obre más y se hable menos, dejando las buenas palabras para artesonado del Infierno.

Esta actitud de franca identificación con España y lo español Reyes la mantendría a lo largo de toda su vida. Tiempo después, desde las embajadas de México en Francia, Argentina y Brasil, que presidió, y luego en México mismo nunca dudó en devolver con acciones concretas la solidaridad recibida durante sus difíciles años madrileños. Ortega y Gasset había escrito que «América representa el mayor deber y el mayor honor de España», y Alfonso Reyes entiende esta frase de la siguiente manera:

Fuerza es que los pueblos tengan ideales o los inventen. Así como América no descubrirá plenamente el sentido de su vida en tanto que no rehaga, pieza a pieza «conciencia española», así España no tiene mejor empresa en el mundo que reasumir su papel de hermana mayor de las Américas. A manera de ejercicios espirituales, el americano debiera imponerse la meditación metódica de las cosas de América. En las escuelas y en los periódicos debiera recordarse constantemente a los americanos el deber de pensar en España; a los españoles, el de pensar en América. En las hojas diarias leeríamos cada semana estas palabras: «Americanos, ¿habéis pensado en España? Españoles, ¿habéis pensado en América?». Concibo la educación de un joven español que se acostumbra a adquirir todos los meses algún conocimiento nuevo sobre América, por modesto que fuese. Hay que acostumbrar al español a que tenga siempre una ventana abierta hacia América.

España salió de la dictadura y del aislamiento internacional en apenas una generación, se convirtió en una democracia avanzada y ha construido una sólida economía que nos hace alrededor de un 75 por ciento más ricos que hace 30 años. «Quizá ningún otro país europeo ha logrado tanto, y en tantos frentes, tan rápidamente», dijo hace unos años el semanario *The Economist*.

A menudo se olvida en el recuento lo que ha ocurrido con el español. En el mismo periodo de tiempo ha pasado de ser una lengua hablada por 250 millones de personas a más del doble, de estar presente en los planes de enseñanza de muchos países —y siempre por detrás de otras 3 o 4— a estarlo en los de casi todos, y a que, por ejemplo, en Estados Unidos haya dejado de considerarse una subcultura y que la estudien 2 de cada 3 universitarios. Estados Unidos está detrás de México en número de hablantes y por delante de España. Los miles de cifras y datos que están disponibles en los libros de investigación y las estadísticas llevan a una conclusión: el español se ha convertido, junto con el inglés, en la apuesta que hacen los padres de los más diversos países para asegurar el futuro de sus hijos.

Todo ello constituye una fuente de recursos inigualable. Sólo en España aporta una cifra muy importante al PIB, y está por estudiar lo que supone para el resto de los países hispanohablantes. Nuestra presencia en el mundo se lleva a cabo desde hace años sobre todo mediante el español y por eso se puede afirmar que, a la vista de los resultados, la política exterior de la lengua es la que más éxito ha tenido de cuantas España ha desarrollado en las últimas décadas.

El mundo de la cultura es consciente de que la lengua es su mejor aliado. Por citar el último caso, hace unos pocos años el cantante y compositor uruguayo Jorge Drexler, cuyo tema *Al otro lado del río* fue Oscar en la categoría de mejor canción original, aseguraba: «No se puede desligar lo que me está pasando a mí de lo que ocurre con el castellano en todo el mundo. El centro principal de difusión de cultura del mundo está siendo conquistado desde dentro por el idioma español». Ya Andrea había descrito a su hermano Miguel de Cervantes como «un hombre que escribe y trata negocios, y por su buena habilidad tiene amigos». Rondaba entonces los 57 años y acababa de publicar la primera parte de *El Quijote*.

Pero el territorio de La Mancha se extiende de forma muy desigual. En él nuestro país es sólo una provincia. El 90 por ciento de los hablantes vive en América, cuya cornisa occidental forma parte de la región económica —la de Asia y el Pacífico— que según todas las previsiones crecerá más en las próximas décadas, y Estados Unidos y Brasil constituyen los dos países del mundo en los que el español progresa con mayor rapidez. La provincia en la que nosotros vivimos es la única que se sitúa en el continente europeo, donde el número de hablantes en español como lengua materna es inferior a los del alemán, el inglés, el francés y el italiano, y equivalente a los del polaco. Por eso se puede decir con toda seguridad que inevitablemente el futuro del español pasa por América. No podemos gestionar solos los retos de la demanda del español en el mundo. Sería de suma importancia desarrollar de manera conjunta una política cultural común iberoamericana en lo general, y en especial en el caso de la lengua, porque esta y la cultura son comunes y hay que difundirlas entre todos.

De igual modo que el Instituto Cervantes enseña la norma culta común de toda la comunidad hispanohablante, con las variantes específicas de las distintas áreas lingüísticas, deberíamos reflexionar si nuestra labor cultural en el extranjero no debería contemplar la cultura en español como conjunto y contar también con intelectuales hispanoamericanos para el cuerpo directivo del Instituto Cervantes, que es la gran institución que nos aúna a todos internacionalmente. Es decir, convendría encontrar el modo de articular de manera efectiva y sin demagogia lo nacional español con lo supranacional iberoamericano.

En Hispanoamérica, año tras año, reciben a millones de personas que desean mejorar su español y profundizar en nuestra cultura; saben que la lengua constituye una gran fuente de riqueza y que se necesita la colaboración de todos para afrontar la ingente demanda. Necesitamos también colaborar en una tarea tan urgente e imprescindible como seguir formando a profesores, que constituyen la clave de la expansión del español en los próximos años, y empeñarnos en esa enseñanza y certificación común del español como lengua extranjera que aúna esfuerzos y multiplica resultados.

La lengua española ha sido siempre nuestra gran empresa colectiva, eje fundamental de una cultura rica y plural. La lengua española es una materia prima que jamás ha quedado obsoleta, por el contrario, ha crecido indefinidamente, se ha desarrollado por gran parte de los continentes, y se ha multiplicado permanentemente. Ha ayudado de manera decisiva a nuestro gran prestigio en el mundo y, además, ha tenido un fuerte impacto económico. A la extensión física normal, se está ahora añadiendo la ocupación de la mayor parte de los espacios en las redes sociales y todas las maneras y formas de difusión a través de las nuevas tecnologías. Nuestro ámbito también es compartido por la gran lengua portuguesa, tan cercana y hermana, y por países tan decisivos en este siglo XXI como Brasil, Angola, Mozambique. Los hablantes de español y portugués, pasado el presente medio siglo, llegaremos a los casi 900 millones de personas, cifra ya escalofriante. Ambas lenguas abrirán un mercado gigantesco que comparte cultura, pensamiento, raíces comunes y formas de ser.

El español en su intensa y permanente expansión necesita profesores. La industria de nuestra lengua se basa, por ejemplo, en el cine, la televisión, el mundo editorial, el turismo cultural, la música, el patrimonio artístico, la gastronomía, la moda, el diseño, la arquitectura, la radio, las bibliotecas y los archivos, la prensa escrita digital y en papel, así como los sistemas audiovisuales y un largo etcétera. El cine y la televisión son una gran industria económica pero también de propaganda para un país, pensemos, por ejemplo, en Estados Unidos y en Hollywood. La manera de ser, vivir y pensar de esta nación ha sido exportada al mundo a través de esta fábrica de ilusiones. Pero nuestra lengua y nuestra cultura deberán luchar denodadamente contra la piratería y el menosprecio y robo de los derechos de autor. Este robo en apariencia individual se le hace a toda la colectividad de un país. No es un robo unipersonal, sino colectivo. El idioma aporta al año muchos miles de millones a nuestro producto nacional interior bruto, así como crea miles y miles de empleos. Compartir una lengua de más de 500 millones de hablantes significa tener un instrumento de internacionalización empresarial que multiplica los flujos de intercambio bilaterales, y aporta más beneficios. En una reciente encuesta, el 80 por ciento de las empresas españolas que tenían intereses fuera de nuestras fronteras, reconocían que estar presentes en países de nuestra habla las favorecía en todo.

España está en la avanzadilla de la ingeniería tecnológica en la invención y creación de aparatos reproductores, porque no sólo es líder en la creación de contenidos, sino en cómo éstos pueden circular a través de instrumentos como el cine, la televisión, la telefonía móvil, los ordenadores, etcétera. El turismo idiomático se presenta como una demanda cada vez más necesaria que hay que atender. Alumnos de otros países que vienen al nuestro para aprender nuestra lengua, conocer nuestro patrimonio y costumbres. Eso significa viajes, alojamiento, enseñanza. En otra encuesta reciente se hablaba de casi 20 millones de estudiantes de español en todo el mundo. Sin embargo, sólo 1 de cada 50 viene a España a recibir cursos y a vivir temporalmente entre nosotros. Esto debe superarse con mucho y para ello habría que poner de acuerdo al Estado, las comunidades autónomas, las diputaciones, los ayuntamientos y las universidades. De la misma manera que España es uno de los países europeos que acoge a más estudiantes de Erasmus, debería ser el primero en acoger igualmente a estudiantes extranjeros de español.

El español en Internet es la segunda lengua más hablada en número de usuarios, páginas webs y la penetración en la Red: el 36 por ciento en español y el 42 por ciento en inglés. Pero la lucha por incrementar nuestra presencia en la revolución digital que se está produciendo debe continuar. La política de Estado debería preocuparse más de la enseñanza, de la cultura y de la lengua, pues son los elementos básicos de nuestra identidad como nación. El español seguirá caminando a paso firme en el mundo diplomático, científico e intelectual, pero la presencia del Estado debe ser consustancial con todo esto. El español debe tener, por ejemplo, una mayor presencia y peso en la Unión Europea y en los organismos internacionales. El español debe ser global. Y la emigración hispana a Estados Unidos debe tener orgullo, generación tras generación, por seguir hablando tanto el inglés como el español. Y para ello hay que darles un sentido cultural y de pertenencia.

Matthew Arnold, en su libro *Cultura y anarquía* (1869), decía que la cultura procura suprimir las clases sociales, difundir en todas partes lo mejor que se haya pensado o conocido en el mundo, y lograr que todos los seres humanos vivan en una atmósfera de belleza e inteligencia. Y en otro volumen, *Literatura y dogma* (1873), afirmaba que la cultura «era la combinación de los sueños y los deseos humanos con el esfuerzo de quienes quieren y pueden satisfacerlos. La cultura es la pasión por la belleza y la inteligencia, y más aún, la pasión por hacerlas prevalecer».

Tenemos una lengua universal, compartida en nuestro propio país con otras tres cooficiales: el gallego (tan próximo al portugués), el euskera y el catalán, una materia prima inacabable junto con una cultura que jamás ha dejado de fabricar genios para mejorar el mundo. De todo ello es muy importante que seamos conscientes y que también lo seamos de lo mucho que aún podemos llevar a cabo. La lengua, también hoy en día, es un bien muy necesario en el mundo para, igualmente, buscar la paz y el entendimiento.

Cervantes no llegó a América, pero *El Quijote* lo hizo muy pronto. Ya en febrero y abril de 1605 salieron cargamentos para las Indias, y los envíos se sucedieron a lo largo del año. 3 ejemplares tuvieron como destino Cartagena de Indias; 262, México; y otros 100, de nuevo Cartagena, todos ellos pertenecientes a la edición príncipe. En el magistral estudio *Los libros del conquistador*, publicado hace más de medio siglo, Irving Leonard explicaba que la exportación de libros al Nuevo Mundo era tan provechosa que, «como en el caso del *Quijote*, muchas veces se sacaban de las prensas para llevarlos precipitadamente a Sevilla a fin de que no perdiesen la salida de las flotas anuales». La popularidad de los personajes cervantinos en las Indias fue rápida, y dos años después don Quijote y Sancho desfilaban en Perú durante unos festejos.

Leonard demostró también que algunas de las visiones apasionadas que animaron a los hombres del Renacimiento español habían tenido su fuente de inspiración en las imaginarias utopías descritas en las obras de ficción que los acompañaban. Miguel de Cervantes no lo consiguió, pero nosotros, en este muy reciente cuarto centenario de su muerte tan mal celebrada, algo que a Cervantes no le hubiera extrañado lo más mínimo, deberíamos haberlo vuelto a intentar, pues allí, en América, es donde se debate nuestro futuro.

APÉNDICE. DATOS FACILITADOS POR EL INSTITUTO CERVANTES

Centros en 2018: 76

- • América del Norte: 6
  Albuquerque, Boston, Calgary, Chicago, Nueva York, Seattle.
- • América del Sur: 8

Belo Horizonte, Brasilia, Curitiba, Porto Alegre, Recife, Río de Janeiro, Salvador, São Paulo.

- África: 12
  Alejandría, Argel, Casablanca, Dakar, El Cairo, Fez, Marrakech, Orán, Rabat, Tánger, Tetuán, Túnez.
- Asia y Oceanía: 10
  Hanoi, Kuala Lumpur, Manila, Nueva Delhi, Pekín, Seúl, Shangai, Sidney, Tokio, Yakarta.
- Europa: 36
  Atenas, Belgrado, Berlín, Bratislava, Bremen, Bruselas, Bucarest, Budapest, Burdeos, Cracovia, Dublín, Estambul, Estocolmo, Francfurt, Hamburgo, Leeds, Lisboa, Liubliana, Londres, Lyon, Manchester, Milán, Moscú, Múnich, Nápoles, Nicosia, Palermo, París, Praga, Roma, Sofía, Toulousse, Utrech, Varsovia, Viena, Zagreb.
- Oriente Próximo: 4
  Amán, Beirut, Damasco —cerrado temporalmente—, Tel Aviv.

Datos del curso académico 2016-2017:

- N.º de alumnos (personas que se han matriculado en al menos un curso): 69.721.
- N.º de matrículas (una misma persona puede matricularse en distintos cursos): 115.965.
- N.º de profesores de plantilla: 268. (En el curso académico 2016-2017 los centros del IC contaron también con la participación, para dar cursos de lengua, de 1.234 profesores colaboradores).

LA RAZÓN DE LAS MUJERES

Eulàlia Lledó Cunill

> *La identidad se establece a través de símbolos: cómo nos vestimos, cómo nos movemos, pero, sobre todo, a través del lenguaje: cómo se nos llama, qué se dice de nosotras y nosotros, cómo se nos ve, cómo nos presentamos en público y en privado, cómo nos explicamos y se explican nuestros actos, cómo se nos interpreta. El lenguaje no se limita a condicionar, sino que establece de una manera decisiva la representación mental que la gente tiene de las personas y de los grupos.*
>
> MERCEDES BENGOECHEA

Cuando una mira y escucha la lengua, no tiene más remedio que sentirse optimista. Siempre en tránsito, las lenguas cambian cada día y recogen lo que ocurre en la sociedad, en el resto de la realidad que no es la lengua, y, en un estimulante e inacabable camino de ida y vuelta, por un lado, radiografían los cambios, los progresos —a veces, algún retroceso— y, por el otro, inventan, encauzan nuevas maneras de enunciar y representar que contribuyen a cambiar los usos y costumbres de la sociedad; abren posibilidades que antes estaban cerradas o que parecía que no existían.

Es, por tanto, interesante hacer un alto en el camino y ver los cambios en la lengua que van posibilitando la lenta pero imparable progresión de las mujeres en paralelo a los logros del feminismo. Avances que modifican tanto la posición que ocupan en el mundo, su inclusión en ámbitos que antes tenían vetados, como su lugar de enunciación en la lengua, dónde se sitúan en el discurso ya sea cuando explican el mundo ya sea cuando hablan de sí mismas.

Para ver algunas de estas modificaciones dos buenos y complementarios barómetros pueden ser el análisis del diccionario académico *(Diccionario de la lengua española, DLE)* y los cambios que se perciben tanto en el uso como en el contenido de la lengua en la prensa.

Por un lado, las modificaciones que se han introducido y se introducen en las entradas del *DLE*, así como sus inercias y, por el otro, los cambios en el uso de la lengua, voluntarios o involuntarios, conscientes o inconscientes, ocasionados por las vidas y los quehaceres diversísimos de las mujeres y por las reivindicaciones feministas, especialmente las relacionadas con el lenguaje.

UNA OJEADA AL *DLE*

Los diccionarios son un documento representativo para analizar la cuestión. El castellano tiene uno normativo confeccionado por la Real Academia Española que, a pesar de que goza de prestigio, es especialmente renuente a los cambios. Aunque el resto de lenguas del Estado u otras como el italiano o el alemán también tienen academia, vaya por delante que otras —por ejemplo, el inglés, que cuenta con excelentes diccionarios— no tienen academia de la lengua o institución similar ni tampoco diccionario corporativo, lo que muestra que tanto esa clase de institución como ese tipo de diccionario son innecesarios o, como mínimo, optativos.

Dicho esto, nos basaremos en este diccionario para ver estancamientos y progresos en lo referente a la representación de las mujeres.

En la primavera del año 2000 la Real Academia, ya fuera porque era consciente de la clase de ideología que circula por su diccionario normativo, ya fuera por querer entrar en la superficial liga del lenguaje políticamente correcto, que se impone especialmente entre quienes no muestran ningún respeto por la diversidad (hay que hacer constar que los empeños por un lenguaje no discriminatorio, esto es, libre de una óptica racista, sexista, homófoba, etcétera, son anteriores, más serios y sustancialmente distintos a esa moda del lenguaje políticamente correcto), encargó a las doctoras María Ángeles Calero Fernández, de la Universidad de Lleida, a Esther Forgas Berdet, de la Rovira i Virgili, y a mí misma, la revisión del sexismo, el racismo y la discriminación religiosa de la vigésima primera edición del *DLE*, con vistas a la presentación de propuestas de enmienda para la vigésima segunda edición del diccionario.[1]

Hablo de este antecedente porque permite seguir los avatares de algunas modificaciones y la inmovilidad de otros casos.

Una de las propuestas que hicimos de cara al nuevo *DLE* fue la de incluir notas pragmáticas, inexistentes hasta aquel momento. Si la Real Academia se considera legitimada para establecer normas de corrección ortográfica, gramatical y estilística, podría plantearse la posibilidad de hacer recomendaciones en cuanto al uso social de la lengua española y advertir a lectoras y lectores sobre las consecuencias del empleo de palabras de contenido sexista o racista. Para hablantes de otras lenguas estas notas son imprescindibles para saber lo que dicen.

La propuesta seguía la línea de diccionarios europeos (el *Collins Cobuild* y *Le Petit Robert*, especialmente) que consideran que el diccionario debe incidir en la línea de un comportamiento lingüístico que no sea discriminatorio ni subordinador, lo que gran parte de la sociedad actual reclama, y alertar de expresiones vejatorias o injustas para intentar evitarlas. Otros diccionarios actuales las incluyen. Por ejemplo, el *Diccionario Didáctico del Español. Intermedio* emplea notas pragmáticas del tipo: «Su uso tiene un matiz despectivo». Parece que la Academia empieza a planteárselo a raíz de los periódicos y frecuentes revuelos que ocasionan expresiones sexistas. Por ejemplo, *sexo débil*, una de las últimas en saltar a la palestra.

Otro aspecto que exige especial atención es la inclusión de nuevos lemas. La RAE nos dio apenas dos meses (no es mucho tiempo si tenemos en cuenta la parsimoniosa media de años que hay entre una edición y otra) para que realizáramos una propuesta de inclusión de lemas nuevos. En principio, si un lema venía atestiguado por documentos —preferiblemente de las dos grandes bases de datos académicas: el CORDE y el CREA—, cumplía el requisito para ser introducido en la nueva edición; si no, su inclusión podía ser más problemática.

El escaso tiempo concedido alcanzó para proponer la incorporación de 34 lemas.

Me detendré en los lemas que, aunque perfectamente documentados, no fueron admitidos en su momento y comprobaré en el diccionario en línea si la Academia posteriormente los ha incorporado.

Eran los siguientes: *sexolecto, feminolecto, masculinolecto, ginocrítica, ginecocrítica, ginecocrítico/ca, hembrismo, heterosexista, homoerotismo, homoerótico/ca, homosocial, sororidad, género* (en sus formas complejas *perspectiva de, estudios de), clitoridectomía, monoparental*.

Destacan entre ellas voces tan utilizadas en el mundo académico como *género* o *ginecocrítica*, o la exclusión y por tanto minimización de una agresión brutal contra las mujeres, por desgracia muy extendida, como *clitoridectomía*. Pues bien, la edición 2001 no incorporó ninguna y hoy en día la RAE tan sólo ha incorporado el lema *monoparental*.

Es interesante constatar que de otros 3 lemas propuestos sin aporte documental, la RAE rechazó, y sigue excluyendo, *androcracia*, a pesar de que en el *DLE* sí se halla la entrada *ginecocracia*. La Real Academia acoge, pues, en su diccionario un término que no refleja ninguna realidad social —ni actual ni pasada— y la presenta, además, no como posibilidad o hipótesis, sino como hecho y, por contra, no hace constar una realidad tan universal (aunque esperemos que no eterna) como la *andro-cracia*. Elección aun más notable si se tiene en cuenta este ir de puntillas que muestra la Academia a la hora de incluir la experiencia femenina en su diccionario, tal como puede comprobarse en la lista de los lemas rechazados para la vigésima segunda edición y posteriores.

A esto, se le unen las trabas para definir de manera fidedigna conceptos que afectan a las mujeres, como se comprueba a lo largo de todo el diccionario.

Especialmente sangrante es la definición que se introdujo en 2001 de *infibular* («Colocar un anillo u otro obstáculo en los órganos genitales para impedir el coito»). Si alguien pensara que *infibulación* será más explícito, abandone ya toda esperanza («Acción y efecto de infibular»).

En *maltrato* («Acción y efecto de maltratar») y *maltratar* («1. Tratar mal a *alguien* de palabra u obra. U. t. c. prnl. 2. tr. Menoscabar, echar a perder») pasa cuatro cuartos de lo mismo.[2] Ocultación total de que la mutilación es siempre contra las mujeres en *infibular*, mientras los malos tratos lo son mayoritariamente. Lo mismo pasa en *abuso sexual* («Delito consistente en la realización de actos atentatorios contra la libertad sexual de una *persona* sin violencia o intimidación»)[3] y *agresión sexual* («Delito consistente en la realización de actos atentatorios contra la libertad sexual de una *persona* empleando violencia o intimidación»), se habla de personas y nunca de mujeres.

Sorprende si se compara, por ejemplo, con la definición que a sabiendas se mantiene para *ajamonarse* («Dicho de una persona, *especialmente de una mujer*: Engordar cuando ha pasado de la juventud»). Se brindó a la Real Academia definiciones algo más claras y reales de lo que significan las expresiones anteriores pero fueron desdeñadas.

Esta manera de proceder tiene más de un correlato. Por ejemplo, la Real Academia escogió no describir de la misma manera dos prácticas sexuales equivalentes. Y aunque es sabido que las definiciones de diccionario son poco excitantes, incluso en ocasiones algo ortopédicas, se redactaron dos propuestas que al menos gozaban del mismo tratamiento formal y de idéntico contenido para los lemas *cunnilingus* y *felación* («Práctica sexual consistente en estimular (...) por medio de los labios y la lengua»); pues bien, la Academia consideró improcedente hablar de *estimulación* en las mujeres pero no en los hombres, e incidió en el verbo *aplicar* para describir esta práctica en las mujeres, palabra que ni satisface, ni creemos que mejore la redacción: *cunnilingus* («Práctica sexual consistente en aplicar la boca a la vulva»); *felación* («Estimulación bucal del pene»).

Si acudimos a entradas sueltas pero representativas para las que se propuso, ya para la vigésima segunda edición, una nueva redacción no ofensiva o simplemente más real, pero que pese a ello la Real Academia no tuvo a bien modificar, vemos que al fin —quizás por las muchas críticas recibidas— algunas han sido en parte modificadas.

El lema *huérfano/na* ya no considera que la orfandad es mucho más dolorosa y triste si se muere el padre (edición de 2001: «Dicho de una persona de menor edad: A quien se le han muerto el padre y la madre o uno de los dos, *especialmente el padre*»).

El lema *madre* ya no mezcla mujeres con bestias, mientras que *padre* separaba a hombres y animales (edición de 2001: *madre*: «*Hembra* que ha parido»; *padre*: «*Varón o macho* que ha engendrado»). De todos modos y entre otras deficiencias de la definición actual, el olvido de que las mujeres también engendran es contrario a la ciencia.

El lema *cinturón* ya no parte de la base de que no hay prendas de vestir femeninas, y la forma compleja *furor uterino* ya no incide en una pretendida furiosa violencia de las mujeres en su actual remisión.

En cambio, mantiene acepciones absolutamente excluyentes y androcéntricas, por ejemplo, la primera de *sombrero*. Teniendo en cuenta la segunda acepción, ¿a quién se refiere implícitamente la primera que, si no se lee la segunda, parece universal? («1. m. Prenda para cubrir la cabeza, que consta de copa y ala. 2. m. Prenda de adorno usada por las mujeres para cubrirse la cabeza»). Por otra parte, ¿las mujeres lo usan exclusivamente para adornarse?

Otro avance, también errático, se ve en los lemas referidos al cuerpo humano. Aunque la Real Academia sostiene que el término *hombre* contiene y comprende a las mujeres, lo ha sustituido por una forma genérica, por ejemplo en *cabeza* («Parte superior del *cuerpo humano* y superior o anterior de muchos animales, en la que están situados el cerebro y los principales órganos sensoriales»), formas genéricas que ya usaba en palabras como *pecho* y *busto* —parte del cuerpo diferenciada en hombres y mujeres—, pero en cambio mantiene *hombre* en el lema *dedo* («Cada uno de los cinco apéndices articulados en que terminan la mano y el pie del *hombre* y, en el mismo o menor número, de muchos animales»).

Otra modificación más sistemática, aunque no totalmente —dada la tendencia de la Real Academia a no aprovechar todos los recursos a su alcance, en especial los informáticos, para actuar globalmente, y vista su preferencia de proceder caso por caso—, fue la modificación de una gran parte de denominaciones de profesiones, sustituyendo el habitual inicio masculino «El que...», por «Persona que...». Prueba de que las profesionales ya no les cabían en el masculino. Esto supuso, por ejemplo, la incorporación masiva de las mujeres al léxico del ejército, no a través de un término femenino propio, sino mediante el género común de una buena parte de las entradas anteriormente marcadas como masculinas. En cambio, en muchas profesiones liberales el *DLE* prescribió el uso del género masculino para designar a las mujeres y en ocasiones usa «Persona que...» en acepciones marcadas como masculinas, estableciendo una asociación entre persona y hombre.

Detengámonos en un caso de dos profesiones prestigiosas para ver hasta dónde llegan los avances y por qué vericuetos.

Poco antes de que Margaret Thatcher ganara en 1979 las elecciones y fuera primera ministra británica, hubo una gran polémica en la prensa sobre cómo debía denominársela. Algún medio optaba por *primer ministro*, para otros la expresión adecuada era *primera ministra*; había fórmulas intermedias del tipo: *la primer ministro, la primera ministro.*

En aquel momento, la Real Academia para justificar *ministro* y *primer ministro* para las mujeres (estamos hablando de un cargo con poder) se enzarzaba en un discurso que venía a decir que dichas denominaciones se referían a cargos y no a hombres, y añadían que el masculino de la profesión nada tenía que ver con lo que dieron en llamar «el sexo del referente».

Actualmente creo que ya nadie duda de que la forma más adecuada es *primera ministra*. Se cobija en la bella tradición de denominar con propiedad a las profesionales: *La pícara Justina* de Francisco López de Úbeda (1604) documenta entre otros oficios *alcabalera*, *portazguera*, *cerrajera*; hay atestiguadas judías aragonesas que en los siglos xiv y xv fueron *perleras, correderas, procuradoras, recaudadoras* y otros oficios.[4] El uso se ha impuesto, cosa lógica y de sentido común si se tiene en cuenta que Thatcher era una mujer y el género gramatical existe.

Como la humanidad —sobre todo la que se dedica a la lexicología— tropieza una y otra vez con la misma piedra, reincidió en un caso similar.

En septiembre de 2005, la política Angela Merkel ganó por primera vez las elecciones en Alemania y pasó a ser su cancillera. La Real Academia (con oposición en sus filas)[5] se apresuró a incluir una inusual nota en su página web titulada *Nota sobre el femenino de canciller*, en la que decía que ante las dudas sobre cuál era la forma adecuada para el femenino del sustantivo *canciller* (curiosa manera de plantearlo) remitía al *Diccionario panhispánico de dudas* (obra en aquel momento en prensa). Dicho diccionario, contraviniendo las reglas de formación de femeninos y masculinos, especialmente los regulares, postulaba *canciller* tanto para mujeres como para hombres.

Contrasta porque, en cambio, la Real Academia —un paso por delante de algunos medios de comunicación— introdujo *negocianta* y cargos prestigiosos como *fiscala* y *jueza*. (En un primer momento, 2001, *negocianta* y *fiscala*, y aun otros, figuraban en entrada separada del masculino).

Ahora bien, lo relevante y esperanzador a mi entender es que ya nadie propuso la denominación «el canciller» para referirse a Merkel y se pasó directamente a llamarla «la canciller». Ni tan siquiera la Real Academia Española lo postuló ni apeló al «sexo del referente». Se saltaron una prescindible etapa.

Que la Academia propusiera ya una denominación marcada en femenino, aunque fuera en el artículo, muestra que a su ritmo y manera progresa en la aceptación de femeninos prestigiados donde antes era mucho más remisa. El paso adelante en su concepción de femeninos y masculinos es un exponente de los cambios en la lengua en general respecto al sitio que ocupan las mujeres y su representación. Un homenaje y reconocimiento a los esfuerzos de tantas mujeres.

La alegría por este cambio de posición no obsta para consignar que la Academia dejó pasar una oportunidad de oro al no proponer directamente el femenino *cancillera*. Prueba de ello, y de que el principio de realidad suele acabar imponiéndose, es que la prensa —habitualmente un paso por delante de la Academia en estos menesteres— utiliza *cancillera* sin complejos (incluso a veces contraviniendo sus propios libros de estilo).

Veamos una prueba de dicha denominación. Todas las apariciones del cargo de Merkel (además de las que hay a continuación) tomaban la misma forma:

Destacado: El partido de la *cancillera* también gana las elecciones en Sajonia-Anhalt.

La *cancillera* alemana, Angela Merkel, superó ayer con extraordinario éxito las primeras elecciones regionales celebradas en el país (...).

El pragmatismo de la conservadora Merkel, su estilo consensual y sus alabadas giras internacionales elevaron la popularidad de la primera *cancillera* de la historia.[6]

Que el corresponsal esté en Berlín seguramente influye en su opción. Por un lado, el alemán tiene para esta denominación dos formas, una femenina y otra masculina; por otro, se halla lejos de la Academia. Esto es una constante; por ejemplo, innovan más en la lengua francesa las canadienses, suizas o belgas que las del país galo.

En resumen, a pesar de su falta de coherencia en el tratamiento de casos idénticos y la renuencia a incorporar lemas nuevos, especialmente si provienen de sectores progresistas, incluso en el *DLE* se observan algunos avances.

Hay que apuntar, además de la inclusión de notas pragmáticas, la labor valorativa de la presencia y experiencia de las mujeres, articulada sobre todo a través de los ejemplos, que han emprendido muchos diccionarios, principalmente los escolares.

ALGUNOS CAMBIOS DE ENVERGADURA

Dejando a un lado los diccionarios, los cambios en la lengua son continuos y múltiples. Grandes o pequeñas en número de hablantes, todas las lenguas tienen los recursos necesarios para solucionar tanto cuestiones generales como los casos que nos ocupan. A veces son de lo más insospechado, innovaciones que llegan al castellano peninsular desde América del Sur, por ejemplo, el neologismo *dirigencia*. Ampliaciones de sentido, por ejemplo, *criatura*, palabra muy poco usada para denominar a un niño, a una niña, empezó a utilizarse como práctico término genérico seguramente por influencia del catalán. La traducción y el contacto, el trasvase entre lenguas, en especial si son próximas, son motores de cambio. Aunque a veces causen estragos; sólo hay que pensar en la voz inglesa *gender*.

A lo largo de unas cuantas décadas se han ido viendo cambios en los más distintos ámbitos; en paralelo, diversas guías de uso de la lengua proponían o recogían un sinfín de propuestas.[7]

No digo nada nuevo si sitúo la arroba (su precedente fue el asterisco), las barras, las formas genéricas o las formas dobles como principales fórmulas visibilizadoras. Todas ellas tienen su pequeña historia, sus momentos de gloria y, para algunas, de decaimiento. El cambio de actitud favorable de una gran cantidad de hablantes respecto a las reivindicaciones feministas relacionadas con la lengua y, en mayor medida, la certeza de que las mujeres realmente existen y tienen vida y voluntad propias han contribuido a ello.

Es necesario señalar que las guías raramente inventan nada; por lo general recolectan innovaciones (y las ordenan y sistematizan) que aparecen en la lengua producto de una sociedad cambiante.

Emergen entonces maravillosas e inesperadas formas de visibilización. Seguir los indicios de cambios nuevos deviene entonces una tarea apasionante, puesto que a veces permite intuir qué caminos puede tomar la lengua respecto a la visibilización de las mujeres.

En primer lugar, porque es el tipo de cambios donde mejor puede observarse la íntima relación entre contenido y forma. Las maneras concretas que adopta la lengua para visibilizar a las mujeres responden, o bien a una percepción distinta de quiénes somos o de qué hacemos las mujeres, o bien a unas maneras de situarse y de estar en el mundo más cómodas y plenas.

En segundo lugar, porque estamos hablando de cambios no inducidos. Es decir, los mejores. En lengua se pueden producir variaciones porque alguien las induce o sugiere. Es relativamente frecuente cn el ámbito de la Administración, por ejemplo, que alguien decida que en los formularios en lugar de poner «el interesado», se ponga «la persona interesada»; que para que todo el mundo se pueda identificar con la redacción se recomienden formas genéricas; o que cuando se ofrezcan puestos de trabajo, tengan que constar tanto en femenino como en masculino.

Contrariamente a este tipo de cambios, los que se verán a continuación son *espontáneos*; nadie, ninguna guía, los ha propuesto, pero está claro que no aparecen por casualidad; responden a cambios profundos, a veces, tan grandes que son difíciles de percibir. La lengua, al adoptarlos, se erige en notaria de esta realidad cambiante.

A continuación se verán unas cuantas pistas de por dónde pueden ir los tiros a la hora de visibilizar a las mujeres en un futuro tan próximo que ya empieza a apuntar.[8]

ALTERNACIÓN DE FEMENINO Y MASCULINO

Me refiero al fenómeno que consiste en alternar en un mismo documento, en una misma frase, masculinos y femeninos. No me refiero, desde luego, a estereotipadas fórmulas como *médicos y enfermeras* —expresión en que se antepone un excluyente masculino, jerárquicamente superior por demás, a un femenino subordinado que sólo las contempla a ellas—, ni tampoco a formas dobles como *escritoras y escritores*. Me refiero a masculinos y femeninos que operan en plan de igualdad. Es decir, al contener el femenino al masculino y viceversa, los dos se perciben como genéricos.

El primer ejemplo es del escritor y político independentista Julià de Jòdar, y mezcla en él con naturalidad femeninos y masculinos:

De pequeño viví en Artigues, entre Badalona y Sant Adrià de Besòs. Un día, el dueño de la panadería me recitó aquello de «setze jutges...» y no entendí nada. Mis padres hablaban catalán, pero en la escuela y en la calle dominaba el castellano —mi lengua materna—. El panadero no se burlaba de mí, pero a unos ojos extraños podía ser un charnego párvulo. En el barrio obrero del Gorg de Badalona, no se hablaba de charnegos: *tenderos* y *pescaderas*, oficinistas y *mecánicos*, modistas y *peones* sólo formaban un conglomerado poroso de *catalanes, murcianas, valencianos, aragonesas, extremeños* o *andaluzas* —culturas confluyentes entre las clases trabajadoras—.[8]

Es una forma pulcra y económica que permite imaginar detrás de la palabra *andaluzas* a los andaluces y, en justa correspondencia, ver a las valencianas en el término *valencianos*.

De una escritora mexicana, Elena Poniatowska, concretamente de una de sus respuestas en una entrevista a raíz de recibir el premio Cervantes, procede un ejemplo mucho más simple:

> *Y hablando de palabras, ¿diría que el PRI, que gobernó durante 70 años México ininterrumpidamente, era una dictadura, un régimen autoritario?*
>
> El PRI ha sido un poder prepotente y que ha actuado como un dictador, siendo un partido. (...) El PAN y el PRD no han inventado una nueva forma de hacer política, ni han actuado en forma muy distinta al PRI. (...) No hay aquí alguien que podamos señalar, *un diputado* o *una senadora* que yo quiera oír o que quiera seguir, no existe.[10]

En esta línea hallaríamos muchas otras: «No puedo aportar datos, porque *las sociólogas* y *los politólogos* con recursos no hacen ni comentan encuestas sobre ello». También al hablar de relaciones cercanas: «Pero busque refugio en la pintura renacentista, en los vuelos de la obra de Gaudí, en su esposo o esposa, su *hija* o su *nieto*, en los regates de Messi»; o familiares y próximas: «Un proyecto político puede empezar con recursos conseguidos voluntariosamente desde abajo, pidiendo cinco euros a *la tía* y cinco euros *al vecino*». Aunque abundan las expresiones generales en la línea de la primera que se ha visto:

> ¿Cómo contar, por ejemplo, el besamanos, tan tedioso? ¿Cuántas veces dio la mano el Rey? (...) Lo bueno habría sido que entre los dos mil invitados hubieran introducido, disfrazados de gente bien, a *un mendigo*, a *una pobre*, a *un indigente*, a *un parado*, a *una inmigrante ecuatoriana*, a *una investigadora sin beca*, a *un niño sin comedor*.[11]

A veces las dos partes de la alternación están separadas. Un párrafo empieza así: «Puede, *lector*, que estés leyendo estas palabras...» y líneas abajo el siguiente, así: «Pero a lo mejor, *lectora*, has empezado a leer...».

A la vista de estos casos que alternan con eficiencia el uso de una serie de palabras en femenino con otra de términos en masculino, es imaginable la posibilidad de que tanto el femenino como el masculino puedan ser genéricos. Un grandioso cambio de paradigma.

FEMENINO UNIVERSAL O GENÉRICO

Otro fenómeno emergente es el que provisionalmente bauticé como *femenino universal o genérico*. Es una fórmula radical que en su sencillez y economía no oculta el sexo de las mujeres y permite además incluir e imaginar a personas de ambos sexos. El fenómeno puede tener distintas concreciones.

Puede ser un femenino singular que hable de una mujer que forma parte de un grupo mixto. En el siguiente subtítulo de una noticia parece claro que la consideración de Annie Leibovitz trasciende el sexo e incluye tanto a fotógrafos como fotógrafas: «Está considerada como *la fotógrafa* viva más importante del momento y la mejor pagada. Se ha impuesto en la votación a la agencia Magnum».[12]

Una gran cantidad de diarios se referían a su mérito con expresiones equivalentes.

El femenino puede ser plural y puede incluir tanto a mujeres como a hombres a quienes ocurra lo mismo:

> Anna es una estudiante brillante pero no sigue ningún método especial para conseguir sus súper notas. «No soy de *las* que pasa horas y horas en la biblioteca estudiando; lo que hago es estar atenta en clase, así te quedas con la idea general y a la hora de estudiar sólo tienes que fijar los detalles», señala.[13]

Puede ser una expresión que hable de una protagonista aunque se entresaque de un grupo de ambos sexos (La primera *superviviente del accidente*; en el bien entendido que también sobrevivieron hombres a la tragedia); una expresión que se refiere a la protagonista en femenino para valorarla en relación con colegas de uno y otro sexo *(Es* la mejor escritora dramática *de su generación)*; una expresión que compara a la protagonista con personas de ambos sexos y este grupo se expresa en masculino (Una *de* los mejores escritores; *Una de* los músicos *más importantes del mundo; La primera de* los tres catalanes secuestrados); una expresión que compara a la protagonista con personas de ambos sexos, pero en esta ocasión se refiere al grupo en femenino (Una *de* las *artistas más influyentes)*. A veces aparece en las secciones de diario más inesperadas; en algunos crucigramas, ya no se hace constar que la solución tiene que ponerse en femenino, lo da por defecto *(Está de vacaciones: OCIOSA)*.[14]

En el siguiente ejemplo, la directora de cine Isabel Coixet habla de una pequeña inventora de 6 años, así, en femenino, pero permite pensar también en un crío de esta edad:

Todavía no he encontrado un emoji que consiga expresar la me-
lancolía que siento algunas tardes de domingo a eso de las siete de
la tarde. O delante de un mar en invierno. O cuando me doy la
vuelta en una sala de cine después de ver una película particularmente emocionante y veo que he sido la única *espectadora*. Aunque
igual en estos momentos *una cría* de 6 años en algún lugar del
mundo ya está inventando uno.[15]

Parece claro que Coixet usa el femenino *espectadora* porque ella
es una mujer, pero esto no implica que un espectador no haya
podido vivir la misma experiencia y pueda identificarse con lo
que explica.

PORQUE UNA LO VALE

Dándose la mano con este *espectadora*, vemos como cada vez más
mujeres, en más contextos y en cualquier nivel de lenguaje, hablan
en primera persona autodenominándose con el determinante *una*.

Hace un tiempo no era así. Valga como ejemplo que en toda
la hermosa correspondencia entre Rosa Chacel y Ana María
Moix no he podido hallar ninguno.[16]

En un primer momento, se utilizaba sólo para experiencias
exclusivamente femeninas (*cuando* una *tiene la regla...*, etcétera).
Luego empezó a usarse para experiencias compartidas por hombres y mujeres del tipo (una *piensa que...*, una *se pregunta si...*)
que antes se expresaban básicamente en masculino.

Hubo pioneras como Maruja Torres que ya un lejano 1995,
en *El País*, afirmaba: «*Una* se hizo periodista para ver mundo».
Torres evidentemente hablaba de ella, pero al mismo tiempo la
razón aducida para abrazar la profesión puede hacerse extensi-
va a otras y otros periodistas.

Veamos una serie de otra periodista, Susana Rodera Ranz,
que tanto podría referirse a una mujer como a un hombre:

Si *una* no creyera que lo cotidiano no puede pasar a ser ilegal de un día a otro, si *una* no creyera que la autoridad no se ejerce mediante el amedrentamiento, podrían incluso convencerla de que todo esto es normal. Si *una* no supiera que España es miembro de la Unión Europea...

De ahí a usarlo delante de un sustantivo que hasta hace poco se enunciaba únicamente en masculino hay tan sólo un pequeño paso: «La que está detrás de Ada Colau lo da todo. Es *una* crack».[17]

Cabe esperar, lógicamente, que sea un recurso que sólo usen las mujeres, o que se ponga en boca de una mujer, pero incluso puede hallarse en una redacción de un hombre. A partir de una doble forma, claro está:

> Cuando uno o *una* decide arriesgarse con el atuendo, está en su perfecto derecho, pero tiene que apechugar con las consecuencias. (...) Supongo que Carme Chacón, más allá de sus gustos personales, quiso que se visualizara que algo estaba cambiando en el ejército, y me parece muy legítimo.[18]

El autor utiliza el determinante *uno* porque habla a partir de él, pero a continuación lo dobla con un *una* porque está refiriéndose a cómo viste la ministra y no él.

No es raro, pues, que cuando se piensa en la posibilidad de la presencia femenina y masculina, este tipo de fórmula se prodigue en construcciones parecidas.

MASCULINO ESPECÍFICO

En justa correspondencia a estos usos del femenino, cuando se habla de una experiencia masculina empieza a especificarse esta circunstancia ciñéndose más fielmente a la realidad. Hasta hace poco esta parcialidad no solía concretarse y se hacía pasar la parte por el todo. En el ámbito deportivo es cada vez más frecuente. Veamos una en el subtítulo de un artículo:

La homofobia que ha perdurado en el deporte profesional *masculino* empieza a disiparse.
[Y luego:] «Soy negro y soy homosexual». Algún comentarista ya ha saludado el paso dado por Collins como un avance histórico para el deporte profesional *masculino*. (...) A pesar de los cambios sociales, lo cierto es que, una vez que ha quedado prácticamente desterrado el racismo, la homofobia ha perdurado en el deporte profesional *masculino*.[19]

También pueden verse en críticas de cine. Por ejemplo, en la de un film protagonizado por Clint Eastwood: «La película, por descontado, está con él, con el espíritu de los viejos dinosaurios, los bares con aroma country, mucha cerveza y humo y amistades *viriles*. Como toda la vida. O como todo el cine».[20]

En un ámbito inesperado, en una cartela de un cuadro de Akira Kanayama: «En esta obra, el talento *masculino* que manifiesta sus sentimientos a través de la pintura, es sustituido por un coche de juguete que se mueve al azar sobre el papel».[21]

Por fin —y ya era hora—, relativizando la universalidad del sufragio si sólo votan los hombres: «... la correlativa universalización del sufragio *masculino*».

Los cuatro fenómenos que acaban de verse implican una manera nueva de considerar la lengua y ver el mundo. Como se decía anteriormente, son cambios no inducidos, responden a la voluntad y al deseo de muy diversas mujeres —que calan también en los hombres— de representarse y tener un lugar en la lengua. El uso de la palabra *una* para autorreferenciarse implica utilizar la lengua de manera distinta según el sexo. No es una novedad, pero sí lo es en este sentido. El femenino con valor universal o genérico y el masculino específico son dos caras de una misma moneda, cuestionan la pretensión de que el masculino es una forma no marcada inclusora del femenino y del masculino. La alternación muestra que femenino y masculino pueden ser genéricos si van a la par.

DOBLES FORMAS, UNA VIEJA Y BELLA TRADICIÓN

Para acabar, una referencia a las dobles formas, sin duda el recurso más controvertido cuando se trata de nombrar a las mujeres.

Bueno es recordar que, al igual que las profesiones en femenino —recordemos las *procuradoras* y *recaudadoras* antes citadas de los siglos XIV y XV— las dobles formas siempre se han utilizado. Una ojeada al Antiguo Testamento, *El cantar de mio Cid*, el *Libro de Buen Amor*, el romancero... lo muestra. Gozan incluso del reconocimiento de sus furibundos detractores ya que, a pesar de denigrarlas, las usan cuando les conviene.

Dobles formas como las que profusamente se oyen en Cataluña con toda normalidad, mientras escribo estas líneas, para referirse a la futura o futuro presidente de la Generalitat, puesto que uno de los nombres que sonaba para la presidencia era el de la diputada Elsa Artadi (una vez más, como en las 130 veces anteriores, es un presidente). Como se visualizaba a una política, un gran número de personas, incluso sin apercibirse o sospecharlo, usaba dobles formas para referirse a ella.

Incluso, cerrando el círculo, y a pesar de que la Real Academia abjura de ellas, se usan en el *DLE*. Por ejemplo, en la forma compleja *otra, u otro, que tal baila*, en la quinta acepción de *abdomen* («Vientre del hombre o de la *mujer*, en especial cuando es prominente»), en *brujería* («Conjunto de prácticas mágicas o supersticiosas que ejercen los brujos y las *brujas*»). Como el caso de Artadi, muestran que es muy difícil no nombrar a una mujer si la percibes, si piensas en ella. Que el *DLE* caiga en la cuenta de que existen mujeres preferentemente cuando habla de per-

sonas viciosas y no dignas de encomio, de barrigas o de hechi-
ceras, no viene marcado por el funcionamiento y las posibilidades de la lengua.

Ahora bien, quizás el mejor homenaje a este empeño emble-
mático de representar más y mejor a las mujeres que son las
dobles formas se halla en el documento *Sexismo lingüístico y
visibilidad de la mujer* que, capitaneado por Ignacio Bosque, la
Real Academia realizó en parte para combatirlas.[22]

En el informe, al tiempo que se censuran algunas dobles
formas, se usan en tres ocasiones.

DE CARRILEROS Y PISCINAZOS

Jesús Castañón Rodríguez

Desde el siglo XIX, el deporte moderno ha sido un ámbito de constante crecimiento para la lengua española, una cancha de variadas voces y acentos en la que el esfuerzo es progreso y la competición se transforma en una fiesta social y una ocasión para el arte. A veces, esta renovación coral del idioma ha dado la sensación de que el castellano se encontraba *KO* o en *KO técnico* frente a otras lenguas y, sin embargo, gracias al esfuerzo de ambos lados del Atlántico, no hay nada más lejos de esta situación de *fuera de combate* o de *inferioridad*.

Es cierto que, por su carácter cambiante y en ebullición, en el ámbito deportivo se registran numerosos errores que merece la pena orientar. No obstante, en el análisis de sus palabras y expresiones nuevas, es necesario ver más allá del lenguaje periodístico y su tendencia a desbordar el uso normativo, puesto que también realizan aportaciones la vivencia técnica de los protagonistas de la competición y de los profesionales del deporte, la experiencia apasionada de sus seguidores, la estética de la alianza del deporte con la literatura y otras manifestaciones artísticas y la práctica proporcionada por la tecnología.

Numerosas expresiones se han entrecruzado y reforzado con un alto grado de creatividad hasta atraer la atención del público y enriquecer la lengua. Las instituciones lingüísticas han combinado el purismo y los modelos normativos con otros enfoques para comentar la gran influencia social de sus neologismos en la renovación de la lengua general y los organismos del deporte han tomado diversas iniciativas para declarar el idioma español como lengua oficial. Mientras la FIFA aprobó por unanimidad en 1946 una propuesta de la Confederación Sudamericana —que contó con el apoyo de Argentina, Chile y Uruguay—, en el Comité Olímpico Internacional se consiguió su uso en la traducción simultánea de sus sesiones, tras 4 intentos entre 1952 y 2007 con propuestas de Cuba, México, Perú y Uruguay.[1]

EL ESTUDIO DE LOS NEOLOGISMOS

Una visión tradicional de los neologismos ha centrado su mirada en los nuevos conceptos que introduce cada reglamento deportivo y que, al ser difundidos en inglés y francés como lenguas oficiales de las federaciones deportivas internacionales y del Comité Olímpico Internacional, se ha considerado que el deporte conforma una especie de idioma internacional de tecnicismos.[2]

Sin embargo, en la actualidad esta realidad es más compleja ya que afecta a términos y expresiones procedentes de 39 lenguas distintas y se ha diversificado al acoger realidades que surgieron con el *sport* del siglo XIX, los deportes relacionados con los Juegos Olímpicos de la era moderna, el deporte de aventura ligado a servicios de turismo, el deporte extremo, las actividades dirigidas en los gimnasios y los deportes relacionados con las aplicaciones de la tecnología.[3]

Su reflexión ha sido analizada por la visión institucional lingüística y la mirada de los medios de comunicación.

La observación institucional

Entre 1899 y 2010, los diccionarios institucionales han acogido neologismos deportivos. Es el caso del *Diccionario de la lengua española,* desde 1899, y desde las primeras ediciones del *Diccionario manual e ilustrado de la lengua española* (1927), el *Diccionario panhispánico de dudas* (2005), el *Diccionario esencial de la lengua española* (2006) y el *Diccionario de americanismos* (2010), así como el *Diccionario del habla de los argentinos* (2008) y el *Diccionario de mexicanismos* (2010).

Comienzan su examen a finales del siglo XIX, con los ejemplos de las academias de Argentina y España. En la primera, en un diccionario de argentinismos, aparece la *piragua* como embarcación de construcción sencilla empleada por los indios. En el *Diccionario de la lengua castellana*, editado por la Real Academia Española en 1899, aparecen términos como *esgrima, gimnasia, regata* y *velocípedo* en unos tiempos marcados por la figura del *trovador deportivo* que publicitaba la belleza del deporte, la conveniencia y la necesidad de su práctica y en la que participaron médicos, higienistas, publicistas y propagandistas a través de las primeras publicaciones escritas. Ya se registran como derivados *esgrima, esgrimidor, esgrimidura* y *esgrimir; gimnasia, gimnasio* y *gimnástica; velocipédico, velocipedista* y *velocípedo.*[4]

En esta edición estuvo a punto de ser incluida más terminología deportiva en colaboración con la prensa especializada. Antonio Viada recordaba en 1902 que Víctor Balaguer le pidió una lista de voces deportivas españolas o españolizadas por el uso o que pudiesen ser adaptadas. Afirmaba que olvidó el encargo y que cuando entregó una lista de 40 términos deportivos a Tamayo y Baus, el diccionario ya estaba en imprenta. Entre otros, recogía neologismos como *entrenamiento, entrenador, entrenar, deporte, deportivo, deportivamente, hándicap, mache, embalaje, embalar, espor* y *esporman.*[5]

Esta colaboración entre lingüistas y periodistas encontró continuidad en Colombia para sustituir por expresiones en lengua española para el lenguaje radiofónico del fútbol y en la tarea de la Comisión de Vocabulario Técnico de la Real Academia Española para atender todo tipo de términos deportivos que se

considerasen adecuados conforme a la tradición y a la naturaleza íntima del castellano.[6]

Desde el último cuarto del siglo XX, el estudio de los neologismos ha generado 4 tipos de obras: los diccionarios especializados, los observatorios, la construcción de corpus léxicos
y la reflexión comparada con otras lenguas europeas. En el
primer caso, Argentina y España han aportado obras que registran palabras novedosas, documentan y describen usos en
fuentes escritas o cuentan con un enfoque orientado hacia la
corrección idiomática.[7] En el segundo, desde 1988, el Observatorio de Neología de la Universidad Pompeu Fabra ha do-
cumentado usos de la prensa que se han venido complemen-
tando con el Observatorio de Neologismos del Instituto
Cervantes y que en 2016, para el término *deporte*, registraban
cuatro nuevas voces: *extradeportivo, hiperdeportivo, superdepor-
tista* y *superdeportivo*. En el tercero, con el fin de atender al
estudio histórico de la lengua se ha puesto en marcha la con-
fección de corpus modulares que favorecen aspectos de lexicografía relacional.[8] Finalmente, en el siglo XXI, la formación de
palabras del deporte ha sido motivo de reflexión en encuentros
y especiales en los que el español se compara con otras lenguas
europeas.[9]

La mirada de la comunicación

El afán del periodismo deportivo por el buen uso del idioma ya
está presente en Barcelona en la reunión de periodistas deportivos que se celebró el 4 de febrero de 1902 en la sala de redacción
de la publicación quincenal *Los Deportes* con el fin de sustituir
terminología inglesa y francesa por voces en español. Buscaban,
según sus palabras, ajustarse al patrón *oro castellano* y a ella le
siguieron una serie de artículos y la intención de convocar a los
redactores de *Los Deportes*, los diarios locales de Barcelona, re-

presentantes de centros deportivos y otras opiniones para abordar esta tarea.[10] Esta necesidad se produjo en un momento en el que el periodismo deportivo evolucionó del *trovador deportivo*, que contaba las ventajas del deporte, al *repórter deportivo* y *revistero sportivo*, desempeñado por periodistas especializados que se aglutinarán en torno al Sindicato de Periodistas Deportivos para difundir los deportes modernos y desarrollar sus sociedades.[11]

Entre otros, destacaron en esta época Antonio Viada y Josep Elías i Juncosa. El serial de ocho artículos «Sobre el vocabulario deportivo», original de Antonio Viada, recogía voces generales, nombres de 9 deportes, términos de hípica, automovilismo y ciclismo, correcciones y comentarios sobre aportaciones anteriores, así como voces de juegos de pelota. Esta tarea desembocó en el libro *Manual del Sport* y en la inclusión de términos deportivos en el *Diccionario Enciclopédico de Salvat* en la edición de 1906.[12] Las propuestas, realizadas por Josep Elías i Juncosa, *Corredisses*, desde el diario *La Veu de Catalunya* y la revista *Los Deportes*, fueron desarrolladas en la *Biblioteca Los Sports* como una serie de libros de divulgación de los deportes modernos, y también se incorporaron a la *Enciclopedia Ilustrada Seguí* en 1910 y a la edición de 1935 del *Diccionario Enciclopédico de Salvat* y su reimpresión de 1942.[13]

En esta labor de adaptar la terminología al castellano convivía esa preocupación con el enfoque general de los catálogos de solecismos y barbarismos que elaboraron Julio Casares, Mariano de Cavia, Eduardo de Huidobro o Ramón Franquelo y Romero, para comentar voces de automovilismo, boxeo, carrera continua, caza, fútbol, hípica, lucha, patinaje, pesca, tenis y vela.[14]

Les siguieron el diario *El Debate* y la Escuela Oficial de Periodismo, que evolucionaron del aluvión de palabras exóticas y su invasión a favorecer la actitud reflexiva de la ciudadanía ante el idioma y ofrecer pautas para su empleo.[15]

Durante el siglo xx se sumaron nuevos directores de medios deportivos para recopilar vocabulario y reflexionar sobre literatura de tema deportivo: Julio Bernárdez, Juan José Castillo, Julián García Candau, Acisclo Karag, José Luis Lasplazas, Santiago Peláez, Alfredo Relaño, Paco Rengel...[16] En vísperas de los Juegos Olímpicos de verano de 1992, el Congreso El neologismo necesario reunió en 1991 a Luis Infante *(Marca),* Julián García Candau (EFE), Pedro Riaño *(Sport)* y Juan José Castillo *(Mundo Deportivo)* en la mesa redonda «Neologismos en la prensa deportiva». Destacaron el afán del periodista por titular en castellano de forma breve y sus dificultades. Comentaron que resultaba más cómodo tomar directamente el extranjerismo puro que proponer una traducción o equivalencia, cuando procede de lenguas de alfabeto no latino, y mimetizar la terminología propuesta por las federaciones. Mostraron su preferencia por usar las formas más empleadas en la calle, aunque no coincidan con la corrección académica, gracias a su alto grado de novedad, expresividad o un supuesto aire de cultura y prestigio.[17]

TIPOS DE NEOLOGISMOS

El deporte está considerado uno de los ámbitos que facilita un mayor número de neologismos al poner en circulación voces técnicas que pasan al dominio público y usos que se instalan en la lengua coloquial. Es visto como un elemento activo en la renovación del idioma al revitalizar con nuevos sentidos metafóricos palabras ya existentes, aportar creaciones onomatopéyicas e incorporar voces ajenas.[18]

De los 4 grandes bloques en que se organizan los neologismos —formales, sintácticos, semánticos y préstamos—,[19] la creatividad del deporte se concentra, especialmente, en tres.

Neologismos formales

Son muy productivos: derivación, composición, parasíntesis y siglación, acronimia y abreviación.

En primer lugar, la derivación recurre a numerosos prefijos y sufijos. A lo largo de la historia, la prefijación ha permitido registrar casos curiosos en torno al gol: *pregol,* para la ocasión de peligro que no termina en tanto; *autogol,* para la anotación en propia meta; *contragol,* para el gol conseguido de forma no ajustada a reglamento; y *vicegol,* si se queda en una ocasión clara de marcar. Para aludir a una posición son frecuentes los prefijos *co-, extra-, pre-* y *sub-,* como ocurre en *colíder,* para el deportista o equipo que comparte la posición de líder empatado con otro rival, en *extradeportivo, precalentamiento* o *subcampeón.* Expresan número, cantidad y tamaño *bi-, mini-, semi-* o *tri-,* como pasa en *semifinal* o con la organización del centro del campo de un equipo en la que los centrocampistas realizan tareas defensivas y atacantes: si es uno, es *pivote*; si son dos mediocentros, se habla de *doble pivote* y, si hay tres, surge el *trivote.* Se intensifica gracias a *mega-, super-* o *ultra-,* lo que se cumple en *megaacontecimiento, supercampeón* y *ultraman.* Se niega o se da una respuesta mediante *anti-* o *contra-,* como en *antifútbol* o *contraataque.*

La sufijación ha generado múltiples valores. Algunos ejemplos serían:

- *-ada* se emplea en *largada* o «salida» en el atletismo; con valor de «conjunto de elementos», en *fanaticada* para referirse a la *hinchada*; y con efecto de valoración, en *cantada* y *remontada.*
- *-aje* se usa para referirse a una acción o efecto como *embalaje* o *esprint* y *repechaje* para la fase de repesca o una nueva oportunidad de clasificación en una competición.
- *-ar* o *-izar* marca acciones a partir de un sustantivo; es el caso de *campeonar,* en Sudamérica, y *campeonizar,* en Cen-

troamérica, a la hora de proclamarse vencedor en una competición.

- *-ata* se encuentra en México con *caminata* para designar la competición de marcha atlética.

- *-azo* expresa una acción o hecho tanto de forma positiva como negativa; es el caso del *maracanazo*, para el triunfo en una final cuando las condiciones objetivas son adversas, el *calcetinazo* con el que en El Salvador se designa el «remate defectuoso o flojo», y el *piscinazo* para la simulación exagerada de una caída en el área pequeña del fútbol.

- *-e* se documenta en *despeje* y *rechace*.

- *-ear* es un recurso habitual para formar verbos desde adaptaciones hechas del inglés. Es el caso de *donquear* y *presear* en el baloncesto para, respectivamente, machacar a canasta, en Honduras y República Dominicana, o presionar, en Puerto Rico. O el uso en Chile de *pimponear* para jugar al pimpón o tenis de mesa y *kayaquear,* en Puerto Rico, para ir en piragua.

- *-ero* es frecuente para especificar una función especializada dentro de un equipo. Se registra en varios países sudamericanos *rebotero,* para el pívot del baloncesto, o el futbolístico *carrilero,* para el jugador que desarrolla su labor por una de las dos bandas del terreno de juego. También forma parte de usos metafóricos, como es el caso del cubano *jamonero* o golpeo del receptor en el primer lanzamiento que le hace su rival.

- *-ismo* aparece para dar nombre a especialidades de atletismo, como el sudamericano *fondismo*, para la prueba de fondo, o el *yatismo*, que sirve de solución al *yatch* en Chile, Cuba y Panamá. También vale para marcar tendencias de actuación, como *favoritismo*, para expresar la condición de favorito de un participante en una competición, y de *resultadismo*, para comentar la tendencia a obtener buenos resultados en ella. O se une a nombres propios de personas y entidades, como *beticismo*.

- *-ista* se usa en los practicantes de un deporte, como *badmintonista*, en Perú, o *handbolista*, en Chile y Paraguay. También aparece en los nombres de especialista en una modalidad deportiva, como *triplista* o «atleta de triple salto»; en los aficionados de un equipo, como *barcelonista*, *cadista* y *oviedista*; y en los tipos de partidos, como ocurre en el tenis con *singlista*, en Chile, Ecuador y Uruguay, para el encuentro individual.
- *-ing* conforma un caso especial que introduce formantes ajenos a la lengua española y que se registra en el deporte de aventura con *puenting*.
- *-ón* sirve para destacar o rebajar la calidad, como en *jugón* frente a *chupón* o *morfón*.

Otros sufijos frecuentes en las portadas, a la hora de hacer juegos de palabras con los nombres de competiciones y deportistas, son *-itis*, *-ólogo* y *-manía*. Y además, prefijación y sufijación a la vez se usan para valorar una condición o estado, como en *minipartidillo*, *supercampeonísimo* o el mexicano *multimedallista* o «deportista que logra ser medallista en varias ocasiones».

En segundo lugar, la composición ha permitido designar elementos de una máquina de competición, como *cubrebañera* en el piragüismo. Es muy habitual su uso para nombrar la especialización en una función como *cazagoles*, para el delantero goleador; *chupapostes*, para el delantero que se sitúa cerca de portería o *parapenaltis*, en el caso del meta que ataja las penas máximas. Curiosamente, este tipo de jugador también es conocido con voces como *cuidapalos*, *guardapalos*, *guardameta*, *guardapiolas* y *guardavallas*. Además, se registra su uso para destacar la torpeza de un futbolista, que pasa a ser un *patadura* en Argentina, y con gran extensión de uso para las denominaciones de los equipos por los colores de sus camisetas, como *albiceleste* o *rojiblanco*.

Otras formas de composición pasan por compuestos sintagmáticos con palabras clave, como *coche escoba*, *factor campo* o *gol fantasma*, y los compuestos en los que un guion enlaza los elementos para resaltar parejas de equipos o jugadores destacados, como Boca-River o Madrid-Barcelona. También aparece en conceptos novedosos, como fue el caso del *ataque-muelle* con el que Antonio Valencia bautizó al *contraataque*.

En tercer lugar, la parasíntesis cuenta con ejemplos en el *paracanotaje* o «piragüismo paralímpico» o los deportistas *sordolímpicos* que actuaron en los Juegos celebrados en 2017 en Turquía. Está presente en tendencias de actuación, como el *centrocuentismo*, cuando no es eficiente el juego del centro del campo; en resultados como *cerocerismo* y *maximarquista*, que en Chile se aplica al plusmarquista, y en elementos tecnológicos, como *videomarcador* y *videoasistente*.

Y en cuarto lugar, la siglación, la acronimia y la abreviación se han vuelto imprescindibles en la redacción automática de noticias a la hora de compartir socialmente la experiencia del deporte en redes sociales y en géneros iconográficos en los que el espacio está muy limitado. Las *semis*, por *semifinales*, o la *sincro*, por *natación sincronizada*, han dado paso al uso de siglas que hacen de imagen corporativa de las denominaciones de las entidades deportivas y permiten una identificación y una lectura rápida, como el *DIM* para el Deportivo Independiente Medellín. En el caso de grandes jugadores, se juega con la imagen corporativa de siglas de conocidas empresas o productos para imprimirles un nuevo sentido: la *BBC* no se corresponde con la British Broadcasting Corporation, sino con los delanteros del Real Madrid Bale, Benzema y Cristiano; *MSN* no tiene que ver con Microsoft Network, sino con los delanteros del Fútbol Club Barcelona Messi, Suárez y Neymar; y *HD* no se refiere a la High Definition o sistema de alta definición de imagen, vídeo o sonido, sino a los futbolistas argentinos Higuaín y Dybala durante su estancia en la Juventus.

Préstamos

Uno de los tipos más visibles de neologismos ha sido el de los préstamos. La reflexión sobre ellos ha generado numerosos estudios especializados y diferente trato en su acogida en el idioma mediante criterios basados en la adaptación al esquema fónico y acentual del español, la traducción o la búsqueda de expresiones equivalentes.[20] Así se han dado curiosidades como la propuesta de *golfo* como alternativa al golf, a cargo de Antonio Viada; las formas *rali, taekuondo* o *yudo,* recogidas en el *Diccionario panhispánico de dudas*; y otros términos habituales en los países americanos, como la *baica* del ciclismo de montaña y el boxístico *uantú* o «golpeo uno-dos» en Nicaragua. Y entre las nuevas tendencias de deporte y tecnología, ya se registran neologismos en castellano, como *Juegos Biónicos, deportes electrónicos, gafas VR* para la visión de realidad virtual y *videoanálisis* para analizar datos objetivos y subjetivos de las partidas de videojuegos.

Neologismos semánticos

Los neologismos semánticos presentan 6 mecanismos. Primero, el cruce léxico entre el nombre del deportista y un aspecto deportivo, como fue el caso de *Batigol,* que combina el nombre del futbolista argentino Batistuta con la voz *gol.*

Segundo, la creación de nuevos sentidos para denominaciones, como *espacio memorial,* aplicado al recinto de columbarios en los que descansan los restos de los aficionados más fieles, o *Pirena,* que denomina una competición de trineos arrastrados por perros entre dos estaciones pirenaicas cuyo origen se encuentra en el poema épico «L'Atlantida» de Jacint Verdaguer.

Tercero, el uso de lenguajes figurados se presenta como un juego de fantasía para evitar repeticiones. Así, por relaciones de semejanza, en baloncesto el tapón es *sombrero* y la zona es *bombilla*. En el boxeo es posible encontrar, en Centroamérica, que dos *chatos* o «púgiles» entrenen bajo la supervisión de un *choto* o «entrenador» en un *establo* o «gimnasio». En ciclismo, el personal sanitario que hace un control antidopaje es el *vampiro*, la bicicleta aerodinámica para la contrarreloj deviene en una *cabra* y un escalador colombiano pasa a ser *escarabajo*. En la última edición de los Juegos Panamericanos, los participantes en ciclismo de montaña no pasaban por tramos de adoquinado, sino por un *jardín de piedra*. En las carreras de Fórmula 1, el cartel reversible que se coloca delante del auto en su parada en talleres se vuelve un *chupete*. En el fútbol, el *tridente* es una línea de tres delanteros que juegan en punta, un *partido con gafa*s (0-0) es el que tiene como resultado un empate sin goles, los pases imprecisos del fútbol son *melones* y *sandías*, el semicírculo del área se ha renovado en *media luna*, *corona* y *balcón* y el retraso en la incorporación de un jugador tras disputar un partido internacional con una selección nacional se vuelve *virus FIFA* y una entrada de sol para un estadio de El Salvador es el *vietnam*. En gimnasia, la figura que en España se denomina «hacer el *puente*» al otro lado del Atlántico es «la *araña*». Finalmente, la natación sincronizada permite un sutil viaje por los nombres de aves *(albatros, flamenco, garza, gaviota* e *ibis)*, animales marinos *(delfín, gamba, pez espada, pez volador* y *tintorera)*, fenómenos atmosféricos *(ciclón)*, máquinas *(helicóptero)* o edificios *(castillo* y *Torre Eiffel)*. Por relaciones de contigüidad, el golfista se convierte en *bastonero* y el halterófilo o levantador o *pesista* se reconoce como *haltera*.

Cuarto, en ocasiones surge la necesidad de denominar nuevas realidades que mezclan deportes diferentes como el *pádelbol*, deporte argentino que mezcla pádel y fútbol, o hace falta denominar el cuarto puesto de una competición que no logra la gloria de ninguna medalla y que cuenta con la expresión boliviana *traquitraqui* y *medalla de chocolate* en España.

Quinto, la creación de series de sinónimos. Valgan algunos ejemplos del fútbol: un regate es *cachaña*, *floreo*, *gambeta* y *papita*; un tiro suave pasa a ser *cacheteado*, *calcetinazo*, *chorreado*, *de chanclazo*, *descache*, *tirititito* o *tirito*; un lanzamiento fuerte se convierte en *balazo*, *cañazo*, *chumbazo*, *fierrazo*, *leñazo*, *manguerazo*, *riendazo*, *riflazo*, *sablazo*, *taponazo*, *zapallazo* o *zapatazo*; un partido informal toma forma de *banquitas*, *cascarita*, *chamusca*, *cotejo*, *mascón*, *masconeada*, *pachanga*, *partidacho*, *picadito*, *picado*, *pichanga* y *potra*; las botas también son *cachos*, *chusos*, *chimpunes*, *chuteadores*, *machuchos*, *pupos* o *taquillas*; y el gol se denomina *anotación*, *chicharro*, *conquista*, *pepino*, *rosco* o *tanto*.

Finalmente, los juegos periodísticos afectan a frases hechas, expresiones consagradas en refranes y en títulos de otras industrias culturales y del ocio con éxito social (cine, televisión, publicidad, literatura y música), la formación de nuevos sentidos a siglas con prestigio y los nombres propios.

En cuanto a su procedencia, en numerosas ocasiones se cree que el periodismo es la principal fuente de neologismos, por su tendencia a crear sonidos especiales e imágenes inolvidables en una comunicación emocional con voluntad de estilo y afán expresivo.[21] Sin embargo, el carácter participativo del deporte demuestra que esa labor también corresponde a los deportistas y técnicos, dirigentes, aficionados, artistas…, y permite registrar denominaciones populares, como *pecholatas*, para los seguidores del Mérida; la serie *doblete*, *hat-trick* o *triplete*, *póquer* y *manita*, para el conjunto que logra 2, 3, 4 o 5 tantos; y recreaciones humorísticas, como el *fan-ático* o «hincha que vive en la planta más alta de un edificio».[22]

NEOLOGISMOS DEPORTIVOS EN LA LENGUA COLOQUIAL

El alto grado de fiesta social con el que se vive el deporte en español ha instalado sus neologismos en la lengua coloquial para contar cualquier aspecto de la vida cotidiana.

Esta forma de innovación social, vivir deportivamente hablando, permite usar más de un centenar de expresiones para comentar aspectos positivos (el amor, la atención, el ayuno, el buen comportamiento, la eficacia, el entusiasmo, el éxito, la fidelidad, el interés, la jerarquía, la negociación, la novedad, la reacción, la sorpresa, el tener facilidad y la toma de decisiones), elementos negativos (la adversidad, los apuros económicos, el hambre, la complicación, la crítica, el desinterés, el despiste, el engaño, la equivocación, el fracaso, la frustración, la huida, el mal comportamiento, el mal resultado en el estudio, la marginación, ser el que paga las cuentas ajenas, la pereza, la protesta y la rendición) y otros elementos como la alopecia, las bodas, el encuentro, contar lo imposible, las gestiones bancarias, la jubilación y la sexualidad.

Saltar garrocha comenta el ayuno, *recoger el testigo* indica que se da continuidad a una acción, hacer un *gol de media cancha* o un *jitazo* expresa el logro de un éxito, *ser el dueño del balón* marca la jerarquía del jefe, *agarrar fuera de base* manifiesta una sorpresa, *estar al borde de la piragua* hace referencia a pasar apuros económicos, *quedar fuera de combate* o *jugar en los files* alude al fracaso, *tirar la esponja* o *tirar la toalla* suponen una rendición, *tener poco público en el estadio* se emplea para la alopecia y la *gimnasia bancaria* sirve para realizar gestiones... Más allá del clásico *casarse de penalti*, que entró en la edición de 1992 del *Diccionario de la lengua española*, es posible realizar muchas acciones en términos deportivos. Y cuando llega la muerte, también se viste con chándal para construir su relato con expresiones deportivas como *parar los tenis* y, en varios países centroamericanos, con *colgar las botas, los tenis, los cachos* o *los guantes*.

Las expresiones deportivas han aportado imágenes que resumen a la vez hechos y emociones con un estilo directo y atractivo capaz de inspirar analogías en economía, educación, política, religión, sanidad y turismo con los fines de comunicar mensajes de forma clara, persuadir con reacciones basadas en emociones, vivir con intensidad experiencias y transmitir valores sociales y culturales.[23]

A MODO DE CONCLUSIÓN

Sin duda, el deporte es un infinito ámbito lingüístico para la participación sin exclusiones dentro y fuera de los recintos de competición. Constituye un punto de encuentro para la creatividad en todas sus variantes, ya que activa todos los tipos de mecanismos para generar neologismos combinando desde las formas más cultas a las más populares, desde las más innovadoras a las más tradicionales.

El legado y el patrimonio de las voces del idioma español del deporte, con toda su diversidad, permiten configurar una imagen viva en la que las palabras nuevas se combinan con otros elementos culturales capaces de promover un uso esmerado de la lengua y de facilitar el aprendizaje de idiomas o la redacción periodística.

No sólo habitan en el mural de palabras en varias lenguas que hay en el Museo del Fútbol Mundial de la FIFA, en Zúrich, o en el espacio dedicado a la historia de los medios de comunicación en el Museo Olímpico de Lausana... De los recintos a las calles y los museos es posible sentir la magia de la palabra a ambos lados del Atlántico y haber engrandecido el idioma español.

Es un juego de emoción social en el que desde el hincha al premio Nobel se unen en gestos constantes. Es el caso de Uruguay, donde la Academia Nacional de Letras consideró que la expresión sencilla y respetuosa en las declaraciones de su selección durante la Copa Mundial de Fútbol de la FIFA de 2010 era una forma representativa del uso correcto al difundir internacionalmente los valores básicos de la cultura uruguaya. Y el pasado 26 de abril de 2018 participó en el Museo del Fútbol de Montevideo en la mesa redonda «El fútbol como generador de lenguaje» para celebrar el Día Internacional del Idioma.

LAS PALABRAS SE CULTIVAN EN EL CAMPO

Pilar García Mouton

Es un hecho que las palabras se cultivan en el campo. Durante siglos la mayor parte de las personas que hablaban español vivían en él, unidas a la naturaleza a través de la agricultura, la ganadería, la apicultura, la caza, la pesca... Su vida transcurría en contacto con las plantas, los árboles, los animales, el paso de las estaciones, las nubes, el sol, la lluvia o la sequía, las tormentas y la calma. Medían su actividad al ritmo de las celebraciones que marcaban los trabajos previos a la siembra, el cuidado de los cultivos, la cosecha, la matanza del cerdo, el descanso de los campos, y los ritos religiosos se superponían a sus rutinas y los acompañaban en el día a día. Para todo tenían, y tienen, palabras. Palabras heredadas de abuelos y padres, generación tras generación, en convivencia con los referentes. Palabras para cada actividad, cada planta, cada insecto, cada tipo de nube, cada viento... Palabras patrimoniales que conforman el gran archivo cultural del español.

Este patrimonio común a tantos hablantes se asienta sobre una herencia lingüística básicamente latina, con palabras que apenas han sufrido cambios a través de los siglos: *luna, agua, aire, viento, lluvia, cielo, nube, río, sol, tierra, mar, flor, planta, semilla, gallina, gallo, paloma, oveja, azul, negro, blanco, rojo, verde,* etcétera, compartidas por todos. Una herencia que incorpora asimismo algunas palabras de lenguas anteriores al latín y sobre la que las distintas influencias culturales han ido dejando su huella en forma de palabras: palabras árabes, palabras de origen francés, anglicismos...

En el campo existió siempre una terminología centrada en las tareas agrícolas. Diferenciaba, por ejemplo, los distintos tipos de arados (*romano, de vertedera,* etcétera) y cada una de sus partes recibía un nombre concreto (*timón, clavijero, cama, belortas, telera, mancera, esteva, dental, reja, pescuño,* etcétera, lo mismo que el resultado de su acción sobre la tierra (*cavar, labrar, arar, sembrar a voleo, a golpe, a chorrillo, abonar, surco, caballón, atablar...*). Hoy resulta raro ver arados fuera de los museos, aunque para algunos abuelos todavía resultasen vitales. El tractor sustituyó al arado y a muchos otros aperos, lo mismo que las grandes máquinas acabaron con el durísimo trabajo de cosechar a mano, reflejado en una serie de voces exclusivas, *mies, segar, hoz, guadaña, zoqueta, manojo, gavilla, haz, tresnal, vencejo, almiar, rastrojo, hacina, parva, bieldo, horca, trillo, trillar, aventar, criba, cribar.* Por su parte, los enormes aspersores metálicos vinieron a solucionar en grandes espacios lo que no alcanzaban a cubrir los sistemas de riego artesanales que diferenciaban *acequia, reguera, regadera, torna, compuerta, pozo, garrucha, noria, cangilón* o *arcaduz.* Estos cambios se fueron evidenciando, pero en las distancias cortas sobreviven muchas palabras, porque en las huertas, incluso en los jardines y en los pequeños huertos urbanos, sigue siendo necesario hacer *semilleros* o *almácigas, cavar, abrir surcos, sembrar, plantar, escardar, limpiar, podar, injertar, cosechar* y se trabaja con *escardillo, azada, azuela, zapapico, legona, azadón.* Quienes están familiarizados con las gallinas saben que los pollitos nacen después de que la madre (*clueca* o *llueca*) los incube (*gorar, engorar, empollar*) y que, si un huevo no da una cría es porque estaba *huero,* no lo había *prendido* el gallo. Este lenguaje rural atesora palabras que los mayores conocen, un lenguaje que podría considerarse especializado en el que cada parte del carro, del arado, de la red para las ovejas tiene su nombre, único y preciso.

En el último siglo la vida rural ha cambiado notablemente y en esos cambios la lengua ha ganado y, sobre todo, ha perdido palabras. Todos somos testigos de procesos de mortandad léxica relacionados con la evolución cultural. A principios del siglo pasado un grupo de lingüistas defendieron el estudio de las palabras junto a las cosas a las que nombran, en el marco del movimiento *Wörter und Sachen* ('Palabras y cosas') y, conscientes de esa interdependencia, se dieron prisa en recogerlas. Porque, cuando ya no se usan bueyes o caballerías para arar, es natural que el léxico relacionado con el yugo (*coyunda, sobeo, barzón, cotillas, collera, frontil, almohadilla*), y la manera de uncirlos o desuncirlos, se vaya olvidando. Es evidente que, con el paso del tiempo, la lengua arrincona palabras que ya no le son útiles, mientras incorpora otras que empieza a necesitar, porque lógicamente el proceso de pérdida de "cosas" afecta a las palabras que las nombran, que suelen envejecer e incluso morir. Para compensar, lo nuevo trae palabras nuevas, pero solo quienes se relacionen aún con el burro y otros animales de carga mantendrán vivas palabras tan sonoras como *jáquima, cabezada, bozal, ronzal, albarda, jamugas, cincha, ataharre, alforjas, aguaderas...*

A partir de su potencial semántico, la lengua amplía los significados de palabras de origen rural, pegadas a la tierra, y las hace útiles para otros contextos. Un recorrido superficial por el diccionario académico permite ver cómo se produce esta transformación. *Surco*, cuya primera acepción es «Hendidura que se hace en la tierra con el arado», pasó a usarse de forma natural para cualquier «Señal o hendidura prolongada que deja una cosa que pasa sobre otra», metafóricamente para «Arruga en el rostro o en otra parte del cuerpo» y, por extensión, también para las estrías o *microsurcos* de un disco. Y algo parecido ocurrió con *sembrar* que, de «Arrojar y esparcir las semillas en la tierra preparada para este fin», se hizo más general «Desparramar, esparcir cualquier tipo de cosa», ya fueran ideas, dinero, bulos, noticias falsas, con orden o sin él. En España el verbo *empollar*, referido a cómo las aves incuban sus huevos, se convirtió en sinónimo coloquial de 'estudiar mucho' y por eso se llama *empollón, empollona*, con cierto desprecio, al que «estudia mucho y se distingue más por la aplicación que por el talento».

En la línea de reutilizar el filón que suponen las palabras del campo, la Fundéu-BBVA propuso recientemente un verbo tradicional, *espigar*, especificando el lugar (en un contenedor, en la basura), como solución para evitar el uso de *dumpster diving*, un anglicismo incómodo que empezaba a aparecer en los medios periodísticos. La recomendación explicaba que el diccionario Merrian-Webster recoge *dumpster diving* como «la 'práctica de buscar en contenedores alimentos u objetos desechados todavía útiles'», no por necesidad, sino como actuación de algunos movimientos para luchar contra el despilfarro en las sociedades desarrolladas. Y como *espigar*, según el DEL, es «coger las espigas que han quedado en el rastrojo» y, por extensión, «tomar de uno o más escritos, rebuscando acá y allá, datos que a alguien le interesan», resulta, junto con *buscar, rebuscar, recolectar* o *bucear en la basura* o *en contenedores,* una alternativa recomendable a *dumpster diving*. Del mismo modo, *cosechar* suele emplearse, además de en su sentido recto de recoger el producto de cultivar la tierra, en el derivado de «Ganarse, atraerse o concitarse simpatías, odios, fracasos, éxitos, etc.». Por eso el refranero aprovecha para advertir que *Quien siembra vientos, cosecha / recoge tempestades...*

Ahora bien, las palabras no solo se cultivan en el campo, también las hay que, después de haber frecuentado otros dominios, se refugian en él, sobreviven en lugares donde siempre vivieron y donde luego arraigaron. Y no por eso deben considerarse fósiles o arcaísmos, porque España y América las comparten, aunque alguna vez sea en clave distinta, y vienen a poner de manifiesto antiguos parentescos. Entre hispanohablantes se tiende a afirmar que una palabra dada no se usa, por ejemplo en España, solo porque no forma parte del estándar urbano más o menos culto, cuando a pocos kilómetros de la ciudad o en determinadas hablas está totalmente viva.

Es el caso de *alcaucil*, precioso arabismo-mozarabismo desconocido en muchas ciudades españolas. *Alcaucil* procede de un diminutivo del latín hispánico *capĭtia* 'cabeza', por alusión a la cabecita de la alcachofa y ya en el siglo XVIII decía la Academia que «Llaman en la Andalucía con estos nombres [*alcaucil, alcarcil* y *alcacil*] à la Alcachofa». Desde luego no es una palabra madrileña, burgalesa o salmantina, pero es habitual, casi siempre para 'alcachofa silvestre', en el sur de Extremadura, en pueblos de Albacete y Alicante, en Murcia y en Andalucía, y en América es el nombre de la alcachofa.

Algo parecido ocurre con otras palabras, por ejemplo con *candela* que, como 'lumbre', 'fuego', 'brasa', se emplea en tierras andaluzas, canarias y americanas. Y con nombres de frutas como el albaricoque, que llaman *damasco* en Argentina, Chile, Paraguay y Uruguay; el mismo que en Aragón, Murcia, Andalucía y Canarias se conoce como *damasco, damasquillo* o *damasquino*. Andalucía, Canarias y América vuelven a coincidir en la voz *durazno* para referirse al melocotón.

Se ha escrito mucho sobre las relaciones históricas y culturales que explican esta continuidad entre hablas andaluzas, canarias y americanas. Pero también existen palabras como *mancar(se)* 'hacer(se) daño', 'lastimar(se)', corriente en América, que, aunque el diccionario académico no lo marque, en tierras peninsulares se percibe como occidental, propia de Asturias, Galicia, el País Vasco, Cantabria y del ámbito del leonés.

Rafael Lapesa, en su *Historia de la Lengua Española*, hizo una lista de leonesismos que pasaron a formar parte del español de América entre los que figura *andancio*, a veces *andancia*, 'enfermedad epidémica leve', que encontró refugio en zonas rurales de León, Salamanca, Burgos, Palencia, Cantabria, Ávila, zonas de Andalucía y Canarias, y se mantiene con uso en Cuba, México y Venezuela. También debe ser leonesismo americano *cuel-*

ga en el sentido de «Regalo que se da a alguien en el día de su cumpleaños». Aunque el diccionario académico no le pone límites geográficos, es en la zona de León donde existe la costumbre de colgarle del cuello por sorpresa una cuerda con rosquillas y regalos a quien se felicita.

Palabras que el español de determinadas regiones de España comparte con el americano son también *balde* para 'cubo', propio de Asturias, Galicia, el Alto Aragón, Andalucía y Canarias; *chiflar* 'silbar', muy viva en América y en Asturias, Cantabria y Aragón; el americano *sancochar* 'cocer mal, rápidamente o a medias' que también se puede considerar andaluz y canario.

Ahora bien, casi todos los ámbitos de la vida cotidiana conservan palabras que sobrevivieron a los grandes cambios, como *alifafes,* que en principio pertenecía al ámbito de la veterinaria, porque nombraba una enfermedad de las caballerías, y hoy se utiliza coloquialmente para personas como sinónimo de 'achaques'. De origen árabe, vive en Galicia, Asturias, Cantabria, Aragón, Cataluña, Valencia y Murcia, y también en la República Dominicana, Venezuela y Colombia. En el mundo infantil, donde triunfan la creatividad léxica y las voces expresivas, como se comprueba en los mapas lingüísticos que reúnen los variados nombres de la cometa, uno de los andaluces, *pandorga,* se descubre muy vital en Argentina, junto con *barrilete,* en Paraguay, Venezuela y Perú.

En sus grandes viajes, primero a Canarias y luego a América, el español se dejó moldear para adaptarse a realidades desconocidas. Uno de los procedimientos más sencillos y rentables fue el de aprender a nombrar cosas nuevas por su parecido con las conocidas. A veces, si la semejanza no era grande, valía con añadir a la palabra reutilizada la coletilla "de la tierra", "de Indias"; otras, no hacía falta. Así se explica que *almendro* sirviera para dar nombre a árboles tan diferentes en Europa y en América o que el *orégano* americano no esté realmente emparentado con el peninsular. Y lo mismo ocurre con *jazmín,* un arabismo que en tierras americanas nombra plantas diferentes al jazmín europeo, todas con flores olorosas y blancas. En varias ocasiones, *jazmín* recibió algún apellido específico: en Cuba, *(jazmín) de día*, que resulta ser distinto del *(jazmín) de Jujuy* del noroeste argentino, del *(jazmín) de muerto* de la República Dominicana, del *(jazmín) del Cabo* centroamericano, de Bolivia, Argentina y Uruguay o del *(jazmín) del Itsmo* del sudeste mexicano. Como sucedió con *retama*, otro arabismo americanizado sin problema para designar árboles o plantas de flor amarilla, como las de la retama europea, pero que en Puerto Rico se acabó especializando para un arbusto de flores rojas con forma de campana.

Es fácil entender que la misma adaptación que se dio en el mundo de los árboles y las plantas, se diera también en el de los animales. En España se llama *urraca* a un ave que alterna ese nombre de mujer con otro, *marica*, y con el de *pega;* en América, según el DEL, es habitual en las Antillas, Bolivia, Ecuador, El Salvador, Guatemala, Honduras, México, Nicaragua, Paraguay y Venezuela para un pájaro diferente que se parece al arrendajo. Por su parte, el *Diccionario de americanismos* aclara que así es como llaman en México al *zanate*, mientras que en Guatemala, Honduras, El Salvador, Nicaragua y Costa Rica la *urraca* es otro córvido, el *alguacil,* diferente de la *urraca* de varios países. Sin olvidar que, dadas la extensión del continente y la variedad de especies existentes, se documentan también *urraca azul, urraca copetona, urraca morada, urraca parda, urraca pechinegra, urraca púrpura.*

Muchos arabismos del campo se aclimataron en América, pero en ese proceso algunos se alejaron ligeramente de su sentido original. *Noria* era, en principio, la «Máquina compuesta de dos grandes ruedas engranadas que, mediante cangilones, sube el agua de los pozos, acequias, etc.», y fácilmente pasó a nombrar al pozo del que se sacaba el agua con una de ellas. Actualmente las norias casi han desaparecido, por ejemplo, de la llanura manchega, donde cada terreno cultivable tenía la suya con un árbol para dar sombra al burro que la hacía girar. Por eso la noria que mejor conocen hoy los hablantes peninsulares es la que sirve para divertirse en las ferias. Pues bien, el *Diccionario de americanismos* documenta *noria* en Guatemala para «Riachuelo, quebrada», en Panamá para «Estanque» y en Puerto Rico, en el ámbito del léxico azucarero, para el «lugar de la central donde se deposita el azúcar que se va a refinar».

Relacionada igualmente con el aprovechamiento del agua, la palabra *alberca* se define como «Depósito artificial de agua, con muros de fábrica, para el riego», aunque también podía ser un estanque decorativo. En su vida americana —en México, Guatemala, Honduras, Nicaragua, en el campo panameño y algo menos en Bolivia— *alberca* es habitual para el sitio donde se puede nadar, la piscina, y en Colombia es un «Pequeño depósito de agua que forma parte del lavadero de una casa».

Otra hermosa palabra árabe que en España sobrevive apenas en la literatura y en el campo andaluz es *alcuza*, «Vasija de hojalata o de otros materiales, generalmente de forma cónica, en que se guarda el aceite para diversos usos», según el DEL. Hoy esta vasija resulta una rareza, pero Sebastián de Covarrubias la describía en 1611 como un objeto doméstico, apuntando que era pequeña, «un vaso ordinario donde se trae el azeyte de la tienda para el gasto y se tiene manual en la cozina para los guisados y candiles, por otro nombre azeytera». Pues bien, la palabra *alcuza* tiene más vida en América, donde amplió su sentido original de 'aceitera' para sumarle el de la 'vinagrera', de manera que, en Argentina, Bolivia, Chile, Ecuador, Nicaragua, Perú y República Dominicana al menos, *alcuza* se convirtió en la «pieza con dos frascos para aceite y vinagre». Y viajes parecidos a estos los hicieron palabras como *alcancía, mandil, azafate, candil* o *artesa*, que los hablantes americanos y europeos reconocen con ligeros matices de diferencia.

Otra historia, conocida y aquí solo recordada, sería la del viaje que tantas palabras americanas para productos de la tierra, como *maíz, tomate, aguacate*, hicieron al español europeo y, a través de él, enriquecieron otras muchas lenguas. En algún caso, se puede seguir el rastro de su proceso de incorporación, como ocurre con la alternancia *papa/patata*, la primera forma patrimonial no solo en América, sino también en Canarias y en Andalucía, y coloquialmente en casi toda España, mientras que *patata* se reconoce como peninsular. En el campo andaluz, el tipo de pimiento que por su forma en castellano se llama *guindilla (Capsicum annuum)*, puede ser también *cerecilla, pimiento de cerecilla, pimiento guindilla, pimiento picoso, bola, bolilla, bolilla picosa*, pero sorprende la gran penetración del americanismo *chile, pimiento chile* en las zonas costeras de Huelva, Cádiz y Málaga.

Es un hecho que las palabras se resintieron más de los desplazamientos de población que en el siglo xx dejaron casi vacíos los pueblos que de los grandes viajes del pasado. Fue entonces cuando las ciudades crecieron con hablantes rápidamente asimilados a otra cultura, lo que les supuso perder parte de sus vínculos con la naturaleza. Esa cultura urbana, nueva, en la que las diferentes formas de hablar se nivelaban, tenía también sus palabras, fáciles de aprender y prestigiadas por los medios de comunicación, pero en ella no había lugar para voces de campo arraigadas en una realidad perdida. La ciudad era entonces sinónimo de progreso, un progreso que daba la espalda al campo, que dejaba atrás la cultura rural.

A ese "progreso" dedicó Miguel Delibes su discurso de ingreso en la Real Academia Española en 1975, *El sentido del progreso desde mi obra*, muy actual más de cuarenta años después. Afirmaba entonces:

Hemos matado la cultura campesina pero no la hemos sustituido por nada, al menos, por nada noble. Y la destrucción de la Naturaleza no es solamente física, sino una destrucción de su significado para el hombre, una verdadera amputación espiritual y vital de este. Al hombre, ciertamente, se le arrebata la pureza del aire y del agua, pero también se le amputa el lenguaje, y el paisaje en que transcurre su vida, lleno de referencias personales y de su comunidad, es convertido en un paisaje impersonificado e insignificante. (pág. 52)

Más que desafección por la lengua rural lo que se provocó fue una ruptura con la cultura tradicional. El prestigio de lo urbano encubrió su relativa pobreza, en la que muchos hablantes ya ni siquiera conocen los nombres de las plantas, de los árboles o de los pájaros con los que conviven, que no son tantos. Y lo triste no es que las personas de ciudad hayan olvidado unas palabras que ya no necesitan, sino que se haya roto el equilibrio incluso en el mundo rural, que mira a la ciudad y ha dejado de mirar a la naturaleza que lo rodea. Cuando atendía a cualquier signo de la naturaleza que pudiera influir en su vida cotidiana, sabía diferenciar los tipos de viento, adivinar por el halo de la luna o los arreboles del atardecer el tiempo que iba a hacer al día siguiente, qué fase de la luna era buena para sembrar o para podar, si iba a llover o si amenazaba una tormenta que arruinara la cosecha, y tantas otras cosas. De ahí que fueran imprescindibles entonces palabras como *alba, crepúsculo, cuarto creciente, cuarto menguante, ventisca, remolino, calima, arreboles, cabañuelas, lucero del alba, camino de Santiago, cielo emborregado, llovizna, chaparrón, fucilazo, culebrina, relámpago, rayo, trueno, tormenta, escampar, arco iris, escarcha, rocío, niebla,* etc. Pero, cuando la gente del campo ya no depende de la naturaleza, tampoco la ve, ni necesita saber cómo nombrarla. Y este proceso empobrece su cultura tradicional y la de todos.

Sin embargo, visto desde la ciudad, es posible que el campo tenga ahora un aire nuevo, otra oportunidad, porque son muchos los que reivindican sus raíces rurales y cada vez que pueden vuelven al pueblo. Además, la añoranza del contacto directo con la naturaleza también promueve empresas pequeñas, como las casas rurales o las granjas escuela, donde recuperar espacios con palabras y cosas olvidadas.

Aparte de aficiones tradicionales como la pesca *(caña, anzuelo, sedal, red, trasmallo)* o la caza *(morral, coto, cazar, reclamo, cepo, trampa, conejo, gazapo, madriguera, liebre, gabato, perdiz, codorniz)*, se abren nuevas posibilidades de rescatar culturas que significan desarrollo económico para el campo y que, desde una mirada urbana, empiezan a ponerse de moda.

La afición por el buen aceite promueve el consumo y, junto con él, el uso del léxico relacionado con su producción y con el olivar *(aceituna, oliva, olivo, ordeñar, lata, tendal, troje, moler, almazara, jaraíz, esteras, alpechín, piñuelo, cisco, jamila,* etcétera). Mayor interés recibe el mundo del vino y sus catas, un interés que dignifica las palabras que evocan el cultivo de la viña *(vid, viña, parra, cepa, zarcillo, mugrón, pámpano, sarmiento, grano, cerner, racimo, hollejo, pepitas, escobajo, vendimia, rebuscar)* y la elaboración del vino *(lagar, prensa, huso, orujo, mosto, heces, tonel, duela, fermentar, trasegar, cántara, arroba, cuartilla, azumbre).*

Se pueden relacionar con lo anterior ámbitos como el de la cría del cerdo *(pocilga, cerdo, cochinillo, lechón, piara, dornajo, verraco, hozar)* y todos los productos derivados de la *matanza (mondongo, chicharrones, torreznos, tocino, manteca, espinazo, morcilla, chorizo, lomo, jamón, pernil)*, el de la apicultura y los de los oficios tradicionales... En una época apasionada por la gastronomía queda mucho léxico por trasmitir, entre otros, el del pan *(molino, harina, caz, tolva, cítola, cedazo, salvado, cerner, artesa, amasar, heñir, levadura, horno, mollete, candeal)* o el del queso *(cuajo, suero, expremijo, encella).*

Este retorno tardío lleva a apreciar las palabras del campo, una riqueza a la que hoy se puede acceder fácilmente a través de Internet. Ya no solo los lingüistas y los dialectólogos las estudian, cada vez más personas coleccionan con paciencia y cariño las palabras que las identifican como hablantes de una zona o inician, a través de las redes sociales, hilos para indagar sobre un significado esquivo.

El objetivo sería enseñar y aprender las palabras refugiadas en el campo, porque forman parte de nuestro pasado y de nuestra cultura humanística. Sin ellas, será casi imposible disfrutar de los clásicos, leer bien el *Quijote*. Ya advertía Miguel Delibes:

> [...] ¿cuántos son los vocablos relacionados con la Naturaleza, que, ahora mismo, ya han caído en desuso y que, dentro de muy pocos años, no significarán nada para nadie y se transformarán en puras palabras enterradas en los diccionarios e ininteligibles para el "homo tecnologicus"? Me temo que muchas de mis propias palabras, de las palabras que yo utilizo en mis novelas de ambiente rural, como por ejemplo aricar, agostero, escardar, celemín, soldada, helada negra, alcor, por no citar más que unas cuantas, van a necesitar muy pronto notas aclaratorias como si estuviesen escritas en un idioma arcaico o esotérico, cuando simplemente han tratado de traslucir la vida de la Naturaleza y de los hombres que en ella viven y designar al paisaje, a los animales y a las plantas por sus nombres auténticos. Creo que el mero hecho de que nuestro diccionario omita muchos nombres de pájaros y plantas de uso común entre el pueblo es suficientemente expresivo en este aspecto. (pp. 52-53)

Una gran cultura compartida entre América y España se expresa en español, alimentada con palabras que viajaron, con palabras de ida y vuelta. Palabras como la que ilumina el poema en el que Dámaso Alonso preguntaba:

> ¿Adónde va esa mujer,
> arrastrándose por la acera,
> ahora que ya es casi de noche
> con la alcuza en la mano?
> [...]
> Ah, por eso esa mujer avanza (en la mano, como el
> atributo de una semidiosa, su alcuza).

COMPRE NUESTRO IDIOMA
LA INVASIÓN DEL INGLÉS EN LA PUBLICIDAD Y EN LA COMUNICACIÓN ORDINARIA

Fernando Herrero

La publicidad tiene una gran virtud que a su vez justifica la crítica que la sociedad le hace: se mete por los rincones de los hogares, por los resquicios de nuestras cabezas y por las fisuras de nuestro corazón para llevarnos de la oreja, pero con placer, a comprar aquello que no sólo creemos necesario, sino además imprescindible.

De ese modo, la publicidad, como la punta que asoma de un iceberg, es la que se lleva la culpa del consumo salvaje: eso que solemos llamar «consumismo».

Hablar de los efectos perniciosos de la publicidad no está mal visto, y a cualquiera que lo haga le saldrá seguramente un coro de aplaudidores. Se dice entre publicitarios esta frase: «No le digas a mi madre que trabajo en una agencia de publicidad, mejor dile que soy pianista en un burdel».

En fin, cualquiera puede criticar un anuncio con el mismo conocimiento que cuando se habla mal del entrenador de un equipo de fútbol. Pero ¿cómo es posible que estas mismas personas no digan ni pío cuando ven o escuchan un anuncio en otro idioma? ¿Qué ha pasado para que, me atrevo a decir, no esté mal visto un anuncio en inglés?

¿Por qué los publicitarios mandamos mensajes en un idioma foráneo, en un idioma que no dominamos como el propio, a sabiendas de que quien lo recibe lo entenderá, como mucho, parcialmente y, desde luego, sin matices?

En el mundo occidental los mayores comerciantes han sido británicos y en sus colonias han *impuesto* su idioma; posteriormente lo hicieron en otros lugares ajenos a la Commonwealth. Para quien quería hacer negocio era básico aprender inglés, porque en caso contrario o bien estaría fuera de los negocios o bien los demás se aprovecharían de esa debilidad. Claro que es una historia lejana pero no debemos olvidarla...

El inglés se ha metido en el mundo de la comunicación comercial y ahora es difícil pararle los pies. ¿O es que no hay que parárselos? Para ver qué hacer, vamos a tratar de entender lo más relevante en el mundo de la publicidad: los mercados, los publicitarios, los anunciantes; y lo más importante: los consumidores. Veamos el contexto en el que se da ese prestigio y preponderancia del inglés en el mundo de la publicidad.

En las universidades de todo el mundo, los autores más famosos, los gurús de la comunicación comercial, eran mayoritariamente angloparlantes: Rosser Reeves, Raymond Rubicam, David Ogilvy, Bill Berbach, Orr Young, Alex F. Osborn, Leo Burnett, Claude Clarence Hopkins, J. Walter Thompson, Albert Lasker... Por supuesto, sus libros y teorías, que procurábamos leer y aprender, estaban en su idioma.

Los estudiantes íbamos interiorizando palabras, términos o siglas en inglés; y aún más importante, asimilando que los más grandes, los dioses de la publicidad, se expresaban en esa lengua.

Al terminar la carrera en una escuela de Publicidad y posteriormente en la universidad, buscábamos trabajo donde se pudiera; en este trance aprendíamos que en las agencias nacionales era un poco más fácil entrar que en las multinacionales, donde preguntaban por el nivel de inglés del candidato. Pero la categoría de una multinacional era mayor, y hablar inglés daba la posibilidad de trabajar en cualquier agencia.

«Imprescindible inglés hablado y escrito». Ésta era una línea que se incluía en todos los anuncios de búsqueda de personal para una agencia. Si después se utilizaba o no, importaba menos;

pero el filtro del idioma era la criba mayor después del requisito «titulados en Publicidad», y la que daba acceso a la posibilidad
de entrevistarse personalmente con uno de los jefes de la agencia en la que se pretendía trabajar.

Pasaban los años y el progreso o promoción en la agencia se
traducía en un cargo, un mayor sueldo... Quien llegaba a un
peldaño alto del escalafón tenía la posibilidad de ser invitado a
un festival de publicidad que, si se celebraba en España, usaba
como lengua el español; pero si se pretendía acudir a los más
importantes del mundo, se debía saber que en ellos se emplearía
el inglés. «Hay que aprenderlo a marchas forzadas», me decía
yo.

Las agencias en España se presentaban a festivales de publicidad fuera y dentro de nuestras fronteras. Las piezas se creaban
en español y así se enviaban para los congresos y convenciones en
el extranjero. En España no tenían problemas; pero cuando sa-
líamos a competir, simplemente no nos entendían. Poco a poco
fuimos participando con los textos traducidos al inglés, y nos
fue mejor.

Por otro lado, aquellos que querían escuchar las conferencias
de los gurús tenían que conocer el inglés no sólo para entenderlo, sino para participar. A algunos, sólo unos pocos, se les consideraba suficientemente buenos como para dar charlas en el
extranjero, o para participar como jurados de alguno de los más
famosos festivales internacionales de publicidad.

En este piso superior estaban, por supuesto, los que entendían
y hablaban inglés, aunque eso no coincidiera siempre con que
fueran los mejores.

Aquellos que pretendían hacer una buena carrera y construir
un currículo de altura para acceder al círculo de los escogidos
necesitaban como mínimo decir que tenían un buen nivel de
inglés. De ese modo, ya en la universidad los alumnos de Publicidad empezaban a invertir para alcanzar algún día ese peldaño;
muchas horas, muchas academias, algún verano en Inglaterra,

todo costaba dinero, pero finalmente era una buena inversión que daría sus frutos.

No significaría lo mismo ser ejecutivo de cuentas que un *account executive*, ni un redactor que un *copywriter*.

Conclusión: para un publicitario, entender y hablar inglés significó alcanzar un *status* diferente del que ocupaba quien carecía de esa ventaja, y ello se traducía en ganar más dinero. De ese modo, los publicitarios, todos y cada uno de ellos, dieron un gran valor al inglés, porque su carrera dependía en gran medida de eso. No era un capricho o una moda.

Los publicitarios escuchamos desde la universidad, o desde las propias agencias: «Tienes que irte a Inglaterra un año y después podrás llegar muy lejos». Así que, con razón o sin ella, creemos egoístamente en el inglés. Cuando dices «soy director creativo», estás hablando del cargo que ocupas en la agencia en la que trabajas; y si dices «soy *creative director*», estás explicando mucho más: hablas inglés, puedes manejar clientes internacionales, ir a seminarios, conferencias, foros o festivales en el extranjero; puedes hablar con los grandes jefes de agencia multinacional... Como casi siempre, es un asunto de dinero. Vales más si eres CEO *(Chief Executive Officer)* que si eres consejero delegado.

Competir significa sacar lo mejor que tienes y ponerlo a prueba con lo del otro candidato. El inglés se convierte de esa manera en un arma, un valor que se puede alegar tanto en favor como en demérito de uno. El inglés es fundamental, de modo que, si no lo manejamos con cierta soltura, nos perderemos muchas cosas importantes.

Esta lengua no es nuestro enemigo. Por el contrario, constituye uno de los elementos más importantes que tiene un publicitario para crecer intelectual y profesionalmente. Por tanto, hay que continuar animando a los que trabajan o quieren trabajar en esta profesión para que lo aprendan.

DOMINIO GEOESTRATÉGICO Y COMERCIAL

Ese predominio del inglés tiene un origen y unas causas, por supuesto. Los mercados, el intercambio de productos, la venta de algo existe desde siempre. Sin ánimo de profundizar en la historia, creo que es bueno recordar algunos hechos fundamentales que sirven para entender por qué se ha impuesto el inglés en el mundo de los negocios.

Inglaterra, una pequeña isla, ha sido el gran país de los comerciantes (dejo a un lado a Holanda), además de un enemigo poderoso que estuvo más que presente en acciones (muchas de guerra) de motivación claramente comercial.

Cuando se independizaron México (1822) y luego las repúblicas de Guatemala, El Salvador, Nicaragua y Costa Rica, el Gobierno británico las reconoció con celeridad (1825), para inmediatamente firmar tratados comerciales bilaterales con cada una de ellas. También tuvo mucho que ver en la independencia de Brasil. Y a Paraguay lo obligaron a endeudarse con bancos británicos.

Por otro lado, la importancia que tuvo la presencia comercial británica en Asia fue enorme. En India se produjo una de las revoluciones más importantes del siglo XIX, contra la Compañía Británica de las Indias Orientales, que disponía de su propio y bien dotado ejército para imponer acuerdos comerciales. En India no sólo comerciaron, sino que, como en otras colonias, educaron en inglés a sus principales clientes.

En 1819 se instalaron en el importante puerto de Singapur, lo que les permitió controlar una buena parte de las rutas comerciales. En la rebelión Taiping (China), el Reino Unido intervino con capital y armas.

Las guerras del Opio tuvieron lugar porque el Reino Unido quería vender esta droga que producía en India en el enorme mercado chino, y el emperador se negó por la salud de los suyos. La victoria británica obligó a China a comprar opio al Reino Unido, a abrirle los puertos, a pagarle millones en plata por gastos de guerra y a entregarle Honk Kong. Para colmo, el emperador chino tuvo que nombrar jefe de la economía imperial a un inglés.

Tan claro tenían lo que se precisaba para comerciar que ya en el Londres de 1851 se celebró la primera Gran Exposición de los trabajos de la Industria de todas las naciones (con el tiempo simplemente Exposición Universal), con más de 6 millones de visitantes y 14.000 firmas (la mitad de ellas inglesas, por supuesto).

Fueron el Reino Unido y Rusia los que en 1908 se repartieron Irán cuando se encontró petróleo (tras la Segunda Guerra Mundial volvieron a ocuparla).

En África, los británicos han tenido una presencia muy importante. Baste recordar su papel en las guerras por el dominio del mercado del oro y de los diamantes en Sudáfrica.

Este dominio comercial en casi todo el mundo desembocó, ya en el siglo xx, en el poder global que conllevaba el capitalismo.

Tras la Segunda Guerra Mundial, el Reino Unido concedió la independencia a sus territorios en Oriente Próximo, aunque conservó por ejemplo Kuwait y Qatar. ¿Curioso?

La penúltima gran *acción* para, sobre todo, fomentar el comercio británico fue la creación de la Commonwealth, cuyo jefe sigue siendo la reina de Inglaterra.

LOS MAYORES COMERCIANTES

El Reino Unido ha adquirido una enorme importancia en los movimientos sociales que afectan directa o indirectamente a multitud de países; pero sólo voy a hablar de uno de esos movimientos que cruza transversalmente a todos: el comercio.

Los británicos han sido los mayores comerciantes. Un país, una ciudad o un puerto siempre han significado para ellos la posibilidad de vender algo o de comprar para luego venderlo. Las armas y la política han sido los instrumentos para hacer negocio, para ganar mercado. Poco a poco han ido consiguiendo que para trabajar con ellos haya que hacerlo en su idioma; ellos han sido los que iniciaron el capitalismo y su globalización.

Frente a los otros conquistadores, fueron los ingleses los que *impusieron* el inglés en un país como Estados Unidos, que fue y sigue siendo el centro de las más importantes compañías internacionales. Mientras que luego se celebraron ferias internacionales y exposiciones universales en otros lugares, no olvidemos que fue en Londres donde, en 1851, se celebró la primera.

Poco importa que 1.200 millones de personas tengan como idioma el mandarín (más de 250 millones como segunda lengua), o que más de 500 millones hablemos español. Desde el punto de vista del comercio, lo que importa es que el mandarín sólo lo hablan los chinos, y el español sobre todo los españoles e hispanoamericanos (si bien hay que incluir a los hablantes de Estados Unidos), mientras que casi 60 países de los 5 continentes tienen como lengua oficial o cooficial el inglés. Ni siquiera importa quién va a comprar o vender: cualquiera que pretenda hacer negocio fuera de su país sabe que ha de expresarse bien en inglés.

Los ingleses tienen un doble chollo. Primero por haber hecho de su idioma la primera e inagotable fuente de ingresos. Segundo, porque cualquier negociación necesita la retórica como elemento clave para llevarse el gato al agua. Conocer los matices, los tonos, las expresiones coloquiales y los diferentes significados de las palabras puede dar ventaja a la hora de hacer negocios. Mal empieza una discusión cuando se ha de estar más pendiente del idioma que del fondo de la cuestión. Cuando uno discute en otro idioma con sus jefes o con sus socios dentro de la compañía donde trabaja, va con un lastre e incluso con un complejo que lo hace vulnerable. Eso se sabe y se nota. Y también que los estadounidenses no se fían de los que hablan otro idioma. Aunque un publicista sepa más, sea mejor o más inteligente que otro que tiene por idioma el inglés, si no puede discutir en igualdad de condiciones (o sea, en inglés) empezará el partido perdiendo por 3 a 0.

Conclusión: cuanto mejor se hable inglés, mejores negocios se pueden hacer. Balbucear es el primer paso para que a uno lo arrollen en una negociación. Eso lo sabe uno mismo pero también su competidor.

Las armas que el ser humano ha inventado y fabricado en la historia son variadas. Las hay que destruyen, que matan, las hay políticas, y también hay afiladas lenguas, retóricas incendiarias y discursos que inician guerras. El dominio del idioma es un arma valiosísima; los que la manejan lo saben; los que no la tienen aceptan el reto y se esfuerzan para, al menos, presentarse con alguna posibilidad de victoria. Pero no hay que engañarse: a menudo nuestro contendiente es inventor y dueño de esa poderosísima arma.

Las personas que trabajan en el lado del anunciante tienen su propia historia de uso y abuso del inglés, fruto de la situación de prestigio y predominio de esa lengua. En alguna medida se parece a la carrera de los que trabajábamos en agencias de publicidad, pero con rasgos más exagerados. De ese modo, los anunciantes a quienes conozco utilizan siempre una jerga propia, en muchos casos ininteligible para el resto de los mortales.

Por supuesto, cuanto más grande e internacional es la compañía, más obligados están sus trabajadores a utilizar el inglés. O dicho en negativo: quienes no utilicen el inglés parecerán inferiores y su proyección profesional irá menguando frente a la de los angloparlantes. Podríamos decir que las posibilidades que tienen de ser promocionados a puestos superiores son escasas.

Así, el vocabulario inglés se ha ido imponiendo en todo el sector publicitario. Es fácil entender cómo: aunque nos tratemos de igual a igual, finalmente es el cliente quien manda, es decir, el que paga y hace que cada mes cobre cada persona que trabaja en la agencia.

«El cliente siempre tiene la razón» es una frase hecha que en un lugar u otro de la cabeza o del corazón tenemos incrustada todos los humanos. También se puede decir «Si quiere tirar el dinero, que lo tire por mi ventana», o sea, que trataré de convencer al cliente de lo que profesionalmente creo que es mejor, pero, si se empeña en hacer lo que quiere, no me voy a enfrentar de tal manera que me quite la cuenta y se la lleve a otra agencia que hará lo que él mande.

El anunciante pone su firma en cada anuncio. A la hora de la verdad, cuando un anuncio sale en cualquier medio, la que se la juega no es la agencia que lo ha hecho, sino el anunciante, la marca que lo firma. La verdad, la mentira, la exageración, el significado..., todo pertenece a la marca y es nuestro cliente el que da la cara ante el consumidor, que lo premiará con su *cariño* (léase «compra del producto») o lo castigará con su desprecio (lo que quiere decir que se irá con un competidor que le atraiga más). Los que trabajan en el lado del anunciante, junto con los que crean la campaña, son corresponsables del material que sale en los medios, aunque la que directamente responde ante el consumidor es la marca, la compañía.

Pero antes de seguir con esta descripción, debo hace hincapié en 3 hechos curiosos, en algunos casos hasta patológicos:

- Las compañías multinacionales, que poseen las marcas más importantes, hablan inglés.
- Trabajar en una gran multinacional obliga a manejarse con soltura en su idioma. Es lógico, y cada vez más, en un mundo globalizado en el que uno se encuentra, cuando viaja a otros países, las mismas marcas que en el supermercado de su barrio.
- Hay que tener la capacidad de entenderse, de forma oral y escrita, con los homólogos de diferentes países. Todos tenemos en común el idioma, que naturalmente es el de la compañía: el inglés.

De modo que los actores más importantes de la escena (anunciante y agencia) sabemos que el inglés nos hará estar en primera fila o, por el contrario, nos hará ser poco relevantes o innecesarios. Algunos ven cómo triunfan algunos publicistas mediocres, mientras ellos se quedan ahí, en medio de la nada, aunque tengan más talento que quien les dirige, porque... «¡qué buen inglés habla el cabrón!».

Cualquiera de los que están en el mundo de la comunicación comercial, tanto en el lado del anunciante como en los diferentes tipos de agencias, conoce a personas que han triunfado por su conocimiento del inglés. Por eso, quien se ha esforzado y ha gastado mucho dinero en aprenderlo no dudará en utilizarlo siempre que pueda, con satisfacción y orgullo: «¡Ya estoy con los mejores!». Y esto invita a presumir a cada rato de que se habla inglés, a veces con resultados diferentes a lo esperado.

Hace muchos años, en una reunión con un cliente multinacional, el *product manager* lanzó: «¿Cuál es el *consumer benefit*?». A lo que mi ejecutivo de cuentas (aún no se les llamaba *account executive*), que era muy descarado, le espetó: «No sabía que no supieras inglés». Porque desde luego le habría resultado muy fácil traducir esas dos palabras...

En conclusión, todo el sector cree interesante y necesario expresarse en el idioma de las multinacionales. Pero eso no justifica que se caiga en el papanatismo.

¡PERO NO OLVIDEMOS CÓMO ES EL CONSUMIDOR!

Debemos reconocer el talento de los ingleses para el comercio y aprender de ellos. Como les decía un amigo mío a sus hijos: «Más vale copiar que repetir curso».

Cuando hablamos del consumidor, lo tratamos como el rey. Pero ¿es el rey porque manda o es un rey títere al que se le puede manipular?

Probablemente, si los seres humanos tienen algo en común es que ejercen como compradores y vendedores al mismo tiempo. Todos, a lo largo de nuestra vida, asumimos ese doble papel. Productos, ideas, ideologías, valores, etcétera. Unas veces estamos a este lado de la mesa y en otras nos colocamos al otro.

Los más cercanos al consumidor son los vendedores, los que preguntan en la tienda: «¿Le puedo ayudar?» o «¿Está buscando algo?»..., o cualquier otra frase que obliga al comprador a dialogar. *Diálogo*, palabra clave que debemos tener en cuenta siempre en nuestra relación con el potencial comprador.

Los vendedores saben los recursos básicos que han de emplear para que un cliente se interese y, a poder ser, les compre; tanto los vendedores del súper como los del mercado, la pequeña tienda, la compañía de vinos, seguros, telefonía, etcétera, que reciben en el establecimiento o llaman a casa para ofrecer algo. También la *boutique* de moda, o la peluquería del barrio.

Pero volvamos al circuito de la venta, que empieza en una compañía que trata de vender su marca y su producto, y que para ello se alía con una agencia de publicidad para que cuente sus bondades al potencial consumidor.

Podría parecer que todos estamos en la misma rueda, en el mismo juego cuyas reglas conocemos más o menos, porque todos somos vendedores y compradores. Pues bien, quienes hablan español y trabajan en una compañía que vende productos y servicios se comunican con su agencia de publicidad en gran medida en inglés, ese idioma que tanto les ha costado aprender y que tan buenos réditos les ha proporcionado en su trayectoria profesional.

A los que trabajamos en la agencia nos pasa lo mismo que a los anunciantes, y por eso contestamos con palabras o frases en inglés que demuestran nuestro *poderío* y hacen bueno el pensamiento «Ahora entenderás por qué he llegado hasta aquí». Esta relación entre anunciante y agencia la defiendo aunque pueda parecer un poco pueril. A mí también me ha servido, aun sin ser precisamente bilingüe.

Abordaré ahora el gran disparate al que han contribuido las circunstancias que he desarrollado hasta aquí. Imaginemos que en vez de tener el circuito anunciante-agencia-vendedor-consumidor, el anunciante se saltara los dos grandes pasos intermedios (agencia-vendedor) y se comunicara directamente con el consumidor. ¿En qué lengua lo haría? O en otras palabras, ¿en qué lengua les hablan a ustedes los tenderos, los vendedores de un concesionario de coches o quien les llama a la hora de la siesta para tratar de venderles un vino? En el propio idioma de ustedes, claro: en español.

¿Y qué ocurre cuando la que habla es la marca por boca de la agencia de publicidad? Pues que en cuanto ve la mínima oportunidad, lo hace en inglés, aunque sea parcialmente. Porque está de moda. Porque el inglés es algo que cuesta dinero aprender, que luego nos permite ganar más, que nos hace formar parte de un mundo mejor. Y se pretende así que el consumidor entre en él, con la intención de que la persona que no sepa inglés crea que sí lo sabe. Pero eso no es verdad, y lo que sucede es que el consumidor no entiende nada.

«Caixa Bank *Now. Pack family* seguros». El tema es tan disparatado como ver en el rótulo frontal de una minitienda «Nails» (esto tiene de bueno que un montón de españoles hemos aprendido que *nails* significa «uñas»).

Siguiendo con la ironía, podríamos continuar nuestra relación directa con el cliente hablando uno en inglés y el otro en español. De la misma manera que ocurre en ese recuerdo que tengo de mi primera clase de inglés, cuando la profesora me preguntó: «*How old are you?*», y le contesté: «De Madrid». Seguro que todos tenemos historias graciosas sobre errores así.

El anunciante comienza por poner en los envases la marca, la descripción del producto, etcétera, en inglés. La agencia continúa la tarea con un titular o un *cierre* en ese mismo idioma, de modo que el consumidor tiene que ponerse a traducir el anuncio. Los que lo hemos elaborado damos por supuesto que aquellos a quienes nos dirigimos entienden el inglés y sus matices. ¡Estamos locos!

Los publicitarios de las agencias nos pasamos el tiempo buscando frases perfectas, actores que son capaces de transmitir sensaciones en segundos, luces bellísimas. Porque en los detalles, en la sutileza, en el doble sentido de una frase, o en el movimiento de una mano, conseguimos que nuestro anuncio sea relevante, atractivo, creíble, y por tanto que la marca resulte deseable. Cuando a los publicitarios nos niegan la posibilidad de lo sutil, de los matices, nos quedamos con el trazo grueso que puede hacer cualquiera, y eso hará que el anuncio pase desapercibido para nuestro público. Lo que pretendemos con nuestro trabajo es enamorar al posible consumidor, hacer que desde el momento en que ve o escucha nuestro comercial no pueda vivir sin esa marca.

Cuando deseamos a una persona o estamos enamorados de ella, lo damos todo, buscamos en lo más profundo de nuestra alma y en los rincones de nuestro conocimiento para que ella sienta por nosotros lo mismo; conseguirlo es difícil, muy difícil, por lo que no podemos pensar, sino sentir y soltar de la forma más bonita aquello que funcionará de la manera más eficaz.

Dudo que alguien haga una declaración de amor en un idioma que no domina o, en sentido opuesto, en el que la otra persona no comprende ni siente con profundidad. Por eso, tan importantes como las palabras son el tono, el medio, el lugar donde uno se declara (el metro a la hora punta no es un buen sitio), la hora, la ropa que se viste, la colonia, la copa que se comparte...

Así es la publicidad. Así se tiene que comunicar una marca con su posible consumidor. No hay muchos secretos, sólo mostrar lo mejor del producto y contarlo de la mejor manera posible para lograr lo que se pretende: vender.

Por todo ello es difícil transmitir las grandes sensaciones en inglés (o en otro idioma que no sea el propio). La literalidad de una traducción no suele ser exactamente lo que se quiere decir y, en el mejor de los casos, nunca tiene la retórica la profundidad del propio idioma.

Las agencias de publicidad (o en un sentido más amplio, las agencias de comunicación comercial) llevan al menos 30 años avanzando en la dirección que les marcan las grandes compañías del sector, que son multinacionales y, por lo tanto, angloparlantes. No todas las agencias se dedican a lo mismo. Cada una pertenece a un sector y éste se define en inglés. Otro tanto ocurre con los departamentos o cargos. En unos casos es muy tonto ponerlo en inglés, porque se dice casi igual que en español, y en otros no se entiende a lo que se dedican o el puesto a que se refiere.

Reconozcamos la dificultad de entender este barullo de agencias, cargos, siglas, etcétera, incluso para los que estamos en el sector (la lista sería casi interminable). Recuerdo la cara que ponía mi madre cuando trataba de explicarle que había dos tipos de agencias: las de ATL *(above the line)*, dedicadas a la publicidad en sentido estricto, y las de BTL *(below the line)*, dedicadas al resto de actividades de comunicación comercial —relaciones públicas, promoción, etcétera—.

Tratar de entender la jerga de los publicitarios es más difícil que la letra de los médicos, por no hablar del tiempo que se pierde en explicar a lo que se dedica una empresa. Los anunciantes tienen un vocabulario complejo, raro. Por supuesto, en inglés. Pero, en el fondo, poco nos debería importar el idioma que utilicen los anunciantes, mientras se entiendan entre ellos.

Lo malo es que poco a poco les va pareciendo normal comunicarse con cualquiera en inglés, lo entienda o no. Eso pasa en los envases (hay sectores, como la cosmética, en los que para entender un envase hay que tener un buen nivel de inglés).

Quizás la razón de que utilicen tanto el inglés sea un pretendido ahorro de costos, o dejar claro que se está ante una marca global... O simplemente porque creen que el inglés les da prestigio. Nada de esto está claro, porque hay ejemplos de todo tipo que llevan a pensar si no será por capricho, moda, papanatismo o simplemente «porque mola».

El hecho tozudo es que nuestro dueño, amo y rey es el consumidor que, sobre todo, habla, escribe, llora, ama y odia en español.

EMISOR Y RECEPTOR EN LA MISMA LÍNEA

Un apartado especial merece el mundo digital, que ha conseguido colocar en el mismo plano al emisor y al receptor.

Ahora todos podemos comunicarnos, relacionarnos de igual a igual. La comunicación vuela y no sólo se la puede atrapar, también se puede contestar, disentir o aplaudir a una compañía, marca, producto o servicio. El diálogo permanente entre marca y consumidor ha abierto un tipo de relación diferente, porque va a toda velocidad por la Red y hace que el consumidor se convierta en medio y pueda incluso crear su propio mensaje. Sobre esta nueva comunicación comercial se habla mucho y hay quien defiende que ahora el consumidor es el dueño y señor. Personalmente, no lo creo.

Se ha creado un cargo llamado *community manager* que, disfrazado de *amigo*, habla en las redes sociales como si fuera un consumidor, cuando quien le está pagando está a la orden de una marca. Algunas voces han alertado del control y la manipulación de las multinacionales en la Red.

Así es la comunicación más actual.

¿Alguien duda del idioma que se utiliza en la Red? Por supuesto, el español. Tengo un primo que lleva viviendo más de 30 años en Canadá y escribe en Facebook para *sus amigos* de aquí, por supuesto, en español (quizás ha superado el complejo de inferioridad y no tiene que presumir de su habla inglesa).

CONSIDERACIONES FINALES

En mi trabajo, cuando no sé por dónde seguir, pienso en lo que haría la gente, el consumidor. Esto me ayuda a utilizar el sentido común para llegar a algo razonable.

Hay que aprender inglés, porque nos va a abrir muchas puertas, ya que algunos nos valorarán por el nivel que tengamos, porque es maravilloso, porque son los mayores comerciantes del mundo, porque se utiliza en todas partes, y porque te perderás grandes cosas si no lo manejas con soltura. Porque hay muchas ocasiones en que mi público objetivo, mi consumidor, se expresa en inglés. Porque cuando uno debe *vender* algo a un angloparlante, más vale que lo haga en su idioma, porque en caso contrario..., olvídate del negocio. Ahora bien, con el mismo pensamiento, para vender un producto en nuestro país, tengo que hacerlo en español.

Admito que en ocasiones puede ser interesante utilizar el inglés, el francés, el alemán o cualquier otro idioma o fórmula, pero poner *sale* en el escaparate de una tienda de ropa para anunciar las rebajas es de locos, de la misma manera que lo es decir del modelo de una marca de coches *pure technology, drive together, the best or nothing*.

Aquí van algunos ejemplos más: en la trasera de un autobús de la compañía Julián de Castro se puede leer «serendipity bus»; un colegio dice «Ready to love. Ready to live», y otro «When you can choose, you must be right»; otros serían: «Hair perfector», «Moisture surge. Essential energy», «Ceramide capsules», «The new fragrance for men», «Be nice & rewind»...

Podría poner miles de ejemplos más, pero prefiero que cada cual compruebe por sí mismo el enorme abuso que se comete al utilizar el inglés sin motivo.

Propongo que nos comportemos como consumidores, cuando lo seamos, y como vendedores, en el momento en que nos toque serlo. Por ejemplo: estamos en Londres y entramos en una tienda a comprar, ¿en qué idioma hablamos? Pues en español. Es sencillo, copiemos a los ingleses cuando vienen aquí y nos hablan en su idioma. Seguro que si no te entienden, te lo dirán y se tendrán que disculpar por no hablar la lengua local, lo cual te colocará en una posición dominante.

¿Por qué no comenzar las conversaciones con tus colegas hablando español y, en el caso de que no te entiendan, tener la deferencia de cambiar a su idioma? Es un detalle viniendo de alguien que habla español, el idioma de más de 500 millones de personas.

Cuando en las agencias buscamos un *copy* («redactor»), ¿por qué no decimos «Imprescindible comunicarse bien en español. Se valorará el inglés»?

Y por último y más importante: nos pagan para ayudar a vender y, a poder ser, para que el consumidor español ame la marca que anunciamos. Hagámoslo en el idioma que nosotros mismos utilizamos cuando pretendemos enamorar.

LA ACADEMIA TAMBIÉN APRENDE

Álex Grijelmo

Se utiliza a veces en Comunicación la metáfora del arquero. Si uno dispara una flecha y ésta sale desviada en el vuelo hacia la diana, su trayectoria ya no cambiará por mucho que el lanzador mueva después el arco en la dirección correcta.

Eso sucede en muchos procesos comunicativos. Cuando una idea se ha clavado lejos del blanco porque el lanzamiento salió desviado, ya puede el emisor apuntar de nuevo cuanto desee, que la idea seguirá bien fija ahí a ojos del público. Sólo arrojando nuevas flechas se podrá alterar la percepción que haya adquirido la sociedad sobre la puntería inicial del arquero, pero eso ocurrirá al cabo de muchos años. Y para ello hace falta apercibirse de ellas, o que alguien recuerde cada cierto tiempo que también están ahí. La flecha que impacta primero impacta dos veces.

La Real Academia Española (RAE) vivió durante siglos lanzando flechas que con la mirada actual nos parecen desviadísimas, como tantos hechos y costumbres del pasado.

Las instituciones longevas (la RAE fue creada en el siglo XVIII) viven necesariamente muchas épocas, y llegan al presente con la contaminación de cuanto sucedió en ellas.

Los diccionarios y los criterios de la Academia se han visto influidos (como el arte, como la Administración, como la literatura) por las corrientes sociales que dominaban en cada momento. Así, la real institución se contaminó en su día del hispanocentrismo y del patriarcado imperantes.

En efecto, hubo un tiempo en que el *Diccionario* apenas miraba a otro lugar que no fuera España, con los ojos cerrados a América. Y sus definiciones reflejaban también escasa consideración hacia las mujeres, que ni siquiera se habían incorporado a sus sillones.

Esas flechas lanzadas entonces aún siguen clavadas fuera de lo que hoy en día consideramos la diana. Mucha gente las mira y con ellas reproduce la representación mental de una Academia retrógrada, dictatorial, de oídos cerrados ante las minorías, anticuada, caja de privilegios, salón social, «el mausoleo donde finalmente yacen las palabras» (García Márquez).

A esa idea de institución conservadora, refractaria a cualquier innovación, se le opone una aspiración de cierta anarquía ordenada y estructurada por los hablantes, la libertad frente a la dictadura del *Diccionario*, el ejemplo del inglés como gran idioma del mundo que no ha necesitado corsés, sino que ha crecido gracias a su ausencia.

Pero quienes deseen formarse una opinión más completa al respecto pueden observar ahora otras flechas que, esta vez sí, dieron en la diana de nuestro tiempo.

Vamos a repasar, con ánimo conciliador y petición de benevolencia, las distintas críticas que se han planteado a la Academia, a menudo influidas por un pasado que repudiamos con nuestra mentalidad de hoy.

«NO DEBERÍA EXISTIR LA REAL ACADEMIA»

La Academia española nació en 1713 a imitación de la francesa en una época en la que en España reinaba Philippe de Anjou, cuyo origen galo se suele olvidar en las menciones actuales, escondido en su hispanizado nombre de Felipe V de Borbón, tan parecido en esa denominación al del jefe del Estado actual y sin embargo tan distinto a él en todo lo restante. Para empezar, el rey francés de España era retratado con armadura; y ni siquiera hablaba español.

La influencia francesa de entonces, perceptible por todas partes, originó en España «un alud de galicismos» (Lapesa, 1987),[1] y los amantes de la lengua española se aprestaron a combatirlos.

Por ejemplo, José Cadalso ironizaba en la número XXV de sus *Cartas marruecas* con el hecho de que los españoles cultos del XVII poblaran su lenguaje de extranjerismos, sobre todo con términos procedentes de Francia. Y caricaturizaba un texto en el que había encontrado expresiones como *desabillé* («salto de cama»), *toaleta* («servilleta»), *hacer un tour* («dar una vuelta»), *pitoyable* («lamentable»), *medio día y medio* («las doce y media»), *viene de arribar* («acaba de llegar»), *tomé de la limonada* («bebí limonada»), *soy tu veritable amiga* («tu verdadera amiga»), *ha sido en vano que yo he pretendido* («he pretendido en vano») y muchas otras en las que se esconde un pensamiento francés expresado en aparente castellano (las equivalencias españolas de esos galicismos son nuestras).

Francia se tomaba entonces como referencia para casi todo, y su centralismo se consideraba un ejemplo de modernidad frente a los *reinos de taifas* de otros Estados a los que se asociaban la dispersión, el desorden y la ineficacia administrativa. Todo lo contrario que ahora, cuando consideramos nefasto el centralismo y nos hemos dotado de un Estado autonómico.

El impulso de un hombre ilustre, Juan Manuel Fernández Pacheco y Zúñiga (1650-1725), terminó alumbrando la Academia Española en 1713. Este fundador y primer director de la docta casa tenía el título de marqués de Villena, algo muy conveniente para hacerse respetar en la época pero observado con desconfianza desde nuestra mirada del siglo XXI. No es de extrañar que, considerando la nómina de títulos nobiliarios que pasaron por la institución, esa imagen aristocrática se haya proyectado durante años y haya llegado hasta nosotros.

La Academie (o Academia francesa) tuvo como fundador en 1634 nada menos que al todopoderoso cardenal Richelieu. Era difícil pensar durante aquellos años en una efectiva separación de poderes y en la independencia de las instituciones.

Sin embargo, eso no duró siempre en nuestro caso, y se pueden hallar en la historia de la Academia notables desobediencias frente al poder, incluso durante el franquismo. Por ejemplo, en el hecho de negarse a retirar la condición de académicos a sus declarados miembros republicanos; y en su rechazo de las injerencias ejercidas por la dictadura respecto a su funcionamiento y sus acuerdos.

Desde que fue fundada, las sucesivas generaciones de españoles han convivido con la Academia y han aceptado su existencia; también han seguido sus obras y han respetado su misión (con las excepciones que se desee consignar); hasta el punto de que se ha extendido la expresión *esa palabra no existe*, con la que alguien comunica que no la ha encontrado en el *Diccionario*, aunque la oiga a menudo en su entorno y por tanto sí exista.

España podía haber seguido el ejemplo de Inglaterra, que no se dotó ni de academia ni de Constitución, pero decidió situarse en la estela de Francia o de Italia (donde se creó La Crusca florentina en 1583, anterior a la francesa). Ambos países ejercían entonces la mayor influencia sobre la Corte española y sus súbditos. Inglaterra quedaba más lejos.

De hecho, la España del xvi y del xvii estaba llena de *academias* (también en el ámbito provincial) en las cuales los poetas, los novelistas y otra gente instruida se reunían para hablar de sus gustos. De ese modo, una academia que reuniese a los más ilustres conocedores de la lengua encajaba perfectamente en el paisaje, por más que surgieran luego prestigiosos críticos hacia la institución como Rubén Darío o Mariano José de Larra.

La misión de elaborar un diccionario como los que ya habían creado Francia o Italia no era la única (aunque ya se contara con el formidable *Tesoro* de Sebastián de Covarrubias). Además, hacían falta instrumentos para llevar y enseñar el idioma español en América.

Se suele olvidar que en el momento de producirse las independencias americanas solamente un tercio de los habitantes de lo que hoy llamamos «Hispanoamérica» sabía hablar español. La enseñanza de este idioma siempre constituyó un objetivo, después asumido y desarrollado con mayor ahínco aún por los nuevos países independientes.

España y el español podían no haber tenido Academia, cierto. Pero, una vez que existe, la mayoría de los hablantes la ha tomado históricamente como referencia y guía. Se puede hallar prueba de ello en las históricas ventas millonarias de sus obras y ahora en las consultas continuas a su *Diccionario* a través de Internet.

«LA ACADEMIA ES HISPANOCENTRISTA»

La Real Academia Española se centró durante muchos años en el idioma que se hablaba en España, con olvido de las variedades americanas. Y hasta de su realidad. Sin embargo, la creación de academias de la lengua en las naciones del Nuevo Mundo supuso un punto de partida trascendental para que la institución de la calle madrileña de Felipe IV mirase por fin a todos los hispanohablantes.

Comenzó la colombiana, hace siglo y medio, con el empeño de José María Vergara y Vergara, quien llegó a Madrid armado con un lote de libros escritos por unos jovencísimos filólogos llamados Miguel Antonio Caro, Rufino José Cuervo y José Manuel Marroquín, obras que causaron asombro entre los académicos españoles. Caro tenía 28 años; Cuervo, 27; y Vergara y Vergara, 40 (habría de morir un año después), mientras que Marroquín era ya un veterano de 44 años, según recordó el escritor y académico colombiano Daniel Samper en una intervención ante el pleno de aquella institución el 13 de abril de 2018.

El hecho fundacional de que los futuros académicos colombianos buscaran en 1871 el beneplácito de la institución española da una buena idea sobre el interés americano en que se mantuviera la unidad del idioma, aun siendo todos conscientes de las particularidades no ya de cada país, sino de cada pueblo o cada región.

Y ello a pesar de que ahora habríamos entendido bien una reacción de despecho por parte de los ilustres escritores y filólogos americanos ante ciertas actitudes españolas.

La antigua gramática de 1931 (llamada con prevención *Esbozo de una nueva gramática española)* fue concebida para reflejar el español de España, pero en sus primeras páginas se advierte de que se desea conocer al respecto «la opinión de las Academias de la Lengua asociadas a la española». Estupenda intención, aunque no habría estado mal recabar esa opinión antes de publicar la obra.

Una vez conocidas tales enmiendas, se pretendía reelaborar el texto para convertirlo en la *Gramática* definitiva. Pero eso tardaría más de ochenta años en ocurrir.

Las academias americanas decidieron más tarde organizarse por su lado y celebrar sus propios congresos. El primero, en 1952, se desarrolló a iniciativa del presidente de México, y allí se acordó crear la Asociación de Academias de la Lengua Española (ASALE).

El Gobierno de Franco, que tenía rotas sus relaciones con México (país que había acogido con generosidad a los exiliados republicanos españoles), impidió que viajaran a esa primera reunión los representantes de la Real Academia. Y fue precisamente la Academia mexicana la que propuso desde el primer momento integrar en la asociación a la española, a pesar del cerril Gobierno franquista.

Pero la siguiente sesión se celebró en Madrid en 1956. En ella se decidió invitar a todos los Estados de habla hispana a firmar convenios de colaboración para el desarrollo y la defensa de la lengua común. Y en 1960 se suscribió en la reunión de Bogotá un documento conjunto que recogía las bases de esos acuerdos (el Gobierno español lo ratificaría en 1963).

A las reuniones de México, Madrid y Bogotá siguieron otras en Buenos Aires, Quito, Caracas, Santiago de Chile, Lima..., congresos que «sirvieron para deshacer equívocos entre los países hispanohablantes del Nuevo Mundo y su antigua metrópoli» (Lapesa, 1987).

Esa implicación de todos los países en el proyecto del español como lengua común no se produjo de la noche a la mañana. El hispanocentrismo se mantuvo en muchas inercias, impulsado además por las difíciles comunicaciones de entonces.

Hasta 1965 no se constituye en Madrid la Comisión Permanente de la Asociación de Academias, cuyo secretario será siempre un hispanoamericano; asistido actualmente por dos vocales, también del Nuevo Continente, que se van rotando cada año y que, junto con otros dos académicos españoles, estudian durante tres meses la entrada de palabras americanas en el *Diccionario*. A ello se unió un programa de becas financiado por la Academia española para que un grupo de filólogos hispanoamericanos trabajase con sus especialistas, con su biblioteca y con los bancos de datos de la entidad.

Los limones eran amarillos para el *Diccionario* hasta que en 1992 se modificó esa entrada (en América los limones son verdes), pero todavía hoy se leen de vez en cuando críticas ante esa falta de perspectiva que ya se corrigió.

De todas formas, pasó mucho tiempo hasta que en 2001 los americanismos entraron en tropel por el viejo portón del palacete académico (para esa edición se aceptaron unas 15.000 acepciones más respecto de las 10.000 que aparecían en la de 1992; con lo que se alcanzó la cifra total de 26.299, según datos de la propia Academia española).

Por ahí se han ido añadiendo hasta hoy mexicanismos como *engentarse* («sentirse agobiado por una multitud») y *achicopa-*

larse («disminuirse», «achicarse»), el colombianismo *trancón* («atasco») o el término propio del béisbol *jonrón* («anotación de una carrera»; un término procedente del inglés *home run* que se usa en casi toda la América aficionada a ese deporte).

Todo lo sólido se construye despacio, y el proceso de descentralización progresó con lentitud. Pero hoy parece ya indestructible. Las decisiones sobre las obras académicas son adoptadas por consenso desde 1999 (se empezó con la nueva *Ortografía),* y va arrinconándose la denominación oficiosa «el *DRAE» (Diccionario de la Real Academia Española)* para sustituirla por «el *DLE» (Diccionario de la Lengua Española).* Además, los ingresos por las publicaciones académicas (el *Diccionario,* la *Ortografía,* la *Nueva gramática,* el *Panhispánico de dudas...)* se reparten entre todas las entidades miembros de la ASALE, en lugar de constituir un negocio meramente español.

Para cumplir con los acuerdos panhispánicos, cualquier modificación del *Diccionario de la lengua española* debe ser aprobada por todas las academias; con excepción de aquellos casos concretos relacionados con asuntos de técnica lexicográfica y de armonización con otras obras panhispánicas, que se hacen en el Instituto de Lexicografía de la Real Academia Española. Sin embargo, la versión final del *Diccionario* ha de ser aprobada también por todas las academias y comunicada en acto público.

La colaboración entre esas 23 instituciones hermanas (20 en América, a las que se suman la guineana, la filipina y la española) ha establecido el panhispanismo como forma definitiva de actuación, que alcanza además a la organización de los congresos internacionales de la lengua (el último en San Juan de Puerto Rico, el siguiente en la Córdoba argentina) y a las propias asambleas de las academias.

Solamente se establecen diferencias entre las academias a causa de las aportaciones de cada una a la obra común, a menudo por culpa de las distintas situaciones económicas que se dan entre ellas (es decir, los dispares ingresos de los que disponen por la publicación de sus obras o por las mayores o menores subvenciones de sus Estados).

Los acuerdos sobre la norma común no han resultado fáciles, y a menudo se han alcanzado tras feroces polémicas entre academias y entre académicos, ya fuera por una tilde en un adverbio o por el nombre de alguna letra. Ahora bien, nunca llegó la sangre al río y se impuso el consenso.

Fruto de ese clima han salido al mercado la última edición del *Diccionario,* en 2014 (93.111 entradas, frente a las 88.431 de la anterior, con 195.439 acepciones; y 140.000 enmiendas que afectaron a 49.000 voces); y la impresionante *Nueva gramática de la lengua española* (2009), una obra monumental que mima, ahora ya sí, todas las variedades de la lengua y describe, incluso con detalles minimalistas, propiedades insospechadas que se escondían en el último rincón de nuestro idioma. (También se ha publicado, en 2011, una edición más llevadera, la *Nueva gramática básica).*

No han faltado sobresaltos, sin embargo, como el producido en 1998 cuando la Academia incluyó en su boletín algunas de las palabras que pensaba incorporar al siguiente *Diccionario.* Entre ellas figuraba el adjetivo *antofagasta,* con la definición de «persona cuya presencia en una tertulia o café desentona y fastidia». Eso desató un enfado monumental en Antofagasta (Chile), y la protesta del vicedirector de la Academia chilena, Ernesto Livaci, por no haber sido consultados al respecto. En verdad, en el banco de datos académico solamente aparece un escritor que haya usado y definido *antofagasta*: Antonio Díaz Cañabate, en 1985; si bien hay testimonios de que también pronunciaron esa palabra García Lorca y Gómez de la Serna. Pero tal vez su uso no fue más allá de alguna tertulia literaria madrileña.

El camino de americanización del *Diccionario* aún tiene recorrido, y habrá de avanzar en esa dirección. Por ejemplo, parece comprensible que algún lexicógrafo americano critique, entre otros casos, que desde la entrada *concientizar* (forma extendida en América) se remita a la definición de *concienciar* —verbo que quizás se haya quedado reducido a la condición de españolismo—, cuando quizás fuera más justo invertir la relevancia de ambas opciones.

Los desacuerdos existen, por supuesto. Y conviene discutirlos sin prejuicios y sin descalificaciones globales.

Con todos esos claroscuros, actualmente disponemos de una lengua común muy homogénea y muy bien descrita en las obras académicas. Hoy en día casi nadie discute la frase que he visto atribuida al historiador de la lengua mexicano Antonio Alatorre: «El español es la suma de todas las maneras de hablarlo». Nadie tiene su monopolio, y la Academia española es muy consciente de ello; aunque los ecos del pasado resuenen todavía.

«LA ACADEMIA ES CONSERVADORA»

El conservadurismo de la Academia también ha evolucionado en los últimos años, pero sigue vivo el recuerdo de las primeras flechas lanzadas con rumbo desatinado.

Es cierto que la docta casa tardó mucho en incorporar palabras malsonantes, y que el *Diccionario* aún definía en 1970 el *matrimonio* como «unión de hombre y mujer concertada de por vida», aunque el divorcio ya existiera en muchos países hispanos (todavía no en España). Al mismo tiempo, el *matrimonio civil* era el concertado sin intervención del «párroco» (con lo cual se olvidaba cualquier otro credo que no fuera el católico). En la edición de 1984 ya no aparece aquel «de por vida», y en la de 2014 se lee que el matrimonio puede ser la unión entre dos personas del mismo sexo; y que el matrimonio civil se celebra «sin la autoridad religiosa correspondiente» (por lo tanto, sin referencia a párroco alguno, lo que incluye, pues, cualquier rito).

Y cómo olvidar aquella definición de *marxismo* vigente desde 1936 a 1984: «Doctrina de Carlos Marx y sus secuaces...»;

mientras que *nazismo* era en 1970 la «doctrina nacionalista de tendencia social que surgió en Alemania años después de la Primera Guerra Mundial», sin mayor tinte peyorativo.

Con eso se puede definir a aquella Academia como *conservadora*, y el adjetivo hasta se queda suave. Pero hace falta deslindar en la palabra *conservadora* su polisemia, para fijar el sentido que toma en cada caso. Desde el punto de vista político, *conservador* equivale a «derechista», y la institución lo fue en otro tiempo con algunas de sus definiciones. Ahora bien, en el sentido social de *conservadora* como «reacia a los cambios», quizás el adjetivo más adecuado sea ahora *prudente*.

Son muchas las presiones que se ejercen sobre los académicos, desde las redes sociales, las entidades ciudadanas, las organizaciones políticas... No debe de resultar fácil conjugar los intereses de grupos y personas, por un lado, y la insistencia de los datos sobre el uso de la lengua, por otro. Además, el genio del idioma siempre se mostró lento, y su trayectoria invita a huir de la precipitación. Si se le espera un poco, acaba aportando *pincho* frente a *pendrive*, o *canguro* frente a *babysitter*.

«LA ACADEMIA ES MUY LENTA»

La elaboración de diccionarios se ha facilitado una barbaridad en los últimos decenios gracias a los instrumentos informáticos. Pero antaño suponía un trabajo descomunal. Por ejemplo, la Academia publicó entre 1817 y 1852 seis ediciones distintas de su obra, y sin embargo apenas introdujo novedades en ellas. Hasta 1883 no se produjeron realmente revisiones y añadidos notables.

Por el contrario, la incorporación de términos ha adquirido hoy en día un ritmo vertiginoso. La Academia ha adoptado la costumbre de informar cada diciembre sobre los vocablos que entrarán en el *Diccionario*, y a finales de 2017 anunciaba 62 nuevas voces, entre ellas *aporofobia, audiolibro, ataché, buenismo, discinesia, halal, vallenato* (¡por fin!), *posverdad, pinqui, postureo* o el americanismo *chusmear* (propio de Argentina, Uruguay y Paraguay). Incluso hoy en día parecen oírse más voces contra la aceptación de palabras que contra el retraso en acogerlas.

«LA ACADEMIA ES MACHISTA»

No se puede desconocer ni desdeñar el hecho de que solamente 11 mujeres se hayan sentado en las sillas de la Academia en sus 300 años de historia, frente a casi 500 varones. Eso resulta demoledor, sobre todo si se recuerdan los nombres de extraordinarias escritoras y filólogas que bien lo habrían merecido.

Algo parecido sucede en Francia (5 mujeres entre 38 miembros, un 13 por ciento), en Alemania (11 mujeres entre 40, un 27,5 por ciento), Suecia (4 mujeres entre 18 miembros, el 22 por ciento), según cifras que tomo de *Eldiario.es* en un texto de 2016.

En julio de 2018, cuando escribo estas líneas, ocupan un lugar en la Academia española 8 mujeres, frente a 38 hombres, un 18 por ciento, si bien aún deben tomar posesión 2 varones más (Carlos García Gual y Juan Mayorga) hasta completar las 46 sillas reglamentarias.

La primera académica, Carmen Conde, no llegó a la docta casa hasta 1979, tan cerca ya de nuestros días. Y a cada rato se recuerda que una lexicógrafa de la talla de María Moliner o una poetisa como Rosalía de Castro se quedaron a las puertas de la entidad, entre otras muchas autoras.

Sin embargo, todos esos datos se han de examinar con cierto rigor. Los actuales miembros de la Academia no tienen capacidad de alterar de un día para el otro la relación entre hombres y mujeres, como sí sucede con un Gobierno en manos de un presidente que dispone de todos los poderes para nombrar a sus ministros y ministras.

Al tratarse de cargos vitalicios, solamente asesinando a unos cuantos académicos varones se dejaría sitio para más mujeres. Como nadie desea eso, se tardará muchos años en lograr un equilibrio de sexos. Por tanto, el dato interesante (pues se trata del dato sobre el que se puede actuar) es cuántas mujeres y cuántos hombres han ingresado en los últimos años.

A ese respecto, cabe destacar que entre 2010 y 2016 entró en la Academia una mujer al año (Soledad Puértolas, Inés Fernández-Ordóñez, Carme Riera, Aurora Egido, Clara Janés y Paz Battaner). Y también es cierto que en ese mismo periodo lo hacían 12 hombres. Por tanto, 6 mujeres en 18 puestos (un tercio). El desequilibrio heredado se va corrigiendo, aunque despacio.

Ahora bien, un análisis riguroso y neutral que se dirija a evaluar las decisiones recientes (sin confundirlas con las de nuestros antepasados) debe analizar el 33 por ciento de los ingresos de mujeres en los últimos años, y no tanto el 18 por ciento de la presencia actual. Ese tercio sigue siendo insuficiente, desde luego. Pero habrá que partir de él, y no juzgar como culpa del presente los porcentajes que vienen de otras épocas y que, sin embargo, son los más publicitados ahora. Y también, lógicamente, será necesario considerar con distancia y frialdad las candidaturas que se van presentando y analizarlas en relación con la valía personal de cada uno o cada una.

El movimiento inútil del arco tras lanzarse la flecha se refleja también en algunas críticas (generalmente poco documentadas) que se dirigen con gran éxito contra la Academia. Por ejemplo, todavía se pueden leer ataques en textos actuales ante el hecho de que *histeria* se defina en el *Diccionario* como una enfermedad «más frecuente en la mujer que en el hombre». Muchos de quienes han escrito al respecto no se han tomado la molestia de verificar que esa entrada se modificó en 2014. Muy tarde, sí; pero se modificó. Llama la atención que esas y otras correcciones no atraigan la atención de los sectores más críticos.

Uno de los últimos cambios concierne al adjetivo *fácil*, que antes se refería en su quinta acepción a la «mujer que se presta sin problemas a mantener relaciones sexuales». Ahora tal condición no se aplica solamente a las mujeres sino a toda «persona» que mantenga esa actitud.

El verbo *gozar* podía significar, según el *Diccionario*, «conocer carnalmente a una mujer» (como si una mujer no pudiera gozar conociendo carnalmente a un hombre), pero desde 2014 se indica en ese punto: «Dicho de una persona: tener relaciones sexuales con otra».

Y *sacar a bailar* (en la entrada *sacar*) equivalía desde el siglo XVIII a que el hombre invitase a la mujer a danzar, pero no al revés (lo que se suprimió en 1970). Cambios ha habido pero quizás no se conocen mucho.

Algunas de las reivindicaciones feministas se han visto satisfechas, pues; mientras que otras aún esperan a la puerta.

A mi entender, en las decisiones sobre franquearles el paso o mantenerlas en la calle se adivinan ahora más unas razones lexicográficas que perspectivas ideológicas. Y se podrá acusar de discriminación en determinados casos concretos, pero ya no de machismo a toda la corporación.

No obstante, la lucha feminista ha conseguido muchos cambios en la sociedad que sin ella (sin ellas) habrían sido imposibles. Y es probable que algunas renuncias académicas de hoy nos escandalicen mañana. Por tanto, no conviene hacer afirmaciones tajantes en este terreno.

Uno de los asuntos más controvertidos de la actualidad del lenguaje se refiere a los desdoblamientos *ciudadanos y ciudadanas*, *consumidores y consumidoras*, etcétera. En este punto se ha acusado a la Academia de mostrarse en contra y además de hacerlo de manera tajante. A mi entender, el famoso informe *Sexismo lingüístico y visibilidad de la mujer*, dirigido por el académico Ignacio Bosque, no censura esas dobles formas; censura que se considere machista no utilizarlas.

Tales duplicaciones se usan desde antiguo en español *(damas y caballeros, señoras y señores)*; y será cuestión del estilo de cada cual acudir a ellas o no; y hacerlo de forma reiterada o solamente a veces, como elección de connotaciones para un discurso. Nada lo impide, tampoco la Academia.

En la situación actual, las discusiones sobre conflictos concretos se pueden dar lealmente, con posturas encontradas que se basen en argumentos, pero ya no tanto en opiniones globales y descalificadoras de la totalidad.

Lo malo es que aquellas flechas de otro tiempo siguen haciendo daño, y ponen en cuestión incluso las que han sido lanzadas con un espíritu moderno y progresista. Sin embargo, nadie puede dudar que hoy María Moliner sí que habría ingresado en la Academia.

«LA ACADEMIA EJERCE EL ORDENO Y MANDO»

El *Diccionario* (para indignación de muchos) se ha rendido al uso. Ya cualquier modificación debe estar basada en documentación cualitativa y cuantitativa fiable. La Academia abandonó hace tiempo el ordeno y mando (aunque esa imagen persista entre el público) y ahora insiste a cada rato en que ella no se dedica a establecer cómo se debe hablar, sino a atestiguar cómo se habla. De ese modo, muchas palabras que a algunos escritores o periodistas nos parecen horrorosas han entrado en el *Diccionario,* porque éste constituye un catálogo de usos posibles en el que cada cual elige luego el producto que más le guste, conformando así su estilo propio.

En él figuran vocablos realmente feos y anglicismos innecesarios; pero está en la libertad de cada cual decirlos continuamente o no usarlos jamás. Y también se encuentran en esa obra expresiones machistas, racistas o insultantes en general. Algunas voces bienintencionadas defienden su eliminación, y eso se parecería a borrar de los libros de historia o de los periódicos todo aquello que desagradase a nuestra visión del mundo.

En las novelas y en la realidad siguen existiendo personas racistas, machistas, desconsideradas, faltonas, insultadoras, además de asesinos, ladrones y estafadores. Y si un autor desea crear un personaje con algunas de esas características necesitará dotarle de un vocabulario que lo defina, que lo muestre ante el lector como un ser despreciable. Sería absurdo que después un traductor o un simple hablante no encontraran esas palabras en el *Diccionario*. Así, por ejemplo, si alguien habla de una mujer como perteneciente al *sexo débil* estará expresando una idea machista, pero quien consulte el *Diccionario* tiene derecho a encontrar allí qué ha significado *sexo débil* en la historia de la lengua española, para saber lo que están diciendo en realidad el hablante real o el personaje inventado. *Sexo débil* no ha significado, por ejemplo, que alguien sea débil de sexo, o que tenga debilidades en ese terreno, sino que pertenece al sexo biológico femenino. Es horrendo, desde luego; y las personas sensibles hacia la igualdad de los seres humanos no usarán esa locución, les repugnará incluso leerla. Pero su presencia en el *Diccionario* debe servir para identificar precisamente a quienes, en la ficción o en la realidad, no tienen esos cuidados y caminan por la vida llenos de sinrazones. Además, esas y otras expresiones pueden hallarse sobre todo en libros de siglos pasados, cuando el cuidado actual por la igualdad entre los sexos no estaba tan presente.

Por tanto, quizás la batalla no debe darse en la supresión de una entrada, sino en que la definición y las marcas de un término expliquen bien sus consecuencias y sus connotaciones peyorativas actuales.

En cualquier caso, la Academia ha dejado de dictar normas; para lo bueno y para lo malo. Y con ello nos invita a los hablantes a asumir nuestra responsabilidad y cambiar la realidad que deseamos combatir, en vez de prohibir aquellas palabras que la describen.

Las críticas a la Academia (a las que un servidor ha contribuido, especialmente en el libro titulado *La punta de la lengua*, 2000) son legítimas si se formulan con educación; porque responden a la libertad de expresarse y constituyen seguramente un acicate para las mejoras constantes del *Diccionario*, a fin de que la institución siga aprendiendo de cuanto la rodea y no se aísle de la sociedad a la que sirve.

Pero los juicios generales resultarán más certeros y creíbles si se observan con detenimiento todas las flechas lanzadas, y no solamente los viejos tiros errados. Y para ello hace falta que continúe la didáctica y tenaz tarea de comunicación que ha asumido la Academia.

NOTAS

EL IDIOMA ESPAÑOL CRECE Y SE MULTIPLICA

1 F. Moreno Fernández y J. Otero Roth, *Atlas de la lengua española en el mundo*, 3.ª ed., Barcelona, Ariel - Madrid, Fundación Telefónica, 2016.

2 *Ibid.*

3 *Ibid.*

4 *Ibid.*

5 F. Moreno Fernández y J. Otero Roth, *Demografía de la lengua española*, Madrid, Instituto Complutense de Estudios Internacionales - Fundación Telefónica, 2007.

6 Instituto Cervantes, *El español: una lengua viva. Informe 2018*, Madrid, Instituto Cervantes, 2018.

7 Las cifras están redondeadas hacia el millón más cercano. Los datos reflejan la información disponible relativa a los hablantes nativos de estas lenguas en todos los países del mundo con independencia de si en estos países las lenguas tienen o no carácter oficial. El porcentaje de hablantes nativos de inglés de cada país se ha extraído de distintas fuentes, atendiendo al siguiente orden de preferencia: 1) censos nacionales; 2) Eurostat, 2012; 3) Ethnologue, 2016; David Crystal, *English as a Global Language*, 2.ª ed., Cambridge, Cambridge University Press, 2003. El porcentaje correspondiente al francés se ha extraído de M. Harton *et al.*, *Estimation des francophones dans le monde en 2015*, Quebec, Obser-

vatoire démographique et statistique de l'espace francophonie, 2015, disponible en: <https://www.odsef.fss.ulaval.ca/sites/odsef.fss. ulaval.ca/files/odsef_nr_lfdm_2015_finalweb-elp.pdf>.; OIF, 2014; y William Edmiston y Annie Dumenil, *La France Contemporaine*, Boston (Masachusets), Cengage Learning, 2015. El porcentaje del español se ha obtenido a partir de Moreno Fernández y Otero, *op. cit.*, e Instituto Cervantes, 2018.

8 ONU, «World Population Prospects 2017», 2017, <https://esa. un.org/unpd/wpp/Download/Probabilistic/Population/>.

9 Las cifras correspondientes a los hablantes no nativos de inglés, francés y español se han obtenido a partir de datos extraídos de las fuentes enumeradas en la nota 7; asimismo, se han redondeado hacia el millón más cercano.

10 Incluye al 72,4 por ciento de la población hispana que afirma hablar español en el hogar, según la Oficina del Censo de Estados Unidos (2017). El cálculo total de hablantes se ha realizado tomando como referencia el porcentaje de la comunidad hispana facilitado por la Oficina del Censo de Estados Unidos para julio de 2016 (el 17,8 por ciento de la población total del país), sobre la base de las proyecciones de población total realizadas por la Oficina del Censo estadounidense (2018) para enero de 2018 (326.971.209 personas). Incluye también a los menores de 5 años.

11 J. M. Lipski, «Las lenguas criollas de base hispana», *Lexis*, vol. XXVIII, n.º 12 (2004), pp. 461 y 508, <http://revistas.pucp.edu. pe/index.php/lexis/article/viewFile/9199/9608>.

12 *Ibid.*

13 Véase la nota 7 de este capítulo.

14 ONU, *op. cit.*

15 Oficina del Censo de Estados Unidos, 2017.

16 Véase la nota 7.

17 ONU, *op. cit.*

18 F. Moreno Fernández y J. Otero Roth, *Atlas de la lengua española en el mundo, op. cit.*

AMÉRICA Y LA ORTOGRAFÍA ACADÉMICA

1 En el mundo hispánico hallamos honrosa fidelidad a los estudios ortográficos en países como Chile, Cuba, Uruguay, Argentina, México...

2 Elio Antonio de Nebrija, *Reglas de orthografía en la lengua castellana*, ed. de Antonio Quilis, Bogotá, 1992, p. 115.

3 RAE, *Orthographía española*, Madrid, 1741, pp. 11-12. (Dada su cantidad, no se incluye la referencia de las obras académicas. Nos referimos a ellas en el texto por nombre y año de publicación).

4 Alfredo Matus Olivier, ponencia pronunciada el 23 de marzo de 2007 en el Congreso de Academias de Medellín (Colombia).

5 «Ego, nisi quod consuetudo obtinuerit, sic scribendum quisque iudico, quomodo sonat». (*Institutio Oratoria*) (A. Esteve Serrano, *Estudios de teoría ortográfica del español*, Murcia, Universidad de Murcia, 1982, p. 20).

6 «... que assi tenemos de escribir como pronunciamos i pronunciar como escribimos por lo que en otra manera en vano fueron halladas las letras». (Elio Antonio de Nebrija, *Gramática sobre la lengua castellana*, Real Academia Española, pp. 12-13).

7 «... eskrivamos komo se pronunzia, i pronunziemos como se eskriva». (A. Esteve Serrano, *op. cit.*, p. 47). Gonzalo Correas, *Trilingüe de tres artes de las lenguas Kastellana, Latina y Griega*, 1627; *idem*, *Ortografía kastellana, nueva y perfeta*, 1630.

8 A. de Nebrija, A. Vanegas, B. de Busto, F. de Robles, J. de Valdés, los anónimos de Lovaina (1555 y 1559), C. de Villalón, M. Alemán, S. de Covarrubias, Jiménez Patón, G. Correas y otros muchos.

9 «Tres principios, ó tres raices pueden servir á la construcción, y disposición de las reglas de Orthographía: estos son la pronunciación, el origen, y el uso». (RAE, *Orthographía de la lengua española*, 1741, p. 94).

10 «Tres Principios ó Fundamentos pueden servir á la formación de las Reglas de Ortografía. Estos son Pronunciación, Uso constante y Orígen». (RAE, *Ortografía de la lengua castellana*, 1754, p. 2).

11 «... pensando las ventajas é inconvenientes de una reforma de tanta trascendencia ha preferido dejar que el uso de los doctos abra
camino para autorizarla con acierto y mayor oportunidad». (RAE,
Ortografía de la lengua castellana, 1815, pp. xvii-xviii).

12 Andrés Bello y Juan García del Río, «Indicaciones sobre la conveniencia de simplificar la ortografía en América», *Biblioteca Americana* (1823), pp. 50-66. Reimpreso en *El Repertorio Americano*
(octubre de 1826), pp. 27-41.

13 «Para que esta simplificación de la escritura facilitase, cuanto es
posible, el arte de leer, se haría necesario variar los nombres de las
letras como lo hemos hecho; porque, dirigiéndose por ellos los que
empiezan a silabar, es de suma importancia que el nombre mismo
de cada letra recuerde el valor que debe dársele en las combina-
ciones silábicas».

   A (a), *B* (be), *Ch* (che), *D* (de), *E* (e), *F* (fe), *G* (gue), *I* (i), *J* (je),
L (le), *LL* (lle), *M* (me), *N* (ne), *Ñ* (ñe), *O* (o), *P* (pe), *Q* (cu),
R (ere), *RR* (erre), *S* (se), *T* (te), *U* (u), *V* (ve), *X* (exe), *Y* (ye), *Z* (ze).

14 Domingo Faustino Sarmiento, *Memoria (sobre ortografía americana) leída a la Facultad de Humanidades*, Santiago de Chile, 1843.

15 *Ibid.*, p. 4.

16 *Ibid.*

17 En el informe de la comisión de la facultad del 19 de febrero de 1844.

18 «... yo pienso, que conviene caminar con alguna pausa, porque a
las mismas personas ilustradas desagradan y repugnan las grandes
novedades ortográficas». (A. Esteve Serrano, *op. cit.*, pp. 81-82).

19 *Ibid.*, p. 82 y ss.

20 Mercedes Quilis Merín, «La presencia de los "neógrafos" en la
lexicografía del siglo xix», en Marina A. Maquieira Rodríguez y
María Dolores Martínez Gavilán (eds.), *Gramma-temas* 3, León,
Universidad de León (Anexos de *Contextos*), 2008.

21 «La ley no impide que cada persona en particular e incluso en la
publicación de sus obras use la ortografía que considere más
adecuada, pero los maestros deberán acogerse inexorablemente
en sus enseñanzas a la ortografía académica y seguirla dentro de

la más completa ortodoxia; en caso contrario, indica la ley, serán suspendidos en su magisterio». (A. Esteve Serrano, *op. cit.*).

22 Esta oficialidad queda suspendida desde la caída de Isabel II en 1868 hasta la restauración de la norma legal de Alfonso XII en 1875.

23 Fue encargado al secretario de la institución, don Francisco Martínez de la Rosa. Su título refleja su relación con la Real Orden: *Prontuario de ortografía de la lengua castellana, dispuesto por Real Orden para el uso de las escuelas públicas por la Real Academia Española con arreglo al sistema adoptado en la novena edición de su Diccionario* (1844).

24 Con este título, conoció sucesivas ediciones (1844, 1845, 1850, 1853, 1854, 1857, 1858, 1859, 1861, 1863 y 1866). Bajo la denominación *Prontuario de ortografía castellana en preguntas y respuestas,* se editará en 26 ocasiones, y como *Prontuario de ortografía española en preguntas y respuestas,* en tres ediciones.

25 El «Prólogo» de la *Ortografía de la lengua española* (1999) lamenta los efectos de esta reacción: «Sin esa irrupción de espontáneos reformadores con responsabilidad pedagógica, es muy posible que la Corporación española hubiera dado un par de pasos más, que tenían anunciados y que la hubieran emparejado con la corriente americana, es decir, con las directrices de Bello». (*ELE99*, «Prólogo», pp. xvi-xvii).

26 R. J. Domínguez define así esta voz: *neógrafo, fa:* «El que hace innovaciones en la ortografía ó trata de introducir una ortografía enteramente nueva». (Mercedes Quilis Merín, *op. cit.*, p. 268).

27 *Ibid*, p. 281.

28 *Ibid*, pp. 276 y ss.

29 A. Esteve Serrano, *op. cit.*, pp. 82-86.

30 M. de Unamuno, *Niebla*, cap. 8.

31 G. García Márquez, «Botella al mar para el dios de las palabras», discurso ante el I Congreso Internacional de la Lengua Española, 1997, <https://cvc.cervantes.es/obref/congresos/zacatecas/inauguracion/garcia_marquez.htm>.

32 Igualmente, todas revisan y aprueban las obras en los formatos reducidos de estas dos últimas obras.

LA LENGUA ESPAÑOLA EN BUSCA DEL SOBRESALIENTE

1 Eugenio Coseriu, *Introducción a la lingüística*, Madrid, Gredos, 1986, p. 63.

2 R. J. Cuervo, *Obras completas*, Bogotá, Instituto Caro y Cuervo, 1954.

3 Joaquín Garrido, *Idioma e información. La lengua española de la comunicación*, Madrid, Síntesis, 1996, p. 338.

4 Humberto López Morales, *La globalización del léxico hispano*, Madrid, Espasa-Calpe, 2006, p. 25.

5 Alonso Zamora Vicente, *Lengua, literatura, intimidad*, Madrid, Taurus, 1966, p. 45.

6 J. Sánchez Lobato *et al.*, *Saber escribir*, Madrid, Aguilar, 2006, p. 21-27.

7 Américo Castro, *La enseñanza del español en España*, Madrid, Victoriano Suárez, 1922, pp. 7-8.

8 Andrés Bello, *Gramática de la lengua castellana destinada al uso de los americanos*, Valparaíso, 1847.

9 J. Sánchez Lobato y A. Hernando García-Cervigón, *Contribución al estudio de dos proyectos de gramática académica del siglo XX*, Madrid, Visor Libros, 2017, p. 266.

10 Ignacio Bosque, «La RAE, las palabras y las personas», *El País*, 5 de diciembre de 2006, p. 15.

IDEAS PARA UNA TEORÍA SOBRE EL PANHISPANISMO LINGÜÍSTICO

1 Mariano Picón-Salas, *Formación y proceso de la literatura venezolana* [1940], Caracas, Universidad Católica Andrés Bello, 2010, p. 187.

2 Arturo Uslar Pietri, «Andrés Bello, el desterrado», en *Letras y hombres de Venezuela* [1944], Caracas, Edime, 1978, p. 109. También en *Bello el venezolano*, Caracas, La Casa de Bello, 1986, p. 34.

3 Francisco Moreno Fernández, *La maravillosa historia del español*, Madrid, Instituto Cervantes - Barcelona, Espasa, 2015, pp. 222-223.

4 Julio Borrego Nieto (dir.), *Cocodrilos en el diccionario. Hacia dónde camina el español*, Madrid, Instituto Cervantes - Barcelona Espasa, 2016, p. 413.

5 Pedro Álvarez de Miranda, «Panhispanismo: un congreso de 1963», en *Más que palabras*, Barcelona, Galaxia Gutenberg, 2016, p. 203. Prólogo: Manuel Seco.

6 Eugenio Coseriu, «El español de América y la unidad del idioma» [1944], en *I Simposio de Filología Iberoamericana (Sevilla, 26 al 30 de marzo de 1990)* [Facultad de Filología, Universidad de Sevilla], Zaragoza, Libros Pórtico, 1990, p. 72.

7 *Ibid.*, p. 62.

8 Ángel Rosenblat, «El castellano de España y el castellano de América: unidad y diferenciación» [1963], en *Estudios sobre el español de América*, t. III, Caracas, Monte Ávila Editores (Biblioteca Ángel Rosenblat), 1990, p. 237.

9 Manuel Alvar, «América, unidad y grandeza del español», en *Por los caminos de nuestra lengua*, Alcalá de Henares, Universidad, 1995, p. 159.

10 Andrés Bello, *Gramática de la lengua castellana destinada al uso de los americanos, con las Notas de Rufino José Cuervo* [1847, 1881], ed. y estudio preliminar de Ramón Trujillo, vol. I, Madrid, Arco Libros, 1988, p. 159.

11 Antonio Tovar, «Destino del castellano en América (una lección, 1958)», en *Lo medieval en la conquista y otros ensayos americanos*, Madrid, Seminarios y Ediciones, 1970, p. 110.

12 Manuel Alvar, «Fragmentación del español», en *Español en dos mundos*, Madrid, Ediciones Temas de Hoy, 2002, p. 130.

LOS AMERICANISMOS CONQUISTAN EL DICCIONARIO

1 *La Nación*, Buenos Aires (13 de septiembre de 1911).

2 Estanislao S. Zeballos, «El español en América», prólogo en Ricardo Monner Sans, *Notas al castellano en la Argentina*, Buenos Aires, Ángel de Estrada Ediciones, 1903, p. 27.

3 Ricardo Palma, *Neologismos y americanismos*, Lima, 1896, p. 32.

4 Una segunda forma de aproximación a realidades no bautizadas nominalmente era la de agregar *de la tierra* a la voz española: así los guanacos, las llamas y las vicuñas figuran en las crónicas como «carneros *de la tierra*».

5 *Canoa* será la primera palabra indígena que se incluya en un lexicón peninsular: «Nave de un madero», dice Elio Alonso de Nebrija en su *Vocabulario español-latino* (¿1495?).

6 Los libros de «historia natural», como se los llamaba en los tiempos de la conquista, por ejemplo, la *General y natural historia de las Indias* (1535), de Gonzalo Fernández de Oviedo, incluyeron medio millar de americanismos referidos a la flora y la fauna. En tanto, Alonso de Ercilla, en *La Araucana* (siglo XVI) habla, en tierra chilena, más de *pinos* y de *hayas* que de *colihues*.

7 Algunos comunicadores y ministros suelen confundir términos de alcance diferente: *Hispanoamérica* comprende a todos los países del continente que hablan el español como lengua materna. *Iberoamérica* comprende a todos los países que hablan español o portugués. *Latinoamérica*, a todos los países o regiones que hablan lenguas provenientes del latín, neolatinas; en América, al español y al portugués se suma el francés (hablado en la Guayana Francesa, en Haití y otras islas) y el sector francófono de Canadá, y alguna lengua criolla derivada como el papiamento, en Aruba y Bonaire.

8 Hay americanismos fonéticos, como el *seseo* —rasgo común a toda Hispanoamérica—, es decir, pronunciar como /s/ la *c* y la *z*: /cosina/, /riso/. O morfosintácticos como el *ustedeo*, que es el usar *usted* en lugar de *tú*, para la segunda persona del singular en la conjugación de los verbos *(usted sabe)*; y *ustedes* en lugar de *vosotros*, para la segunda del plural, con inflexiones propias: *ustedes cantan*, en vez de *vosotros cantáis*. Hay algunos americanismos morfológicos, como el construir el diminutivo en *-ito (pajarito)*, en lugar de las habituales formas peninsulares en *-illo* e *-ico*. No es, en cambio, un rasgo común a toda Hispanoamérica el *voseo*: *vos tenés*; es regional. La mayoría de Hispanoamérica es tuteante.

9   «*Recuerde* el alma dormida / avive el seso y despierte», comienzan las «Coplas a la muerte de su padre», de Jorge Manrique.

10 Pueden verse otros casos semejantes en Pedro Luis Barcia y Gabriela Pauer, *Diccionario fraseológico del habla argentina. Frases, dichos y locuciones*, Buenos Aires, Academia Argentina de Letras-Emecé, 2010.

11 Paul Groussac habla de «el grupo harto elástico y arbitrario de los americanismos», en «A propósito de americanismos», en *El viaje intelectual*, t. I, Buenos Aires, Jesús Menéndez, p. 383.

12 Por esta razón, el *Diccionario de americanismos* (ASALE, 2010) no los incluirá en sus primeras y generalizadas acepciones. Sí, cuando presentan, en el uso actual de Hispanoamérica, acepciones particulares.

13 Así disponemos de *Diccionarios de americanismos* de Augusto Malaret (última edición, de 1946), Francisco J. Santamaría (1942), Marcos Morínigo (última edición, de 1985), Alfredo Neves (última edición, de 1982), etcétera; y diccionarios de mexicanismos, de chilenismos o del habla de los argentinos, de las correspondientes academias americanas de la lengua española, etcétera.

14 El vocabulario que ha generado es amplio, véase Pedro Luis Barcia, *Léxico del mate*, Buenos Aires, Academia Argentina de Letras, 2007 (La Academia y la Lengua del Pueblo, 2).

15 Asociación de Academias de la Lengua Española, *Diccionario de americanismos*, Madrid, Santillana Ediciones, 2010.

16 Lamentablemente, esta magna obra no registra la importantísima bibliografía previa de la que se ha nutrido y que la ha hecho posible con su enorme andamiaje, y solo constan como «Bibliografía» los artículos del director sobre el tema.

17 Adviértase que mi apellido es Barcia, gallego.

18 El paso enorme que ha dado la RAE en el campo electrónico es ponderable. Hoy al *DLE* lo podemos tener en el celular. Chapó (gugléelo).

LA LÍRICA ALIMENTA EL IDIOMA

1 Fernando de Herrera, *Anotaciones a la poesía de Garcilaso*, ed. de Inoria Pepe y José M.ª Reyes, Madrid, Cátedra, 2001, p. 189.

2 *Ibid.*, p. 197.

3 Juan Boscán, *Obra completa*, ed. de Carlos Clavería, Madrid, Cátedra, 1999, p. 118.

4 Luis de Góngora, *Epistolario*, en Antonio Carreira (ed.), *Obras completas, II*, Madrid, Biblioteca Castro, 2000, p. 295.

5 Luis de Góngora, *Soledades*, ed. de Robert Jammes, Madrid, Castalia, 1994, pp. 195-201.

6 Ramón Menéndez Pidal, «Oscuridad, dificultad entre culteranos y conceptistas», en *Castilla. La tradición, el idioma*, Madrid, Espasa-Calpe, 1955, p. 226.

7 Sor Juana Inés de la Cruz, *Poesía lírica*, ed. de José Carlos González Boixo, Madrid, Cátedra, 1992, p. 269.

8 Lope de Vega, *El peregrino en su patria*, ed. de Juan Bautista Avalle-Arce, Madrid, Castalia, 1973, p. 159.

9 Gustavo Adolfo Bécquer, *Rimas*, ed. de Luis Gómez Canseco, Barcelona, Edebé, 2010, p. 69.

10 *Ibid.*, p. 215.

11 Rubén Darío, *Sonetos de Azul... a Otoño*, comentados por Antonio Carvajal, Madrid, Hiperión, 2004, pp. 78-79.

12 César Vallejo, *Poesía completa*, ed. de Juan Larrea, Barcelona, Seix Barral, 1978, p. 483.

13 Federico García Lorca, *Obras completas, I*, ed. de Arturo del Hoyo, Madrid, Aguilar, 1988, p. 478.

14 Pedro Salinas, *Poesías completas*, Barcelona, Seix Barral, 1981, p. 663.

15 Miguel de Cervantes, *Don Quijote de la Mancha*, ed. dirigida por Francisco Rico, Barcelona, Crítica, 1999, pp. 35, 38 y 44.

16 Antonio Machado, *Poesías completas*, ed. crítica de Oreste Macrí, Madrid, Espasa-Calpe, 1989, p. 550.

17 Julio Cortázar, *Final de juego*, Buenos Aires, Editorial Sudamericana, 1964.

18 Jorge Luis Borges, «Pierre Menard, autor del *Quijote*», en *Ficciones*, Buenos Aires, Emecé, 1966, p. 49.

19 *Ibid.*, p. 48.

20 Pedro Salinas, *op. cit.*, pp. 665-666.

21 Francisco de Quevedo, *La vida del Buscón*, en *Novela picaresca, II*, ed. de Rosa Navarro Durán, Madrid, Biblioteca Castro, 2005, p. 83.

22 *Ibid.*

23 Alfonso de Valdés, *La vida de Lazarillo de Tormes, y de sus fortunas y adversidades*, ed. de Rosa Navarro Durán, Madrid, Alianza Editorial, 2016, p. 265.

24 *Ibid.*, p. 288.

25 Augusto Roa Bastos, *Yo el Supremo*, Buenos Aires, Siglo XXI, 1974, p. 19.

26 *Idem, Hijo del hombre*, Barcelona, Random House Mondadori, 2008, p. 33.

27 Quevedo, *op. cit.*, p. 26.

28 Génesis 11.

29 Octavio Paz, «Quevedo, Heráclito, Lope de Vega y algunos sonetos», *El País, Libros*, año II, n.º 57 (domingo 23 de noviembre de 1980), pp. 5-7.

30 Francisco de Quevedo, *Obra poética, I*, ed. de José Manuel Blecua, Madrid, Castalia, 1999, p. 657.

LOS OTROS MUNDOS DEL ESPAÑOL

1 Humberto López Morales, *La andadura del español en el mundo*, Madrid, Taurus, 2010.

2 Francisco Moreno Fernández, «Medias lenguas e identidad», en *III Congreso Internacional de la Lengua Española*, Madrid, Instituto Cervantes - RAE, 2006, <http://cvc.cervantes.es/obref/congresos/rosario/ponencias/aspectos/moreno_f.htm>.

3 Francisco Moreno Fernández, *La lengua española en su geografía*, 3.ª ed., Madrid, Arco Libros, 2016.

4 David Fernández Vítores, *La lengua española en Marruecos*, Rabat, Instituto de Estudios Hispano-Lusos - AECID, 2014.

5 Anna M. Escobar y Kim Potowski, *El español de los Estados Unidos*, Cambridge, Cambridge University Press, 2015.

6 Francisco Moreno Fernández, «Español estadounidense: perfiles sociales y lingüísticos», *Glosas*, vol. 9, n.º 2 (2017), pp. 10-23.

7 Gianni Vattimo *et al.*, *En torno a la posmodernidad*, Bogotá, Anthropos, 1994.

8 Moreno Fernández, «La búsqueda de un español global», en *VII Congreso Internacional de la Lengua Española*, Madrid, Instituto Cervantes - RAE, 2016.

LA RAZÓN DE LAS MUJERES

1   Un extenso resumen en Eulàlia Lledó Cunill (coord.), M.ª Ángeles Calero y Esther Forgas, *De mujeres y diccionarios. Evolución de lo femenino en la 22.ª edición del* DRAE, Madrid, Instituto de la Mujer, 2004, <http://www.eulalialledo.cat/wp-content/uploads/2 017/02/2004DeMujeresyDiccionariosEvolucionFemenino.pdf>.

2   Todas las cursivas dentro de las definiciones son mías. Y en las citas, casi todas.

3   Somos dolorosamente conscientes de que hay quien piensa —y sienta doctrina al respecto— que puede atentarse contra la libertad sexual de las mujeres sin violencia o intimidación; una espeluznante cuadratura del círculo. En abril de 2018, un tribunal pamplonés sentenció que una violación grupal perpetrada por un grupo de cinco hombres (autodenominados la Manada) durante los Sanfermines de 2016, era tan sólo abuso sexual. No apreció violencia en una violación.

4   Eulàlia Lledó Cunill, *Las profesiones de la A a la Z*, Madrid, Instituto de la Mujer, 2006, <http://www.eulalialledo.cat/wp-content/ uploads/2017/02/AZprofesionesLledo2006.pdf>.

5   Valentín García Yebra, «Sobre el femenino de 'canciller'», *ABC* (20 de diciembre de 2005), p. 61.

6 Gonzalo Cáceres, «Los alemanes apuntalan la gran coalición en comicios regionales», *El Periódico* (27 de marzo de 2006), p. 11.

7 En mi página web hay disponible una quincena de guías mías de muy distintos ámbitos, <http://www.eulalialledo.cat/es/publicaciones/guias-y-manuales-lenguaje-inclusivo/>.

8 Estos fenómenos y otros más se tratan en Eulàlia Lledó Cunill, *Cambio lingüístico y prensa. Problemas, recursos y perspectivas*, Barcelona, Laertes, 2013, <http://www.eulalialledo.cat/wp-content/uploads/2017/02/2013_cap1_cambiolingyprensa.pdf>.

9 Julià de Jòdar, «El charnego literario», *La Vanguardia* (12 de abril de 2015), <http://www.lavanguardia.com/opinion/articulos/20150412/54429845935/charnego-literario-julia-jodar-opi.html>.

10 Verónica Calderón, «Lo de la mujer en México es aterrador», *El País* (21 de abril de 2014), <http://cultura.elpais.com/cultura/2014/04/21/actualidad/1398105261_052392.html>.

11 Juan José Millás, «¿Cuento o novela?», *El País* (19 de junio de 2014), <http://politica.elpais.com/politica/2014/06/19/actualidad/1403193072_586248.html>.

12 EFE, «La fotógrafa Annie Leibovitz gana el Príncipe de Asturias de Comunicación», *Público* (23 de mayo de 2013), <http://www.publico.es/actualidad/fotografa-annie-leibovitz-gana-principe.html>.

13 Maite Gutiérrez, «Científica comprometida», *La Vanguardia* (10 de junio de 2013), p. 27.

14 Crucigrama. Fortuny, *La Vanguardia*, «Viure» (29 de octubre de 2014), p. 12.

15 Isabel Coixet, «Mundo emoji», *El Periódico*, <http://www.elperiodico.com/es/noticias/opinion/mundo-emoji-por-isabel-coixet-518>.

16 Rosa Chacel, Ana María Moix, *De mar a mar*, Barcelona, Comba, 2015.

17 Sara de Diego Hdez. (@KilometroCero), *El Huffington Post* (21 de diciembre de 2012), <http://www.huffingtonpost.es/2015/12/21/detras-ada-colau_n_8854312.html>.

18 Toni Soler, «Ministra, mande firmes», *La Vanguardia* (11 de enero de 2009), p. 24.

19 Anónima, «Revolución en la cancha», *El País* (1 de mayo de 2013), <http://elpais.com/elpais/2013/05/01/opinion/1367431917_440906.html>.

20 Jordi Batlle Caminal, «'Golpe de efecto' Clint, viejo dinosaurio», *La Vanguardia* (23 de noviembre de 2012), <http://www.lavanguardia.com/cine/20121123/54355545947/golpe-de-efecto-critica-de-cine.html>.

21 Exposición «Explosió! El llegat de Jackson Pollok», Fundació Miró (26 de noviembre de 2012).

22 <http://www.rae.es/sites/default/files/Sexismo_linguistico_y_visibilidad_de_la_mujer_0.pdf>.

DE CARRILEROS Y PISCINAZOS

1 Véase FIFA, *Acta del XXV Congreso celebrado el 25 y 26 de julio de 1946 en Luxemburgo*, Zúrich, FIFA, 1946, pp. 10-11. Jesús Castañón Rodríguez, «Guía del lenguaje deportivo 2017. Recuerdos y legado de 1992», *Idioma y Deporte* [en línea], n.º 190 (2017), pp. 36-37. Consultada el 1 de enero de 2017, <http://idiomaydeporte.com/pdf/guiadellenguajedeportivo2017.pdf>. *Idem, Hinchas del idioma: el fútbol como fenómeno lingüístico*, Madrid, Pie de Página, 2018, pp. 28-29.

El escritor y periodista mexicano Rafael Solana, jefe de prensa del Comité Organizador de los Juegos Olímpicos de verano de 1968, solicitó en 1967 a la Real Academia Española que unificara la terminología deportiva olímpica adaptando las voces de origen extranjero. El Comité Organizador de los Juegos Olímpicos de 1992 atendió a la traducción escrita y corrección de textos, interpretación, anunciadores, libros de estilo y vocabularios deportivos y asistentes lingüísticos. Esta labor dio lugar al *Nomenclator Olímpico Automatizado*, la colección *Diccionaris dels Esports Olímpics*, un volumen de términos generales denominado *Diccionari general dels esports olímpics* y un *Glosario olímpico*.

2   Véase Alfredo Luis Blanco, Mariano Santacecilia, «Neologismos en el lenguaje deportivo», en Miguel Ángel Vega, Rafael Martín Gaitero (eds.), *La palabra vertida*, Madrid, Universidad Complutense, 1997, pp. 379-384. José Polo, *Lenguaje y deporte*, Logroño, Gobierno de La Rioja, 1992. *Idem*, «Deportes: ¿hacia un lenguaje técnico universal?», en Agencia EFE, Gobierno de La Rioja, *El idioma español en el deporte*, Madrid, Fundación EFE, 1994, pp. 253-280.

3   Véase Jordi Bastart, Xavier Navarro, *Guía de los deportes de aventura*, Barcelona, CEAC, 2000. Jesús Castañón Rodríguez, «Guía del lenguaje deportivo 2018: Lengua, deporte y tecnología», *Idioma y Deporte* [en línea], n.º 203 (2018). Consultada el 1 de marzo de 2018, <http://www.idiomaydeporte.com/articulos/guia-del-lenguaje-deportivo-2018.php>. María Jesús Rodríguez Medina, «Anglicismos en el léxico de las actividades deportivas de los gimnasios españoles», *Lexis*, vol. XXXVIII, n.º 2 (2014), pp. 401-427. Joe Tomlinson, *The Ultimate Encyclopedia of Extreme Sports*, Nueva York, Carlton Books Limited, 1996.

4   Véase *Diccionario de la lengua castellana*, pp. 421, 494 y 855. Su definición no viene como deporte, sino como arte o espectáculo. En la edición del *Diccionario de la lengua castellana* de 1914, *velocipedismo* y *velódromo* ya aparecen con un significado vinculado al deporte, p. 1034. Pedro Luis Barcia, *Un inédito diccionario de argentinismos del siglo* XIX, Buenos Aires, Academia Argentina de Letras, 2006. En esta época destacó la actividad deportiva de Barcelona que se organizó en torno a las regatas y el ciclismo como deportes pioneros para dar paso, a partir de la Exposición Universal de 1888, a gimnasia, esgrima y remo. Narciso Masferrer, «Prólogo», en Emilio Navarro, *Álbum histórico de las sociedades deportivas de Barcelona*, Barcelona, Imprenta José Ortega, 1916, pp. 5-10.

5   Véase Antonio Viada, «¿En qué quedamos?», *Los Deportes*, n.º 6-7 (16 de febrero de 1902). Antonio Viada fue abogado y periodista en *El Mundo Deportivo*, *El Noticiero Mataronés* y *El Veloz Sport* y las revistas *Barcelona Cómica*, *El Ciclista*, *La Correspondencia Mi-*

litar, La Ilustración Española y Americana, Le Vélo, Le Veloce Sport, Los Deportes y *Madrid Cómico.* Director de *El Ciclista* y autor del libro *Manual del Sport,* incluyó voces deportivas en la edición de 1906 del *Diccionario enciclopédico de Salvat.* Víctor Balaguer fue un político, escritor, historiador, poeta, dramaturgo y periodista que fue ministro de Ultramar en 1871 y 1886-1888, ministro de Fomento en 1872 y miembro de número de la Real Academia Española.

6   Véase Apartado *i)* de la resolución 2.ª de la «Constitución de la Comisión Permanente» de la Asociación de Academias de la Lengua Española y «Declaración de Valladolid», en *II Congreso Internacional de la Lengua Española* (18 de octubre de 2001). Manuel Briceño Jaúregui, S. J., «El lenguaje del fútbol en la radio colombiana», en *Primera reunión de Academias de la Lengua Española sobre el lenguaje y los medios de comunicación,* Madrid, Comisión Permanente de la Asociación de Academias de la Lengua Española, 1987, pp. 117-122.

7   En las recopilaciones léxicas publicadas en España entre 1997 y 2013, la influencia del neologismo oscila entre el 2,5 y el 32,5 por ciento según los criterios de selección empleados. El desglose de los diccionarios editados por TERMCAT en 1997 y 2001 registra 972 y 943 voces con un porcentaje del 32,5 y 22, respectivamente, de todos los neologismos recogidos en sus volúmenes; la obra de Larousse anota, en 1998, 458 términos que suponen un 3,8 por ciento; el repertorio de Everest cuenta en 2011 con 249 palabras que componen un 11,3 por ciento; y el vocabulario de María Moliner aporta, en 2013, 30 formas, lo que constituye un 2,5 por ciento.

Véase Andreína Adelstein, Inés Kuguel, Gabriela Resnik, *1300 neologismos en la prensa argentina,* Los Polvorines, Universidad Nacional de General Sarmiento, 2008. Agencia EFE, Gobierno de La Rioja, *El neologismo necesario,* Madrid, Fundación EFE, 1992. María Antonia Martí Antonín (coord.), *Diccionario de neologismos de la lengua española,* Barcelona, Larousse, 1998. Natalio Mazar,

Para maltratar menos el idioma, Buenos Aires, Catálogos Editora, 2005. María Moliner, *Neologismos del español actual*, Madrid, Gredos, 2013. TERMCAT, *Diccionari de neologismes*, Barcelona, Edicions 62, 1997. TERMCAT, *Nou diccionari de neologismes*, Barcelona, Edicions 62, 2001. VV. AA., *Diccionario de neologismos*, León, Everest, 2011.

8 Véase Antoni Nomdedeu Rull, Xavier Torrebadella Flix, «Diccionario Histórico de Términos de Fútbol (DHTF): los textos fundamentales del periodo inicial (1890-1913)», en Cecilio Garriga Escribano; José Ignacio Pérez Pascual, *Lengua de la ciencia e historiografía*, A Coruña, Anexos de *Revista de Lexicografía*, n.º 35, Universidade da Coruña, 2016, pp. 207-230. José Antonio Pascual, «Sobre el léxico deportivo. A propósito de un corpus modular para el NDHE», en *II Congreso de la Cátedra Luis Michelena*, Vitoria, Universidad del País Vasco, 2012, pp. 1-22.

9 Véase Beatriz Hernán-Gómez Prieto [ed.], *Il Linguaggio dello Sport, la Comunicazione e la Scuola*. Milán, LED, 2009. Eva Lavric, *et al.* [eds.], *The Linguistics of Football*, Tubingen, Gunter Narr, 2008. Puntoycoma, «Especial Lengua, traducción y deporte», *Puntoycoma*, n.º 146 (2016). Consultada el 1 de marzo de 2016, <http://ec.europa.eu/translation/spanish/magazine/documents/pyc_146_es.pdf>.

10 Véase Narciso Masferrer, «Observatorio», *Los Deportes*, vol. 6, n.º 6 (9 de febrero de 1902).

11 Emilio Navarro, *Álbum histórico de las sociedades deportivas de Barcelona*, Barcelona, Imprenta José Ortega, 1916.

12 Véase «Miscelánea», *Los Deportes*, vol. 6, n.º 31 (10 de agosto de 1902). Antonio Viada, «Sobre el vocabulario deportivo», *Los Deportes*, vol. 6, n.º 10 (16 de marzo de 1902); vol. 6, n.º 12 (30 de marzo); vol. 6, n.º 16 (27 de abril); vol. 6, n.º 21 (1 de junio); vol. 6, n.º 24 (22 de junio); vol. 6, n.º 33 (24 de agosto); vol. 6, n.º 35 (7 de septiembre) y vol. 6, n.º 51 (28 de diciembre). Xavier Torrebadella-Flix; Antoni Nomdedeu-Rull, «Foot-ball, futbol, balompié... Los inicios de la adaptación del vocabulario deportivo de

origen anglosajón», *RICYDE. Revista Internacional de Ciencias del Deporte*, vol. 9, n.º 32 (2013), pp. 5-22. Consultado el 23 de noviembre de 2014, <http://ddd.uab.cat/record/117255>.

13 Josep Elías i Juncosa fue redactor de deportes del diario *La Veu de Catalunya* entre 1899 y 1936, y colaboró en *Barcelona Sport, Los Deportes, Crónica de Barcelona, Vida Marítima, Il·lustració Catalana, Stadium* y *Unión Velocipédica Española*. Fundó varios clubes marítimos, de fútbol, natación y tenis, perteneció al Consejo Superior de la Confederació Esportiva de Catalunya y fue dirigente del Sindicato de Periodistas Deportivos.

Véase Raimon Elías i Campins, *Josep Elias i Juncosa «Corredisses», un precursor de l'olimpisme cátala*, Barcelona, Generalitat de Catalunya, 1992. Juli Pernas i López, Joan Manel Surroca i Carmona, *Periodisme amb empremta olímpica*, Barcelona, Fundació Barcelona Olímpica-Fundació Esport i Ciudadanía, 2013.

14 Véase Julio Casares, *Cosas del lenguaje*, Madrid, Espasa-Calpe, 1943. Mariano de Cavia, *Chácharas*, Madrid, Renacimiento, 1923. Ramón Franquelo y Romero, *Frases impropias, barbarismos, solecismos y extranjerismos de uso más frecuente en la prensa y en la conversación*, Málaga, El Progreso, 1910. Eduardo de Huidobro, *¡Pobre lengua!*, Santander, Imprenta de La Propaganda Católica, 1915.

15 Véase Manuel Graña González, *La escuela de periodismo: programas y métodos*, Madrid, Compañía Iberoamericana de Publicaciones, 1930. Nicolás González Ruiz, «Redacción periodística», en *Enciclopedia del periodismo*, Barcelona, Noguer, 1966, pp. 101-170.

16 Julio Bernárdez, director de Deportes de Televisión Española, es autor del volumen *El deporte correctamente hablado*; Juan José Castillo, director de *El Mundo Deportivo*, fue coordinador de la obra enciclopédica *El deporte*; Julián García Candau, director del diario *As*, escribió *El fútbol sin ley* y *Épica y lírica del fútbol*; Acisclo Karag, director del diario *Gol*, confeccionó el *Diccionario de los deportes*; José Luis Lasplazas, director de *El Mundo Deportivo*, compuso *Enciclopedia de los deportes*; Santiago Peláez, director del semanario *El Gráfico Deportivo*, publicó la *Enciclopedia universal del fútbol*;

Alfredo Relaño, director del diario deportivo *As*, elaboró *Futbol-
cedario*; Paco Rengel, director de *Basketconfidencial.com*, comentó
sus experiencias en *Periodismo, triples y tiros libres*.

17 Véase Agencia EFE, Gobierno de La Rioja, *op. cit.*

18 Véase Manuel Alvar Ezquerra, *La formación de palabras en español*,
Madrid, Arco Libros, 1995. Gloria Guerrero Ramos, *Neologismos
en el español actual*, Madrid, Arco Libros, 1995.

19 Véase María Teresa Cabré Castellví, «La clasificación de neologismos. Una tarea compleja», *Alfa*, vol. 50, n.º 2 (2006), pp. 229-250.

20 Véase José Alonso Pascual, *Anglicismos deportivos: uso y abuso en la
información española*, Valladolid, Junta de Castilla y León, 1996.
Juan José Alzugaray, *Extranjerismos en el deporte*, Barcelona, Hispano Europea, 1982. Edmundo Loza Olave, Jesús Castañón Rodríguez, *Términos deportivos de origen extranjero*, Logroño, Universidad de La Rioja, 2010.

21 Véase Susana Guerrero Salazar, *La creatividad en el lenguaje periodístico*, Madrid, Cátedra, 2007. Susana Guerrero Salazar, Raúl
Cremades García, *El discurso deportivo en los medios de comunicación*,
Málaga, VG Ediciones, 2012. Humberto Hernández Hernández,
«El léxico del deporte en los diccionarios generales y de uso del
español», en Susana Guerrero Salazar, Raúl Cremades García
(eds.), *op. cit.*, pp. 59-80. María Victoria Romero Gualda, *El español en los medios de comunicación*, Madrid, Arco Libros, 1993.

22 Véase Jaime Alejandre, *Neoloquismos*, Madrid, Huerga & Fierro,
2015.

23 Véase Jesús Castañón Rodríguez *et al.*, *Términos deportivos en el
habla cotidiana*, Logroño, Universidad de La Rioja, 2005. Emilio
Tomás García Molina, *Deporte y lenguaje*, Madrid, Consejo Superior de Deportes, 2003.

LA ACADEMIA TAMBIÉN APRENDE

1 <http://www.rae.es/sites/default/files/Lapesa_327_346.pdf>.

SOBRE LOS AUTORES

RAÚL ÁVILA (Tamazunchalc, México, 1937), doctor en Lingüística, se ha especializado en la sociosemántica y el estudio de la difusión del español en los medios. Es profesor-investigador en el Centro de Estudios Lingüísticos y Literarios del Colegio de México. Se ha dedicado en los últimos años, como coordinador general, a la investigación del español en los medios de difusión masiva, labor en la que participan 26 universidades de 20 países. Ha publicado, entre otras obras, un diccionario pedagógico integral del español de México, y la obra *¿Te la sabes?*, un *seleccionario* diccionario selectivo) con las palabras de baja frecuencia de uso en el español internacional.

PEDRO LUIS BARCIA es doctor en Letras, expresidente de la Academia Argentina de Letras (2001-2013) y de la Academia Nacional de Educación (2012-2016), además de correspondiente de la RAE, de la Academia Norteamericana de la Lengua, de la Dominicana, de la Nacional de Letras del Uruguay, ciudadano Ilustre de Buenos Aires; Premio Mención de Honor «Sarmiento» del Senado, etcétera. Algunos de sus libros son: *Los diccionarios del español de la Argentina, Diccionario fraseológico del habla argentina*; *Pedro Henríquez Ureña y la Argentina, Shakespeare en la Argentina, Escritos dispersos de Rubén Darío* (dos tomos), *Idearia de Sarmiento* (tres tomos). Nació en 1939. Casado, cuatro hijos, diez nietos.

JESÚS CASTAÑÓN RODRÍGUEZ (Palencia, 1964) es profesor de Lengua Castellana y Literatura. Doctor en Filología hispánica, ha sido colaborador externo de la Real Academia Española en la revisión de términos deportivos en el *Diccionario de la lengua española* (2001) y el *Diccionario esencial de la lengua española* (2006). Autor de obras como *Diccionario terminológico del deporte*, *El lenguaje periodístico del fútbol*, *Hinchas del idioma: el fenómeno lingüístico del fútbol* y *Términos deportivos de origen extranjero*, ha recibido el Premio de Poesía Deportiva Juan Antonio Samaranch (1990) y el Trofeo Rey Pelayo del Gobierno del Principado de Asturias (2014).

INÉS FERNÁNDEZ-ORDÓÑEZ (Madrid, 1961) es catedrática de Lengua Española en la Universidad Autónoma de Madrid y miembro de la Real Academia Española. Especialista en la dialectología, actual e histórica, del español, dirige el *Corpus Oral y Sonoro del Español Rural*, un corpus de grabaciones orientado al estudio de la variación gramatical. Sus investigaciones se centran también en la edición crítica de textos medievales y en el estudio de los textos históricos y cronísticos de la Edad Media peninsular, sobre todo los producidos bajo el patronazgo de Alfonso X el Sabio.

DAVID FERNÁNDEZ VÍTORES es doctor en Lengua Española y Literatura y profesor en la Universidad de Alcalá. Su labor investigadora se centra en el análisis del valor estratégico y relativo del español y de las principales lenguas internacionales. En este ámbito, es autor de varios libros, entre ellos *La Europa de Babel*, *El español en las relaciones internacionales*, *La lengua española en Marruecos*, *La Europa multilingüe*, *Lengua y reconstrucción nacional en la CEI*, y de numerosos artículos académicos. Desde 2010, colabora con el Instituto Cervantes en la elaboración y redacción del informe *El español, una lengua viva*.

JOSÉ LUIS GARCÍA DELGADO, catedrático emérito de la Universidad Complutense de Madrid y titular de la Cátedra «la Caixa» Economía y Sociedad, ha sido durante diez años rector (1995-2005) de la Universidad Internacional Menéndez Pelayo y es presidente del Círculo Cívico de Opinión. Académico de número de la Real Academia de Ciencias Morales y Políticas desde 2001, es autor de un buen número de obras sobre procesos de modernización económica en Europa y en España. Ha dirigido para Fundación Telefónica una investigación sobre el valor económico de la lengua española, con catorce títulos publicados. En 2014 se le concedió el Premio Nacional de Investigación «Pascual Madoz» en el área de Derecho y Ciencias Económicas y Sociales y en 2016 el Premio de Economía Rey Juan Carlos.

PILAR GARCÍA MOUTON es profesora de Investigación del Consejo Superior de Investigaciones Científicas. Representante española en los atlas lingüísticos europeos, codirige el *Atlas Dialectal de Madrid*, el *Atlas Lingüístico y etnográfico de Castilla-La Mancha* y coordina la edición del *Atlas Lingüístico de la Península Ibérica* de Tomás Navarro Tomás. Es miembro del Consejo Asesor de la Fundéu-BBVA y escribe reseñas para *El Cultural*. Fue consejera de la Editorial Gredos (1989-2006) y directora de la *Revista de Filología Española* (2005-2015). Académica correspondiente de la Real Academia Española, ha publicado *Las hablas rurales de Madrid. Etnotextos*, con Isabel Molina; *Lenguas y dialectos de España*, *Palabras moribundas*, con Álex Grijelmo; y *Así hablan las mujeres*.

ÁLEX GRIJELMO (Burgos, 1956) es doctor en Periodismo y máster oficial en Divulgación por la Complutense. También cursó el Programa de Alta Dirección de Empresas en el IESE. Trabajó seis años en Europa Press, y más de 20 en *El País* y en el grupo Prisa, donde ocupó diversos cargos directivos. Fue presidente de EFE (2004-2012), y en esa etapa creó la Fundación del Español Urgente (Fundéu). Después se reincorporó al diario y fue adjunto al director, Javier Moreno. Desde junio de 2018 dirige la Escuela de Periodismo UAM-El País. Ha publicado nueve libros sobre lenguaje y sobre periodismo, y es miembro correspondiente de la Academia colombiana.

SALVADOR GUTIÉRREZ ORDÓÑEZ (Bimenes, Asturias, 1948) es doctor por la Universidad de Oviedo, y profesor de las universidades de Oviedo, Zaragoza y León. Miembro de número de la RAE, donde dirige el Departamento de «Español al Día», ha coordinado, entre otras obras, la *Ortografía de la lengua española* (2010) y la *Gramática básica de la lengua española* (2011); así como *El buen uso de la lengua española* (2013). Es autor de más de 20 libros y de 150 artículos de investigación. También es académico correspondiente de las Academias de Chile, Panamá y Cuba, y doctor *honoris causa* por la Universidad de Salamanca (2012). En 2015 obtuvo el Premio Castilla y León de Ciencias Sociales y Humanidades.

FERNANDO HERRERO (Madrid, 1948) estudió Publicidad en el Centro Español de Nuevas Profesiones y revalidó el título en la Escuela Oficial de Publicidad.

Trabajó sucesivamente en diferentes agencias nacionales y multinacionales como ejecutivo, supervisor y director de cuentas. Su vida cambió cuando fue nombrado en Tiempo BBDO director general creativo, y ya nunca dejó esa parcela. También ha sido socio de la compañía, director general, consejero delegado y vicepresidente. Ha recibido galardones en diferentes festivales españoles e internacionales, ha pronunciado conferencias e impartido talleres en España y Latinoamérica, tanto en universidades como en empresas. Ha sido presidente de la Academia de la Publicidad y actualmente trabaja como consultor. Está casado y tiene tres hijos.

EULÀLIA LLEDÓ CUNILL, doctora en Filología Románica, es escritora y profesora jubilada. Se dedica a investigar los sesgos sexistas y androcéntricos de la lengua y de la literatura. Respecto a la lengua, ha analizado entre otros el discurso de los diccionarios, las denominaciones de profesiones y la prensa, tanto en general como respecto a los maltratos. Ha realizado diferentes guías de recomendaciones para utilizar una lengua libre de sesgos sexistas y androcéntricos. En cuanto a la literatura tiene una amplia producción como crítica literaria. También escribe dietarios y libros de viajes. Publica habitualmente en *El Huffington Post* (https://www.huffingtonpost.es/author/eulalia-lledo-cunill/)

JOSÉ MARÍA MERINO, nació en 1941 en A Coruña, es Hijo Adoptivo de León y vive en Madrid. Miembro de la Real Academia Española, colaboró con UNESCO en materia de administración educativa. Doctor *honoris causa* por las universidades de León y Saint Louis, fue nombrado Hans Christian Andersen Ambassador por el gobierno danés. Es autor de poesía, cuento, novela y ensayo literario. Ha obtenido, entre otros, los Premios de la Crítica, Nacional de Literatura, Castilla y León de las Letras y Nacional de Literatura Juvenil. Su último libro, *Aventuras e invenciones del profesor Souto*, ha sido publicado en 2017.

CÉSAR ANTONIO MOLINA (A Coruña). Licenciado en Derecho y en Ciencias de la Información y doctor en Ciencias de la Información. Fue profesor en la Complutense y en la Carlos III. Dirigió el suplemento *Culturas*, de *Diario 16*, donde fue director adjunto de la sección de Cultura. Dirigió el Círculo de Bellas Artes de Madrid, el Instituto Cervantes y la Casa del Lector. Fue ministro de Cultura. Poeta reconocido, antologado y traducido; narrador, crítico y ensayista, tiene una copiosa obra publicada. Ha recibido numerosos premios literarios y periodísticos nacionales e internacionales, y las más altas condecoraciones de Francia, Italia, Portugal, Chile y Serbia, así como la medalla

Castelao de Galicia. Es doctor *honoris causa* por la Universidad L´Orientale de Nápoles. Actualmente dirige el Departamento de Derecho y Cultura en Cremades & Calvo-Sotelo Abogados.

FRANCISCO MORENO FERNÁNDEZ es director del Instituto Cervantes en la Universidad de Harvard y catedrático de la Universidad de Alcalá. Ha sido director académico del Instituto Cervantes e investigador y profesor visitante en las universidades de Londres, Nueva York, Quebec, Tokio, Gotemburgo, São Paulo, de Illinois en Chicago, Brigham Young y Católica de Chile. Académico de número de la Academia Norteamericana de la Lengua Española y correspondiente de la Real Academia Española y de las academias Cubana y Chilena de la Lengua. Entre sus publicaciones, destacan los libros *La lengua española en su geografía* o *La maravillosa historia del español*.

SANTIAGO MUÑOZ MACHADO (Pozoblanco, Córdoba, 1949) es catedrático de Derecho Administrativo (Universidad Complutense) y miembro del Cuerpo Superior de Administradores Civiles del Estado. Miembro de la Real Academia Española y de la Real Academia de Ciencias Morales y Políticas, abogado, escritor y editor, ha publicado, entre otras obras, *Tratado de Derecho Administrativo y Derecho público general*, y *Hablamos la misma lengua. Historia política del español en América desde la Conquista a las Independencias*.

Ha obtenido el Premio Nacional de Ensayo 2013 y el de Historia 2018, y es doctor *honoris causa* por las universidades de Valencia, Córdoba y Extremadura. También es académico de honor de la Academia Colombiana de la Lengua y de la Real Academia de Ciencias, Bellas Letras y Nobles Artes de Córdoba.

ROSA NAVARRO DURÁN es catedrática de Literatura Española de la Universidad de Barcelona, donde ejerce la docencia desde 1969, y especialista en Literatura de la Edad de Oro. Son numerosas sus ediciones de textos, desde el *Libro de las suertes* hasta los cinco volúmenes de *Novela picaresca*, las *Segundas Celestinas* o *La vida de Lazarillo de Tormes, y de sus fortunas y adversidades*; y lo son también sus ensayos: *La mirada al texto, Pícaros, ninfas y rufianes «La Lozana Andaluza», un retrato en clave* (2018), etcétera. Es autora de adaptaciones de textos clásicos para niños y adolescentes.

FRANCISCO JAVIER PÉREZ, doctor por la Universidad Católica Andrés Bello, es lexicógrafo, historiador y ensayista. Ha sido numerario de la Academia Venezolana de la Lengua, de la que fue su presidente, miembro correspondiente de la Real Academia Española y de las academias de la lengua de Panamá, Cuba y Chile, además de miembro honorario de la Academia Colombiana de la Lengua y de número del Instituto de Estudios Canarios. Pertenece a la Fundéu. Secretario general de la Asociación de Academias de la Lengua Española, es autor de una amplia bibliografía, con más de 25 libros publicados.

JESÚS SÁNCHEZ LOBATO ha sido catedrático de Lengua Española (hasta su jubilación en 2017) en la Facultad de Filología de la Universidad Complutense, de la que fue vicedecano (1982-1987) y decano (1988-1996). Ha dirigido los Cursos de Lengua y Cultura Españolas para Extranjeros (Universidad Internacional Menéndez Pelayo, 1981-1987), el Curso Superior de Filología (UIMP, 1981-1984), el Curso de Lengua y Cultura Españolas de la Escuela de Verano Española (AECI, 1994-2005) y el Curso sobre la Enseñanza de la Lengua Española como Lengua Extranjera (UCM, 1997-2012). Entre sus publicaciones se encuentran: *Lingüística Aplicada, Español 2000, Gramática español 2000, Asedio a la enseñanza del español, Vademécum para la formación de profesores de español, Saber escribir* y *Contribución al estudio de dos proyectos de gramática académica del siglo* XX (2017). Sobre la obra de Alonso Zamora Vicente ha publicado *Acercamiento a un escritor* (1982) y *Narraciones* (1998). Ha dictado cursos y conferencias en diferentes universidades de Europa, Asia, América y África.

Descubre tu próxima lectura

Si quieres formar parte de nuestra comunidad,
regístrate en **www.megustaleer.club**
y recibirás recomendaciones personalizadas

Penguin
Random House
Grupo Editorial

megustaleer

Este libro
se terminó de imprimir en
Madrid, España,
el mes de enero de 2019